GUERRAS DA CONQUISTA

FELIPE MILANEZ   FABRICIO LYRIO SANTOS

GUERRAS DA CONQUISTA

DA INVASÃO DOS PORTUGUESES ATÉ OS DIAS DE HOJE

Rio de Janeiro, 2021

Copyright © 2021 por Felipe Milanez e Fabricio Lyrio Santos

Todos os direitos desta publicação são reservados à Casa dos Livros Editora LTDA. Nenhuma parte desta obra pode ser apropriada e estocada em sistema de banco de dados ou processo similar, em qualquer forma ou meio, seja eletrônico, de fotocópia, gravação etc., sem a permissão dos detentores do copyright.

Diretora editorial: *Raquel Cozer*
Coordenadora editorial: *Malu Poleti*
Editoras: *Diana Szylit e Fabiana Grazioli Medina*
Preparação: *Laura Folgueira*
Revisão: *Bonie Santos e Andréa Bruno*
Capa: *Douglas Lucas*
Projeto gráfico: *Anderson Junqueira*
Diagramação: *Abreu's System e Mayara Menezes*
Tratamento de imagens: *Juca Lopes*
Ilustração da capa: *Mauricio Negro*

Dados Internacionais de Catalogação na Publicação (CIP)
Angélica Ilacqua CRB-8/7057

M584g
    Milanez, Felipe
        Guerras da conquista: da invasão dos portugueses até os dias de hoje / Felipe Milanez, Fabricio Lyrio Santos. — Rio de Janeiro: HarperCollins, 2021.
        304 p. : il. (Guerras do Brasil /Luiz Bolognesi)

        Bibliografia
        ISBN 978-65-5511-114-9

        1. Brasil - História 2. Brasil - História - Independência, 1822 I. Título II. Santos, Fabricio Lyrio III. Bolognesi, Luiz.

21-0439   CDD: 981.03
                                        CDU: 94(81)

Os pontos de vista desta obra são de responsabilidade de seus autores, não refletindo necessariamente a posição da HarperCollins Brasil, da HarperCollins Publishers ou de sua equipe editorial.

Rua da Quitanda, 86, sala 218 — Centro
Rio de Janeiro, RJ — CEP 20091-005
Tel.: (21) 3175-1030
www.harpercollins.com.br

A Cunhambebe, o principal, o grande tupinambá, nossa onça-guia, nosso *tio, o Iauaretê*, e a todas as lideranças indígenas que resistiram e continuam resistindo, mobilizando seus povos para enfrentar velhas e novas guerras de conquista.

Em memória das 899 pessoas indígenas levadas abruptamente pela covid-19 em 2020, num momento de grande dor para a humanidade.

SUMÁRIO

Apresentação, por Luiz Bolognesi	9
1. Quando foi que a gente declarou a paz?	15
2. A unidade contra a multiplicidade	47
3. O naufrágio dos capitães	67
4. Tupis contra o governo-geral	83
5. Matando, queimando, destruindo tudo	107
6. Uma guerra de 25 anos	131
7. Primeira invasão da Amazônia	155
8. Guerras de extermínio no sertão	183
9. A era dos massacres e as reconquistas	207
10. Os vencidos não se entregaram: entrevista com Ailton Krenak	239
Mapa etno-histórico do Brasil	268
Agradecimentos	271
Linha do tempo	274
Personagens históricos	278
Referências	291

APRESENTAÇÃO

Sem compreendermos de onde viemos e por que vivemos como vivemos, somos incapazes de influenciar nosso próprio destino. Rumamos à deriva, como uma caravela sem sol nem estrelas, uma aeronave sem GPS nem radar. Entender o passado e ter consciência dos fatos históricos que pariram nossa realidade é imprescindível para transformar o presente num futuro melhor.

Foi com esse sentimento que decidi produzir e dirigir a série *Guerras do Brasil.doc*, que estreou em 2019 e se aprofunda na série de livros da qual faz parte este *Guerras da conquista*. Os documentários permitem um primeiro voo sobre os temas, enquanto os livros proporcionam um mergulho intenso, com a possibilidade de ver mais paisagens, conhecer melhor os personagens, sentir a temperatura dos conflitos que empurraram o país para a encruzilhada em que vivemos hoje.

Não podemos esquecer que, enquanto aconteciam, os fatos do passado eram presente. No momento em que a história acontece, ela é um *thriller* de suspense, porque os personagens tomam decisões sem saber no que vão dar. É assim que leio livros de história desde os 7 anos: como quem mergulha numa série de suspense. Mas há uma diferença eletrizante e angustiante: tudo é real. Diante de um livro de história, sentado no banco do ônibus ou deitado na rede de casa, percebo que sou o resultado dos acontecimentos que estão narrados ali.

A série de livros *Guerras do Brasil.doc* é fruto de dois anos de pesquisas em fontes primárias e interpretações de historiadores, antropólogos, filósofos, jornalistas e até psicanalistas, respeitando os lugares de fala dos pensadores e historiadores. A maneira de contar a história une o rigor histórico ao esforço de produzir uma narrativa emocionante, desafiadora, repleta de dilemas, enigmas e questões polêmicas, como a vida.

Um aspecto muito importante é que, ao mesmo tempo que se preocupam em fazer uma narrativa dinâmica e envolvente, os autores levam em conta o fato de que a história também é uma luta de diferentes interpretações. Quando realizei os documentários, entrevistei historiadores e especialistas de diversos matizes ideológicos. Ouvimos historiadores das linhas de pensamento crítico--progressista, liberal e conservadora. Do mesmo modo, os autores que convidei para escrever esta série pesquisaram em diversas fontes e distintas interpretações. O que você vai encontrar neste livro é o resultado de um mergulho ético e apaixonado nos acontecimentos que, ao longo dos séculos, moldaram o Brasil de hoje.

Ao contrário do que muitos dizem, o Brasil não é, nem nunca foi, um país pacífico. Essa tentativa de construir, pela linguagem, uma percepção de país que se opõe às suas características históricas, ou seja, o mito de que somos todos irmãos, amáveis, tranquilos e vivemos em paz num território abençoado, é uma mentira construída por aqueles que desejam que tudo continue como está, com uma minúscula elite econômica desfrutando todas as riquezas e opulências enquanto a imensa maioria do país vive em condições abaixo da dignidade aceitável, sem acesso à infraestrutura de água, saneamento, saúde, alimentação, transporte, educação, cultura e lazer. Ao contrário da narrativa oficial de que o Brasil é pacífico, os fatos históricos apresentam um país marcado por guerras e conflitos violentos.

Muito antes de os europeus chegarem, os conflitos se desdobravam entre os povos nativos ao longo de nosso território de diferentes modos e por motivos distintos. Os povos tupis, por exemplo, estavam envolvidos em guerras de vingança com um poderoso sentido simbólico e cosmogônico, enquanto outros povos viviam em razoável tranquilidade. O processo colonizador introduziu uma forma de violência homogênea, organizada em constantes brutalidade e controle do Estado sobre a população, sendo marcado por massacres e guerras em sequência até desembocar na realidade atual, em que, todos os anos, morrem aproximadamente 60 mil jovens de "morte matada", em sua maioria negros e "pardos", como definem os boletins policiais.

A maior guerra das Américas em número de mortos foi a chamada Guerra do Paraguai, um conflito deflagrado pelo choque de interesses entre o tirano paraguaio Solano López e o imperador brasileiro Pedro II pelo controle político do Uruguai. Soldados em farrapos lutaram contra indígenas guaranis do lado paraguaio para defender interesses desses dois líderes brancos mimados. O conflito trágico levou à morte mais de 300 mil pessoas, inclusive mulheres e crianças.

Entre as inúmeras consequências dessa guerra, a ascensão da classe militar nos bastidores políticos é uma que marca a história do nosso país até os dias atuais. A partir desse conflito, os militares brasileiros passaram a protagonizar intervenções golpistas na vida política do país com frequência. Tanto a derrubada da monarquia, em 1889 — que colocou a aristocracia agrária no controle do Executivo por quarenta anos —, quanto o golpe de 1930 — que traria modernizações importantes à vida política e econômica do país, deslocando o controle da aristocracia agrária do Executivo para o Legislativo, onde está aninhada até os dias de hoje — foram movimentos protagonizados por militares. Em 1889, marechais; em 1930, tenentes.

Nossa história é a história de uma colonização feita por meio de repressão e controle violento de corpos e comunidades, em que se sobressaem tanto ações diretas dos aparelhos oficiais do Estado quanto a subcontratação de milícias, que vêm agredindo e matando aqueles que a elite socioeconômica deseja eliminar ou disponibilizar para servi-la, desde o período dos bandeirantes, nos séculos XVI e XVII, até as milícias urbanas, como o Escritório do Crime, nos dias atuais. Esta série de livros acaba com a "história pra boi dormir" e proporciona um mergulho nos acontecimentos reais para podermos recuperar nossa memória e entender o que somos, o que desejamos mudar e aonde ir. Boa viagem pela sua história!

Luiz Bolognesi, roteirista e diretor da série *Guerras do Brasil.doc*. Formado em Jornalismo pela PUC-SP, trabalhou na *Folha de S.Paulo* e na Rede Globo.

1.
QUANDO FOI QUE A GENTE DECLAROU A PAZ?

HISTÓRIAS DO BRASIL CONTRÁRIAS ÀQUELA ESCRITA POR UMA ÚNICA VOZ

O Brasil não foi descoberto; o Brasil foi inventado e, então, invadido. Uma história tão violenta que poderíamos dizer, seguindo uma frase conhecida de Ailton Krenak, brilhante intelectual ameríndio, que ele "foi construído sobre um cemitério". Essa invasão continua, assim como perdura até hoje a invenção fantasiosa de um passado que não existiu, um passado mítico, idealizado, que serve apenas para justificar ou encobrir formas de dominação do presente, como o racismo, o sexismo e a economia extrativista controlada por uma pequena elite, estruturadas ainda como no antigo sistema colonial.

Inventar esse passado não é algo inocente. É um jeito de pensar e contar uma história que permite que a invasão continue ocorrendo sem ser percebida, na forma de violência política contra as lideranças indígenas, uma guerra em curso disfarçada de democracia. Cada vez mais violenta, essa guerra piora ano após ano, como se caminhássemos para uma tentativa de "ofensiva final", como descreveu o antropólogo Eduardo Viveiros de Castro,[1] num crescente contexto de ódio, racismo e fascistização social, mais exposto e agressivo depois que Jair Bolsonaro se tornou presidente da República, no início de 2019. Naquele ano, foram sete as lideranças assassinadas: Francisco de Souza Pereira (tuxaua do povo tucano),[2] Willames Machado Alencar (tuxaua do povo tuiuca), Emyra (cacique do povo wajãpi), Carlos Alberto Oliveira de Souza (tuxaua do povo apurinã), o "guardião da floresta" Paulo Paulino, o cacique Firmino Praxede (o "Lobo Mau"), Raimundo Benício e Erisvan Soares — os quatro últimos todos do povo tenetehara-guajajara. Em meio à pandemia do novo coronavírus, em 2020, Zezico Rodrigues, também do povo tenetehara-guajajara, e Ari, do povo uru-eu-wau-wau, em Rondônia, dois líderes que eram professores e intelectuais de dois povos tupis contemporâneos, foram assassinados por pistoleiros a mando de algum interessado em se apropriar dos recursos naturais de seus territórios. Assassinatos, emboscadas, guerras contra povos indígenas em meio a epidemias — tudo isso configura uma tragédia recorrente na história do Brasil. Uma mentalidade de conquista que não ficou no passado.

Essa ideia de escrever e reescrever um início, inventar uma data de origem dos fatos que marcam o mundo eurocêntrico, repete-se em paralelo com interesses econômicos e as formas de poder e dominação. A narrativa de que tudo começou num grande dia de descoberta ignora o cotidiano das relações de opressão e violência que construíram o sistema colonial. É uma narrativa evolucionista, como se tudo nos levasse a algum lugar projetado como ideal, perspectiva antagônica à ideia de tempo circular, não linear, ameríndio, tempo que não caminha em uma direção. Nessas outras temporalidades, o passado pode nunca ser muito distante — em algumas línguas, nem sequer se conjugam verbos no passado ou no futuro. O tempo é uma construção social, e existem diferentes possibilidades de marcar a distância entre os acontecimentos e seus impactos na vida. Quem já vivia neste território brasileiro e viu, por meio da memória oral de seus antepassados, a invasão europeia chegar tem outra forma de narrar a história e, em geral, destaca o cotidiano de opressão em detrimento de acontecimentos isolados.

Essa opressão cotidiana é como um desencontro permanente do contato — em vez de demarcar esse acontecimento, poderiam ser demarcados os encontros que, como reflete Krenak, depois de tanto tempo ainda não aconteceram. "Quando a data de 1500 é vista como marco, as pessoas podem achar que deviam demarcar esse tempo e comemorar ou debaterem de uma maneira demarcada de tempo o evento de nossos encontros. Os nossos encontros, eles ocorrem todos os dias e vão continuar acontecendo."[3] Esse encontro poderia acontecer pelo reconhecimento do Outro, da diversidade e da riqueza das diferenças, uma oportunidade de encontros entre povos em um mundo comum e compartilhado.

Guerra, poder e política estão diretamente imbricados e compõem o quadro de invasão e invenção do Brasil. A conquista de novas terras e a implantação de um sistema de dominação sobre a população nativa são movimentos de expansão da Europa que envolveram, e ainda envolvem, invasão e grilagem de terras, espoliação de povos que vivem em seus territórios de ocupação tradicional, massacres, expulsões forçadas, contratação de pistoleiros para aterrorizar famílias e matar lideranças, e submissão da população a um brutal sistema de dominação baseado no racismo.

Em um estudo sobre a história do autoritarismo brasileiro, a filósofa paulista Marilena Chaui, uma das intelectuais mais influentes do país, afirma: "A América não estava aqui à espera de Colombo, assim como o Brasil não estava aqui à espera de Cabral". O Brasil e a América não são descobertas nem "achamentos"; são "invenções históricas e construções culturais". As narrativas do descobrimento e da colonização ajudam a encobrir a realidade, constituindo o "mito fundador" da nação brasileira.[4]

É complexo o que aconteceu — e ainda acontece — no Brasil, e não dá para explicar essa história conflituosa apenas pelo pensamento europeu e pela narrativa linear da história a partir da visão dos vencedores: é preciso ouvir os povos ameríndios e de matriz africana. Nem o conceito de política nem o de guerra, pensados sob uma visão unicamente europeia, servem para explicar a dinâmica de dominação e resistência contra a conquista e a colonização do Brasil.

No pensamento europeu, ficou marcado o aforismo do militar prussiano Carl von Clausewitz, do início do século XIX, de que a guerra era a continuação da política por outros meios; no século XX, o filósofo francês Michel Foucault inverteu essa ideia ao identificar que, na história das sociedades europeias, o poder político é o que reprime; e a política é a continuação da guerra por outros meios. Na língua portuguesa, "guerra" significou inicialmente, de acordo com o primeiro vocabulário escrito por Raphael Bluteau, em 1712, "uma execução de vontades discordes, entre príncipes, Estados, ou Repúblicas, que, não admitindo razões, só com armas se decide".[5] Nas discordâncias entre os príncipes ou os Estados, é pelas armas — sem razões — que se decidem as vontades que devem prevalecer.

Guerra e paz, nas sociedades ameríndias, têm outros significados sociais e históricos. Podem ser motores da sociedade, relacionados com a formação das identidades, das alteridades, da diferenciação entre os povos, entre outras funções e sentidos. Sobretudo, são também parte do mundo espiritual, relacionado à cosmologia de cada povo, envolvendo a ação e as intervenções de sujeitos humanos e não humanos. Guerra e paz têm um sentido de vingança e o objetivo de honrar os antepassados, com consequências e objetivos bastante diferentes da perspectiva europeia. De forma geral, entre os tupis, a vida social era organizada pela vingança, sem acumulação de bens ou de poder — portanto, a guerra não tinha esse fim. No máximo, ganhavam-se prestígio social e tranquilidade espiritual para uma vida pós-morte numa "Terra sem Mal". Já na Europa, guerra e política serviam principalmente para dominar populações, aumentar riquezas, arrecadar impostos e conquistar súditos e territórios para os reinos, a fim de expandir a religião cristã e um modelo civilizacional.

Desde que essas duas visões de guerra se encontraram, elas nunca foram plenamente alinhadas nem aliadas. Caminhavam em paralelo: a mentalidade dos capitães e colonos europeus era diferente da dos morubixabas,[6] mas ambos poderiam, em alguns casos concretos, se servir mutuamente diante de inimigos comuns. Logicamente, o destino dos prisioneiros, em seguida das vitórias, era sempre um motivo de disputa: deveriam servir como escravos e súditos ou ser ritualmente devorados?

Foi estratégico para os europeus, tanto os religiosos quanto os colonizadores, manter as guerras e, inclusive, incentivar e beneficiar-se dos conflitos ameríndios. Mas desde que mudassem sua essência, fosse impedindo a antropofagia e a vingança, fosse servindo ao extermínio de populações ou à captura de cativos entre os sobreviventes.

De forma geral, a Europa tentou contar a história de que se expandiu e dominou o mundo por suposta superioridade militar, organizada devido a uma maior sofisticação política pelo surgimento dos Estados-nação, capazes de financiar exércitos numerosos e poderosos, os quais teriam se aperfeiçoado diante da intensa competição das guerras internas europeias. Mas não foi bem assim. Aquelas formas de guerra eram diferentes das colocadas em prática no Novo Mundo e das exercidas na Ásia ou no continente africano. A versão comumente contada é um mito eurocêntrico que visa limpar o passado e inventar falsos heróis. No caso da conquista do território onde se inventou o Brasil, foram fatores-chave as doenças epidêmicas, que dizimaram grande parte da população nativa, e uma ampla política de alianças com chefias locais. Poucas foram as batalhas lideradas pelo Exército português; muitas foram conduzidas pelo que hoje chamamos de milicianos e pistoleiros, os bugreiros coloniais e modernos, os bandeirantes e sertanistas, empresários inescrupulosos patrocinadores dos serviços de morte realizados por mercenários cruéis.

Ailton Krenak ironiza esse mito de que os europeus chegaram com força:

quando os europeus chegaram aqui, todos poderiam ter morrido de inanição, escorbuto ou qualquer outra pereba nesse litoral, caso essa gente que diziam não ter cultura não os tivesse acolhido, os ensinado a andar aqui e dado comida a eles, porque os caras não sabiam nem pegar um caju. Eles não sabiam nem que caju era comida. E chegaram aqui famélicos, doentes. Darcy Ribeiro diz que eles fediam. Quer dizer, baixou uma turma na nossa praia que estava simplesmente podre. A gente podia tê-los matado afogados.[7]

Como os europeus se expandiram tanto no planeta e no que efetivamente mandaram? Um estudo atual da expansão europeia revela que eles controlaram sobretudo os mares e as rotas comerciais, mais do que propriamente os domínios territoriais. Tinham a vantagem, comum para os invasores, de ter sua indústria bélica e se reproduzir em um lugar diferente daquele que devastavam — era comum queimarem roças e aldeias após vencerem batalhas, mantendo para si a capacidade de reposição das perdas populacionais e de reprodução material das condições de vida enquanto o povo derrotado fugia.

No contexto brasileiro, os primeiros europeus que chegavam em qualquer parte do território, em diferentes levas, submetiam-se a caciques, tuxauas, morubixabas e chefes, pediam ajuda a rezadores e caraíbas (os grandes xamãs) e trocavam o que tinham pelo auxílio de guerreiros contra povos rebeldes que queriam escravizar e cujos territórios pretendiam dominar — veremos como os colonos davam presentes, vinho, roupas e agrados e prestavam reverência a Zorobabé,[8] poderoso cacique potiguar, para tê-lo como seu aliado. A lógica da aproximação se baseava em uma linguagem universal: a troca. Facões, machados e espingardas por pau-brasil. Os recém-chegados manipulavam as guerras existentes entre os povos ameríndios. Por sua vez, os nativos perceberam rapidamente que os europeus também tinham brigas internas por poder e sucessão, além de disputas religiosas entre católicos e protestantes e perseguição a judeus e muçulmanos, e tentaram "manipulá-los" para fortalecer a resistência anticolonial por meio de alianças e até mesmo da conversão, deixando-se batizar e aldear pelos missionários católicos ou converter-se ao protestantismo — no caso dos índios potiguaras, que se aliaram aos holandeses na guerra contra os portugueses —, para escapar do genocídio. No final, os europeus venceram com a ajuda da varíola, do sarampo, da gripe, de algumas bactérias e outras pestes na guerra biológica. E foram beneficiados, como lembra a antropóloga Manuela Carneiro da Cunha, por outros fatores que, embora diretamente ligados a suas ações, nada tinham a ver com bravura e excelência bélica:

> *[...] o exacerbamento da guerra indígena, provocada pela sede de escravos, as guerras de conquista e de apresamento em que os índios de aldeia eram alistados contra os índios ditos hostis, as grandes fomes que tradicionalmente acompanhavam as guerras, a desestruturação social, a fuga para novas regiões das quais desconheciam os recursos ou se tinha de enfrentar os habitantes, a exploração do trabalho indígena, tudo isso pesou decisivamente na dizimação dos índios.* [9]

As mortes provocadas pelas novas doenças eram misteriosas e tinham força para desestruturar aldeias inteiras, interrompendo o fornecimento de comida e instaurando o medo e o pânico na rotina, com corpos insepultos e mortes sem ritualística. A pandemia do novo coronavírus em 2020, que parou as cidades em todo o mundo, trancou as pessoas em seus lares, provocou o colapso dos sistemas de saúde e funerários, com covas coletivas de Manaus a Nova York e caminhões carregados de caixões para incineração na Itália, é um breve retrato da força com que as grandes epidemias chegaram e devastaram o continente.

Rapidamente, os pajés, que eram os curandeiros sagrados, e os caraíbas, que eram os "profetas",[10] perceberam que essas mortes estavam relacionadas com a invasão dos brancos e a presença dos jesuítas; assim, as populações ameríndias tentaram diferentes formas de se proteger e reagir ao holocausto. Mas as ideias e os propósitos também foram fator decisivo, como aparece em muitos dos depoimentos da época; havia a intenção de provocar as mortes, causando o extermínio das populações originárias.

Um exemplo é o pedido feito pelo governador-geral do Brasil, Matias da Cunha, ao sertanista Domingos Jorge Velho em

1688. Cunha buscou motivá-lo falando da glória de degolar os índios e da utilidade de aprisioná-los. E, ao coronel Antônio de Albuquerque da Câmara, o governador recomendou que não perdesse tempo escravizando cativos sobreviventes, apenas pegasse crianças e mulheres ("para despojos, bastam os pequenos, e mulheres") e mantivesse o foco em matar o inimigo indígena no interior do Rio Grande do Norte: "[...] o degole e siga até ultimamente o destruir".[11] Nesse caminho, os portugueses deixaram para trás muitas aldeias queimadas, cabeças e orelhas cortadas, mulheres estupradas, crianças feridas com facão, corpos partidos ao meio, pajés e chefes despedaçados por bocas de canhão, terras arrasadas.

Como essa resistência ameríndia atravessou anos em guerras sangrentas, sobreviveu a massacres e genocídios, e hoje, de outras formas, ainda constitui uma das principais forças políticas do Brasil em defesa da democracia, da ecologia, da diferença e da diversidade?

É nisto que estamos interessados: na resistência e na tragédia dos índios, na história não contada, que não está nos livros, nos versos apagados, e em saber mais dos assassinos que viraram nomes de ruas, da crueldade e da devastação humana e ecológica da colonização, do sangue por trás dos heróis emoldurados que nomeiam cidades e são exibidos nas praças. "Na luta é que a gente se encontra", cantou a Mangueira no Carnaval de 2019, para pensar em como reparar o passado e nos encontrarmos, todas e todos, em um futuro mais justo.

As guerras afro-ameríndias contra a conquista e a colonização são afirmações de soberania, de populações sob ataque que se mobilizam frente a agressões em busca de autonomia, auto-organização e liberdade. E falar sobre elas é muito delicado. Assim como se deu com a resistência negra contra a escravidão, era comum os colonizadores acusarem os povos nativos de serem violentos para justificar a redução, a expulsão e o extermínio. No exemplo de Matias da Cunha, Domingos Jorge Velho foi contratado para matar "bárbaros", "violentos selvagens". O resgate de cativos e a chamada "guerra justa" eram figuras jurídicas que serviam para legitimar os massacres e a escravização. O espectro da antropofagia serviu como rótulo classificatório, inferiorizando os povos a uma sub-humanidade para legitimar a escravização de ameríndios em partes da América hispânica. Carlos Fausto, antropólogo que fez longos estudos sobre as guerras indígenas, sobretudo as dos povos tupis, pisa com cuidado nesse terreno pantanoso, e compartilhamos de sua ética e de seu cuidado com as memórias do passado que atingiram e ainda atingem, de forma tão violenta, a população ameríndia. Fausto escreve: "A manipulação do estigma da selvageria pela mídia e por certos setores econômicos e políticos surge — em momentos pontuais, mas cruciais — como arma em uma luta ao mesmo tempo ideológica e prática, que visa restringir direitos constitucionais adquiridos".[12]

"Bárbaros", "índios", "selvagens" são apenas palavras, mas, quando usadas em novas guerras digitais e discursivas, podem servir como armas: palavras que expõem o racismo, e o racismo mata, efetiva e materialmente. O poder branco esconde estrategicamente a guerra, assim como dissimula o racismo, ou a usa politicamente para justificar massacres, como anunciar uma guerra diante de desproporção de forças. Já a resistência indígena e negra às vezes se disfarça, parece dispersa, apagada, desaparecida, para logo florescer em um jardim de diferenças, com insurgências em rebeliões, rebeldias, levantes, quilombos, retomadas, reocupações e reconquistas. Negros e índios reduzidos à escravidão reconstituíram significados, histórias, culturas, ancestralidade. Da dominação forçadamente "pacificada" — em alusão a como chamavam a "pacificação" dos povos "hostis" — logo reemergiram revoltas.

Chamamos de *guerra* a resistência contra a conquista e a invasão e de *rebeliões e revoltas* os movimentos que surgem depois dos aldeamentos constituídos, transformados em vilas, com a burocratização do genocídio e a destruição cultural — o *etnocídio*. Rebeliões, revoltas e resistências silenciosas são guerras contra a conquista por outros meios e continuam ainda hoje em movimentos políticos. E as guerras que vêm de baixo, em especial as guerrilhas, não deixam de ter uma conotação rebelde e revolucionária, sobretudo aquelas contra as invasões coloniais da América.

Depois do sangue que escorreu das guerras e dos massacres, os sobreviventes precisavam reconstruir mundos dilacerados. Em quase todos os relatos das mais atrozes violências praticadas, aldeias inteiras assassinadas e queimadas, sempre sobravam algumas famílias que conseguiam escapar da barbárie. No Brasil, há casos contemporâneos com poucos sobreviventes de povos massacrados. Se 5 ou 10 milhões foram assassinados nesses quinhentos anos de guerras de conquistas e colonização, hoje vivem mais de 1 milhão de pessoas ameríndias no Brasil, em mais de trezentos povos. Já passou o momento de pôr fim ao mito colonial do passado heroico, de encarar o que somos e imaginar um futuro mais justo e com respeito às diferenças. Ouvir o canto de dor eternizado na voz de Clara Nunes em "Canto das três raças": "Um lamento triste/ Sempre ecoou/ Desde que o índio guerreiro/ Foi pro cativeiro/ E de lá cantou". Reconhecer os índios nas letras de "Joia" ("Beira de mar na América do Sul/ Um selvagem levanta o braço/ Abre a mão e tira um caju") e "Um índio" ("Se revelará aos povos/ Surpreenderá a todos não por ser exótico/ Mas pelo fato de poder ter sempre estado oculto/ Quando terá sido o óbvio"), de Caetano Veloso.

O ENCOBRIMENTO

O que foi considerado descobrimento para uns foi encobrimento para outros. Chamar esta terra de achada ou descoberta serviu apenas para dizer que os povos nativos não tinham história nem passado, tendo tudo começado com a chegada da nau de Cabral à costa então batizada de Vera Cruz — o marco zero. É interessante que Cabral não tenha chegado a esse território por acaso, quando queria ir para a Índia, seguindo o caminho que Vasco da Gama havia recém-mapeado, em 1498. E é intrigante que ele não tenha sido nem o primeiro forasteiro a pisar por aqui.

Sabemos, hoje, que ao menos dois espanhóis já haviam "descoberto", antes de Cabral, territórios atualmente definidos como pertencentes ao Brasil. É muito provável que Vicente Yáñez Pinzón, em quatro pequenas naus que partiram da Espanha em novembro de 1499, tenha alcançado a costa de Pernambuco por volta de janeiro de 1500 (algumas divergências interpretativas sugerem que ele tenha visto, na verdade, o cabo de São Roque, no Rio Grande do Norte, ou Mucuripe, no Ceará). Chegando à praia, os homens de Pinzón fizeram contato com os nativos — talvez do povo potiguara — e trocaram uma sineta por uma arma de guerra, a borduna.[13] Nesse escambo, os ameríndios tentaram ficar com um dos visitantes, que resistiram e levaram uma saraivada de flechas — ao menos dez espanhóis morreram. Dali, Vicente Yáñez Pinzón velejou na direção oeste, tendo conhecido o Amazonas e entrado cerca de 150 quilômetros rio adentro. Chamou o território encontrado, hoje conhecido como Marajó, de Santa María de la Mar Dulce.

Outro espanhol, Diego de Lepe, foi atrás dessa expedição e relata também ter chegado a Pernambuco, talvez ao cabo de Santo Agostinho, em 12 de fevereiro de 1500. Houve um combate com os nativos — talvez os caetés —, no qual onze espanhóis morreram e alguns indígenas foram sequestrados. Ainda em 1499, antes de Pinzón, Américo Vespúcio pode ter passado pelo litoral — posteriormente, ele participaria das expedições que se seguiram à de Cabral para mapear a costa, e foi durante esse período que escreveu, maravilhado, cartas para relatar o Novo Mundo.

Mesmo entre os lusos, Pedro Álvares Cabral pode não ter sido o primeiro comandante a pisar nestas terras. Segundo Jorge Couto, historiador português especializado em história do Brasil, o navegador e cosmógrafo Duarte Pacheco Pereira, que aparece em *Os lusíadas*, de Camões, foi encarregado pelo rei dom Manuel a descobrir e explorar as terras ocidentais abarcadas pelo Tratado de Tordesilhas — do qual, aliás, o próprio Pacheco Pereira havia sido um dos negociadores e signatários em 1494. O propósito da empreitada era basicamente confirmar se a grilagem tinha sido ou não um bom negócio. Com essa missão, ele partiu de Lisboa em fins de 1498, fez uma parada em Cabo Verde e seguiu viagem em mar aberto na direção sudoeste. De acordo com essas informações, ele teria alcançado, ainda no mesmo ano, a costa brasileira na altura do litoral maranhense, deslocando-se até a foz do rio Amazonas — como favoreciam os ventos e as correntes marítimas. A viagem de Cabral, organizada com destino às Índias — sem nenhuma orientação explícita de descobrir novas terras —, serviu também para "oficializar" o assim chamado "descobrimento", estabelecendo um ponto de apoio para as embarcações que saíam de Portugal em direção ao cobiçado comércio asiático.

Chegar, visitar, conhecer: esses não foram os maiores problemas dos portugueses, que inclusive foram muito bem recebidos, enquanto os espanhóis levaram flechadas. O problema foi o que eles — e os europeus em geral — decidiram fazer nesta terra e com os povos que viviam aqui: as ideias sempre importaram muito. Após Cabral, o rei mandou uma segunda frota, comandada por Gonçalo Coelho, para explorar o litoral. Nela, estavam Américo Vespúcio, vindo de Florença para contar o que via, e o capitão André Gonçalves, que disse que a única coisa que importava aqui eram árvores — e um tipo de madeira em especial: o pau-brasil.

A PRIMEIRA FESTA

Foi com festa que começou a violenta invasão do Brasil. Ao menos segundo a carta de Pero Vaz de Caminha ao rei de Portugal, dom Manuel, documento fundamental na construção da imagem dos "índios" na Europa moderna e colonial.

Conforme esse relato, os primeiros ameríndios que entraram na nau de Cabral "foram recebidos com muito prazer e festa". Houve uma pequena troca de presentes, e os portugueses ofereceram comida para os visitantes. Os nativos acharam muito ruim o que provaram e cuspiram quando mastigaram.[14] Não sabemos o que pensaram, mas as palavras usadas por Caminha dão bons indícios de como se desenhariam as relações no futuro: os nativos não são simplesmente "homens", "mulheres", "velhos": suas diferenças são exacerbadas — "bons rostos e bons narizes, bem-feitos", "inocentes". Mais tarde, essa descrição fenotípica contribuiria para a construção da ideia de um "outro", quando se discutiria se esses seres humanos diferentes teriam ou não alma para serem escravizados, se o homem branco poderia ou não usar esses corpos para o trabalho, se as mulheres poderiam ou não ter seus corpos apropriados para a reprodução. Surgem diferentes visões e classificações de *índios* e *gentios*. E o que se pode inferir dos gestos dos ameríndios, segundo a mesma correspondência, é que havia troca, simpatia, certo desdém por algumas coisas e interesse em outras.

Comida e bebida eram importantes para assegurar a sobrevivência nas longas travessias marítimas, mas os primeiros ameríndios a interagir com os portugueses provavelmente detestaram a água podre que os europeus bebiam nos navios, o vinho, que devia ser terrível, de sabor incomparável à bebida alcoólica sempre fresquinha que se fazia por aqui. Os tupis adoravam e produziam a caiçuma, também chamada de cauim, à base de mandioca, de baixa fermentação, que era ingerida tanto como alimento quanto durante as festas e celebrações. Água fresca corria pelos rios cristalinos da Mata Atlântica. Carne de caça e peixe eram assados ou moqueados e acompanhados de um pão feito na hora, o beiju. Não surpreende que tivessem achado nojenta a comida oferecida no barco.

Também na carta, Caminha relata que um dos nativos que subiu na caravela adorou um rosário de contas brancas. Depois, olhou para um colar de ouro que Cabral usava. E logo os portugueses concluíram que ele daria ouro em troca das contas brancas:

> *Viu um deles umas contas de rosário, brancas; acenou que lhas dessem, folgou muito com elas e lançou-as ao pescoço. Depois tirou-as e enrolou-as no braço e acenava para a terra e de novo para as contas e para o colar do capitão, como dizendo que dariam ouro por aquilo.*

Isto tomávamos nós assim por assim o desejarmos. Mas se ele queria dizer que levaria as contas e mais o colar, isto não o queríamos nós entender, porque não lho havíamos de dar. E depois tornou as contas a quem lhas dera.

O nativo queria o colar de contas e também o de ouro sem dar nada em troca, porque, para ele, troca e dádiva tinham outro sentido. Vergonha maior no pensamento ameríndio é ser sovina. E sovinice, para Pero Vaz de Caminha, parecia não ser um problema: "não lho havíamos de dar".

No domingo seguinte ao de Páscoa (no calendário cristão), Cabral achou por bem mandar rezar a "primeira missa", liderada pelo frei Henrique. Os ameríndios ali presentes respeitaram a religiosidade dos europeus: "Foi ouvida por todos com muito prazer e devoção", escreve Caminha. Em seguida, aproveitando-se dessa receptividade, o religioso emendou na missa a narrativa da terra descoberta na expansão do cristianismo, falando "do achamento desta terra, conformando-se com o sinal da Cruz, sob cuja obediência viemos".

Na sexta-feira seguinte, mais uma vez rezaram uma missa, agora com a cruz construída com a madeira das árvores derrubadas (descritas como muitas e grandes). Nessa missa, os ameríndios respeitosamente imitaram os gestos cristãos, levantando as mãos e ajoelhando-se como os portugueses. Provavelmente, foi por imitação, pensando serem estes bons modos, que aceitaram receber no pescoço um cordão com cruz de estanho e beijaram a mão do padre, como os outros faziam, mas Caminha interpretou tais gestos como portas abertas para a conversão: "[...] esta gente não lhes falece outra coisa para ser toda cristã, senão entender-nos". Isso porque, aos olhos dos portugueses, os ameríndios eram esvaziados de espiritualidade: "[...] nos pareceu a todos que nenhuma idolatria, nem adoração têm". A conversão seria possível porque eram "inocentes", e, por meio dela, aprenderiam o que "pertence à sua salvação".

Nessa primeira incursão, encontraram um velho ameríndio que falou com Cabral. Mesmo sem entenderem nada do que ele dizia, os portugueses, com o pensamento centrado na obtenção de riquezas (quando não no corpo das nativas), insistiram em investigar a existência de ouro, conforme relatou Caminha: "[...] quantas coisas que lhe demandávamos acerca de ouro, que nos desejávamos saber se na terra havia". Aproveitaram para desrespeitar o ancião:

> Trazia este velho o beiço tão furado que lhe caberia pelo furo um grande dedo polegar, e metida nele uma pedra verde, ruim, que cerrava por fora esse buraco. O capitão lha fez tirar. E ele não sei que diabo falava e ia com ela direto ao capitão, para lha meter na boca. Estivemos sobre isso rindo um pouco.

Na visão do europeu, exotismo, selvageria e animalização estiveram presentes desde o início. Quem era esse ancião ridicularizado pelos aventureiros atrás de ouro? Ninguém teve interesse em saber. Tiraram a pedra que usava no lábio e lhe deram em troca um sombreiro velho, alegando que a pedra não valia nada.

Falaram em "amansar" aqueles que os recebiam; chamaram de "pardais", de gente bestial, quem se esquivou dos exploradores que ali chegaram com mau cheiro depois de tanto tempo no mar, provavelmente sem que jamais tivessem tomado um banho na vida. Achavam que não moravam em casas — não lhes ocorreu que talvez levar até as aldeias um bando recém-chegado de mal-educados não fosse prioridade dos nativos. Pudera, já que, na segunda-feira, dia seguinte à chegada, os portugueses já estavam concentrados no que se tornaria praxe nos próximos séculos: o estupro e o abuso da mulher ameríndia. "Vinte ou trinta pessoas das nossas se foram com eles, onde outros muitos estavam com moças e mulheres", relatou Caminha. Ainda assim, um grupo foi levado a uma aldeia com cerca de dez casas.

Homens e mulheres se reduziram a corpos físicos: há descrição da bunda, das coxas, dos adereços, das pinturas corporais, dos objetos que enfeitavam o lábio — mas também das armas que portavam. "Eram pardos, todos nus", descreve Caminha. O "índio" é definido como "pardo": nem branco, nem preto —

código que, mais tarde, seria uma forma de classificação social e de distribuição racial do trabalho. Os europeus viram um Outro que não cabia em seu espelho, e foi esse narcisismo da colonização que engendrou o racismo.

Surpreendeu aos portugueses que, quando os carpinteiros foram cortar madeira para fazer a cruz, os ameríndios ficassem de olho nas ferramentas de ferro, e não na cruz de madeira. Posteriormente, ao longo do processo colonial, os europeus usariam o interesse indígena pela tecnologia e os desejos de acumulação provocados pela expansão do capitalismo como estratégia para manipulação, sedução, dominação e alianças.

Cabral mandou que alguns dos seus dormissem na aldeia para espionar os donos da terra achada, mas eles voltaram à noite "por eles [os indígenas] não quererem que lá ficassem". As perspectivas do encontro já eram distintas, e a desconfiança, assimétrica e inconstante, pendendo ora para um lado, ora para outro. Conta Caminha: "Andavam já mais mansos e seguros entre nós do que nós andávamos entre eles". Uns curiosos pelas diferenças, outros interessados em descobrir como se aproveitar do encontro.

Caminha concluiu seu relato no mesmo dia em que foi rezada a segunda missa, 1º de maio de 1500. No domingo anterior, após a chegada, os capitães das embarcações haviam decidido enviar notícias ao rei sobre o "achamento" (termo usado pelo próprio Caminha) da terra. Assim, depois de dez dias, antes de seguirem a viagem rumo às Índias, mandaram de volta a Portugal um navio e deixaram na terra dois "degredados" para que, como verdadeiros espiões, aprendessem a se comunicar com os nativos e depois falassem das coisas daqui. Esses primeiros colonizadores exilados eram pessoas condenadas a cumprir pena por delitos civis ou eclesiásticos, ou seja, eram expulsos de suas terras ou até mesmo do reino e, muitas vezes, deixados em regiões remotas, como nesse caso, para espionar outros povos. Já tinham a maldade na intenção: não queriam "escândalo", mas "amansar e pacificar" os indígenas. E também não estavam interessados em uma bela troca de experiências ou no enriquecimento da cultura dos portugueses famintos e fedidos, mas na conversão: os nativos "se hão de fazer cristãos e crer em nossa santa fé", pois tinham "bons corpos" e "bons rostos".

Mas, depois que Cabral seguiu viagem, não houve nenhuma animosidade. Ao contrário, os ameríndios os receberam como bons cidadãos que acolhem flagelados migrantes, com especial atenção e cuidado, ensinando-os, inclusive, a se alimentar e tomar banho, e a comer caju, como na música "Joia", de Caetano Veloso. A animosidade estava do outro lado, no proselitismo e na exploração dos europeus, com a mente fechada para o maior encontro da história, entre populações que viveram separadas por um oceano ao longo de milhares de anos. Os europeus atacaram a vida indígena, esvaziando o outro de sentido e de espírito. Ao focarem os corpos dos nativos, com a ideia de que deveriam ser convertidos e transformados em iguais, os invasores desprezaram todo o pensamento local, atribuindo-lhe uma suposta "inocência".

A decepção por não encontrarem ouro, prata e outros metais nesta terra "de bons ares" não os impediu de seguir com a exploração. "O melhor fruto que nela se pode fazer", escreve Caminha, "me parece que será salvar esta gente". Salvar de quem, do quê? "Salvar", como hoje sabemos, sempre andou junto de um "projeto civilizatório", fundado em uma suposta superioridade da civilização ocidental sobre as outras civilizações. Wilma de Mendonça, pertencente ao povo tabajara e professora de literatura da Universidade Federal da Paraíba, escreve:

> *Testemunhos presenciais do confronto entre o universo ameríndio e o mundo da quantificação mercantilista, as memórias de viagens legariam à posteridade uma imagem homogeneizadora, ambígua e dual do nativo americano, expressando a dificuldade e o narcisismo europeu diante do diferente, do outro.*[15]

Apenas décadas depois de Caminha começaram a circular em Portugal novos textos sobre o Brasil: primeiro, as cartas escritas pelos missionários jesuítas e endereçadas ao público europeu, buscando sensibilizá-lo a apoiar as missões de além-mar e motivar os mais jovens a buscar uma vocação religiosa por meio da conversão dos "gentios". Em seguida, vieram os cronistas, como Pero de Magalhães Gândavo, com *História da província de Santa Cruz*, de 1576, e *Tratado da Terra do Brasil*, de cerca de 1570, que permaneceu inédito até 1826, e Gabriel Soares de Sousa, colono português autor de dois manuscritos, *Roteiro geral com largas informações de toda a costa do Brasil* e *Memorial e declaração das grandezas da Bahia de Todos os Santos*, ambos escritos por volta de 1587 e inéditos até o século XIX, mas de provável conhecimento de boa parte dos intelectuais e da gente ligada à administração colonial, e que posteriormente foram reunidos e publicados em um único volume, *Tratado descritivo do Brasil*. É de Soares de Sousa a descrição mais precisa da época dos interesses dos brancos nas terras dos índios onde hoje é o Brasil.

"Como todas as cousas têm fim, convém que tenham princípio", escreveu, influenciado pela leitura bíblica do *Gênesis*, para introduzir a descrição da grandeza da baía de Todos-os-Santos, tratando da fertilidade desta terra e de suas riquezas geográficas. Era a notícia do "novo reino". As descrições de Soares de Sousa eram motivadas pelo interesse econômico, por enriquecer com a exploração dessa "nova" terra. O *Gênesis*, para ele, era a conquista portuguesa. O fim dessa sanha ainda não chegou.

Migrar para colonizar a terra nova era motivo de esperança de enriquecimento para muitos, como o próprio Soares de Sousa, que chegou a ser dono de engenho no Recôncavo Baiano. Por outro lado, os sábios ameríndios se espantavam com a ganância que movia os europeus. Qual a razão para acumular tanta riqueza, tanto metal, tanta madeira? Em um diálogo com um sábio tupinambá, o pastor, missionário huguenote e cronista francês Jean de Léry mostra como esse povo estranhava os valores europeus. Perguntou-lhe o ancião: "Por que vocês, franceses e portugueses, vêm de tão longe procurar lenha que os aqueça? Não existe mata em seus países?". O pastor respondeu que a madeira servia para tinturas, que suas matas eram diferentes e que o pau-brasil comprado por um único mercador, bem como toda a sua riqueza, ficava de herança para seus filhos e parentes. Novamente, o velho tupinambá retrucou de forma brilhante:

> Na verdade, continuou o velho, que, como vereis, não era nenhum tolo, agora vejo que vós outros *mairs* sois grandes loucos, pois atravessais o mar e sofreis grandes incômodos, como dizeis quando aqui chegais, e trabalhais tanto para amontoar riquezas para vossos filhos ou para aqueles que vos sobrevivem! Não será a terra que vos nutriu suficiente para alimentá-los também? Temos pais, mães e filhos a quem amamos; mas estamos certos de que depois da nossa morte a terra que nos nutriu também os nutrirá, por isso descansamos sem maiores cuidados.[16]

Essa reflexão do velho tupinambá sobre a ganância europeia em oposição à vida do povo na floresta, feita logo no início da expansão do sistema capitalista na Europa pós-feudalismo, é muito próxima da análise feita pelo xamã ianomâmi Davi Kopenawa, nosso contemporâneo:

> Somos diferentes dos brancos e temos outro pensamento. Entre eles, quando morre um pai, seus filhos pensam, satisfeitos: "Vamos dividir as mercadorias e o dinheiro dele e ficar com tudo para nós!". Os brancos não destroem os bens de seus defuntos, porque seu pensamento é cheio de esquecimento. Eu não diria a meu filho: "Quando eu morrer, fique com os machados, as panelas e os facões que eu juntei!". Digo-lhe apenas: "Quando eu não estiver mais aqui, queime as minhas coisas e viva nesta floresta que deixo para você. Vá caçar e abrir roças nela, para alimentar seus filhos e netos. Só ela não vai morrer nunca!".[17]

Em comum, os dois xamãs pensam além do capitalismo e, sobretudo, preocupam-se com a preservação da floresta e o manejo e o cuidado dos territórios para as futuras gerações, sabendo que neles há o necessário para viver.

Há motivos para que o ancião tupinambá estivesse curioso e disposto a indagar o francês: para que tanta madeira? Um registro do diário da nau *Bretoa*, disponível na Torre do Tombo, em Lisboa, onde estão guardados os documentos da história de Portugal, dá uma boa dimensão do foco da exploração europeia nesses primeiros anos da expansão europeia nas Américas. Segundo o escrivão da nau, Duarte Fernandes, a embarcação saiu de Portugal em 22 de fevereiro de 1511, passou pela Bahia em meados de abril e seguiu em direção a Cabo Frio, onde permaneceu de 26 de maio a 29 de julho, aportando novamente em Portugal no fim de outubro do mesmo ano com um carregamento de mais de 5 mil toras de pau-brasil e mais de sessenta animais (entre os quais quinze papagaios, doze felinos, seis macacos e alguns saguis). Em quinze dias atracados no litoral fluminense, os portugueses carregaram uma média de 330 toras por dia, em torno de oito toneladas. Levaram ainda a Portugal 36 índios escravizados, sendo dez homens e 26 mulheres, que eram exploradas sexualmente.

"A NINGUÉM OBEDECEM"

Os primeiros anos após o "descobrimento" foram intensos, com expedições de pesquisa e vários comerciantes europeus — da França, da Holanda, da Inglaterra e da Irlanda —, junto com portugueses e espanhóis, tentando a sorte ao vir conhecer os povos nativos, o Novo Mundo.

Entre 1503 e 1504, os franceses também já estavam nessa mesma costa, interagindo de forma mais criativa com os tupis. John Hemming, historiador e explorador inglês, membro da Royal Geographical Society, estudou a conquista dos incas e dos povos indígenas no Brasil e lembra que o capitão normando Palmier de Gonneville trouxe 4 mil machados, pás, cutelos, ceifadeiras, cinquenta dúzias de espelhos, 240 dúzias de facões, um fardo completo de alfinetes e agulhas, entre outros produtos feitos em Rouen — os franceses, portanto, pareciam mais bem preparados para o comércio. Alguns daqueles intérpretes que permaneceram vivendo aqui gostaram tanto das novas terras que passaram a se identificar como nativos e não trocariam jamais uma alegre aldeia tupinambá pela caótica e fétida Paris, o que seria bem malvisto pelos pastores protestantes, como Jean de Léry.

As aparentes boas relações dos franceses, no entanto, eram acompanhadas de abusos. Quando tentaram construir seu próprio projeto colonial, como na França Antártica, na baía de Guanabara (1555–60) (localizada onde hoje se encontra o aeroporto Santos Dumont, no Rio de Janeiro), e na França Equinocial, em São Luís, no Maranhão (1612–15), estabeleceram como política usar as mulheres ameríndias para reprodução, além de atacar, massacrar e escravizar povos nativos. Darcy Ribeiro conta que só na Guanabara mais de mil crianças, entre meninos e meninas, foram geradas nesse projeto político colonial-patriarcal.

Em 1509, o capitão francês Thomas Aubert levou sete tupinambás a Rouen, na Normandia. Algumas décadas depois, em 1550, outra comitiva também francesa faria um grande desfile encenando uma batalha entre europeus e ameríndios. O ensaio "Sobre os canibais", do filósofo Michel de Montaigne, talvez não existisse se não fosse por três tupinambás que os normandos levaram para Rouen. O contato próximo com eles, somado às crônicas dos viajantes franceses e às conversas diretas com um empregado que havia vivido no Brasil, foram referências fundamentais para esse famoso texto, publicado em *Os ensaios*, em que há passagens belíssimas sobre a coragem "nobre e generosa" dos tupinambás nas guerras.

Mas a primeira influência de Montaigne, que chacoalhou os debates intelectuais no Velho Mundo com ideias novas, despertando imenso interesse sobre os modos de vida ameríndios, foi a carta de Américo Vespúcio. O italiano chegou ao Brasil no ano seguinte a Cabral, em 1501, e, ao retornar para a Europa, levou três pessoas ameríndias consigo. Dirigida ao príncipe de Florença, Lourenço II de Médici, essa carta se popularizou tão logo foi publicada, em 1503, e traz uma descrição ainda mais apaixonada que a de Caminha, além de, na época, ser mais célebre que a do português, que ficou inédita para o público até 1773, escondida nos arquivos do rei. A carta de Américo Vespúcio foi impressa e encontrou leitores em diferentes cidades europeias, como Paris (1503), Veneza (1504) e Augsburg (1505), além de ter sido traduzida do latim para outros idiomas, como alemão e holandês. Apesar de os historiadores modernos duvidarem de sua autenticidade, a carta constitui um dos principais relatos sobre o Novo Mundo e seus habitantes e condiz com outros registros do navegador florentino, que ganhou a fama de descobridor do continente batizado em sua homenagem: América.

Vespúcio ficou fascinado com a rebeldia e a anarquia indígenas, relatando que não tinham lei, nem rei, nem templos, que compartilhavam tudo, que não havia propriedade privada, que usufruíam de total liberdade. Disse: "A ninguém obedecem e cada um é senhor de si mesmo".[18] As questões do poder, das liberdades e do governo eram centrais na Europa, onde cada vez mais se fortaleciam as monarquias absolutistas. Dez anos depois das correspondências de Vespúcio, o famoso escritor florentino Nicolau Maquiavel concluiu sua obra mais conhecida e um marco no pensamento político-filosófico europeu, *O príncipe*, dedicada a Lourenço de Médici, a fim de ensiná-lo como governar e manter o poder sobre os súditos. Enquanto, no Novo Mundo, Vespúcio e outros cronistas descreviam sociedades sem a opressão do poder, na Europa, organizar a dominação e o governo era uma questão fundamental para os reinos e principados que estavam saindo do feudalismo. Essas visões de mundo estavam em disputa, ainda que não necessariamente se conhecessem. Nesse sentido, é célebre a passagem de Maquiavel sobre a controvérsia, que atingia príncipes e reis, entre ser amado e ser temido para governar: na impossibilidade de conciliar os dois sentimentos, era mais seguro ser temido do que amado. Para Maquiavel, o homem era mau por natureza e, na primeira chance, tentaria algo em benefício próprio, sendo contido apenas pelo temor da punição. Conhecer o mundo ameríndio por meio dessas primeiras descrições, por outro lado, ofereceu aos europeus a possibilidade de imaginar que os homens não eram necessariamente maus por natureza e que era possível viver sem a opressão do poder.

A autonomia e a liberdade dos indivíduos indígenas causavam inveja aos europeus, que, de maneira etnocêntrica, as entendiam como falta de fé, de lei e de rei. Pero Magalhães Gândavo, algumas décadas depois de Vespúcio, apontou de modo semelhante que os ameríndios não tinham "nenhuma lei nem cousa entre si que adorem".[19] Se, no entanto, não encontraram rei nem lei, a verdade é que os exploradores encontraram muita fé e muita crença, mas de outro tipo. André Thevet, que vinha da violenta monarquia absolutista francesa, foi o mais incisivo no sentido de encontrar o que faltava, segundo sua perspectiva, no mundo ameríndio. Católico franciscano francês, numa época em que o poder do rei era absoluto, não limitado por nenhuma lei ou instituição, depois de acompanhar Nicolas Durand de Villegagnon na França Antártica, Thevet escreveu: "Os indígenas têm ainda uma outra estranha e abusiva crença, isto é, consideram a alguns dentre eles como verdadeiros profetas. São os *pajés*, a quem contam os sonhos e a quem encarregam de interpretá-los. Pensam os selvagens que os pajés só dizem a verdade".[20]

Não era, portanto, um problema de falta de deus ou de fé. Ao contrário, a cosmologia tupi regulava toda a sociedade, a guerra e a paz, e era transmitida por caraíbas, figuras notáveis, grandes intelectuais que tinham livre trânsito entre as aldeias, guardando a memória do povo por meio da história oral, com cantos e mitos. Thevet, no entanto, chamava a religiosidade indígena de "mentalidade atrasada, ignorância e falta de fé ou boa religião".[21]

Poucos anos depois das cartas de Caminha e de Vespúcio, em 1516, e da ida de indivíduos tupinambás para a Europa, onde foram entrevistados, o filósofo inglês Thomas More escreveu *Utopia*, ambientado no Novo Mundo e inspirado em leituras sobre as sociedades indígenas recentemente conhecidas e que fascinavam o meio intelectual europeu. More admirava o fato de os ameríndios viverem sem posses, sem propriedade privada e de acordo com a natureza. Escreveu que as conquistas pela guerra eram inglórias e que só por razões humanitárias, as boas razões, é que os utopianos partiam em confrontos armados. O texto foi lido por Rousseau, Marx, Lênin e outros pensadores e revolucionários europeus que sonharam com uma nova sociedade, mais justa e igualitária, livre da opressão do poder. Recentemente, quando completou quinhentos anos, o livro foi relido por autores contemporâneos almejando uma sociedade pós-emergência climática e os efeitos sociais nefastos do capitalismo na sociedade e no planeta.

Ou seja, se houvesse, como diz Krenak de maneira provocativa, mais educação por parte dos portugueses, talvez a relação entre a Europa e o Novo Mundo não fosse de dominação, mas de troca de experiências e conhecimentos, mais proveitosa para a humanidade como um todo.

Em vez disso, o que se sucedeu foi a maior tragédia da história humana, o maior holocausto de que se tem notícia, com ao menos 30 milhões de pessoas mortas. Até 95% da população do continente, o que equivaleria a um quinto da humanidade, pode ter morrido no primeiro século e meio de conquista, durante o que Viveiros de Castro e Déborah Danowski chamaram de "primeira grande extinção Moderna": "quando o Novo Mundo foi atingido pelo Velho como se por um planeta gigantesco".[22]

A COLONIZAÇÃO NÃO TERMINOU

O Brasil é não só um país jovem, mas uma mentira que rejuvenesce. Essa história linear e heroica, que começou a ser inventada em 1500, de um país descoberto e povos dominados, renovou-se nos anos 1800, após a Independência, trazendo consigo o mito da nação gloriosamente mestiça.

As elites continuaram a pensar na história por uma perspectiva eurocêntrica e tentaram impor esse viés, apagando as histórias dos povos vencidos e partindo de um paradigma evolucionista que reforçava o papel do acaso e da fatalidade e denotava a inevitabilidade do processo histórico colonial. Com isso, diminuíam a importância dos povos indígenas, como argumenta João Pacheco de Oliveira, antropólogo e professor titular da Universidade Federal do Rio de Janeiro.

Em 1840, o recém-criado Instituto Histórico e Geográfico Brasileiro lançou um concurso de teses com a seguinte questão: "Como se deve escrever a história do Brasil?". A independência de Portugal tinha sido declarada havia pouco tempo, e explodiam revoltas e rebeliões por todo o país. Fazia sentido a elite querer construir a ideia de nação brasileira, um povo, um país, um princípio e um destino. O vencedor do concurso foi o naturalista alemão Carl Friedrich Philipp von Martius, que havia participado de uma das maiores expedições científicas pelo interior do território brasileiro na companhia de Johann Baptist von Spix entre os anos de 1817 e 1820. Sua resposta residia na valorização da mestiçagem como traço característico da história brasileira, tendo como ideia central a noção de "encontro".

O colonizador português — descobridor, conquistador e senhor — seria "o mais poderoso e essencial motor" da história nacional. Índios e negros teriam apenas influenciado, reagido à chamada "raça dominante". Tudo isso como execução da vontade divina: "Jamais nos será permitido duvidar que a vontade da providência predestinou ao Brasil esta mescla. O sangue português, em um poderoso rio, deverá absorver os pequenos confluentes das raças índia e etiópica".[23]

Mas coube a outro intelectual de origem alemã o título de "pai da história do Brasil". Nascido no interior de São Paulo, Francisco Adolfo de Varnhagen, o visconde de Porto Seguro, consolidou em *História geral do Brasil: antes da sua separação e Independência de Portugal*, de 1854, justamente essa narrativa do patriarcado europeu, ufanista, do militarismo e da conquista. E fez isso com grandes méritos historiográficos — foi ele quem localizou o túmulo de Pedro Álvares Cabral, reviu as notícias dos cronistas, encontrou documentos e construiu uma narrativa historiográfica, dando um sentido ao passado do Brasil antes da independência. O livro, dedicado a dom Pedro II, serviu como pedra fundamental para o país que se emancipava da metrópole europeia, mas mantinha internamente as mesmas relações coloniais de dominação, incluindo a escravidão e o assassinato sistemático de povos ameríndios rebeldes. De acordo com ele, a história do Brasil só começava em 1492, com a "descoberta" da América, a ideia da colonização, a expedição de Martim Afonso de Sousa, que fundou São Vicente em 1532, João Ramalho e o cacique Tibiriçá, as capitanias hereditárias e tudo o que levaria o Brasil a ser um grande Portugal. A descrição dos tupis é cuidadosa, baseada na vasta documentação deixada por cronistas, mas dá a entender que os nativos estavam esperando a civilização chegar para salvá-los da barbárie. O autor fala do "influxo" do cristianismo e da civilização, que vieram encontrar gente que, segundo ele, vivia em um estado "não podemos dizer de civilização, mas de barbárie e de atraso".[24]

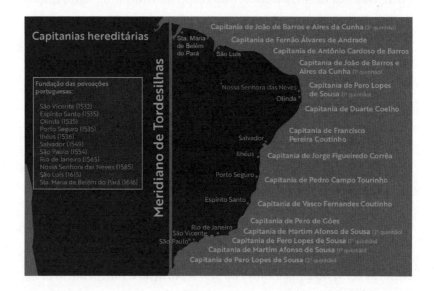

Essa antítese entre civilização e barbárie apontada por Varnhagen não era exclusiva do Brasil e das sociedades ameríndias que viviam aqui. Aliás, era a mesma narrativa contada sobre a época de formação dos países latino-americanos, sobretudo pelo livro de Domingo Sarmiento que funda a literatura argentina, *Facundo, ou civilização e barbárie*. A obra servia a um projeto político baseado em homogeneizar a sociedade para formar uma nação e justificar o extermínio das diferenças.

No Brasil, essa influência atravessou o tempo. Durante a formação da República, por exemplo, Hermann von Ihering, cientista, zoólogo e então diretor do Museu Paulista, propôs o extermínio dos caingangues, no interior de São Paulo, por impedirem o desenvolvimento. Ele descreve os membros dessa tribo como os "temidos 'Bugres'", que "não representam um elemento de trabalho e de progresso". Nessa oposição entre civilização e barbárie, "os caingangue selvagens são um empecilho para a colonização das regiões do sertão que habitam, parece que não há outro meio de que se possa lançar mão, senão o seu extermínio".[25]

Exterminar e apagar o passado para construir uma história de vencedores: assim funcionou por anos a historiografia hegemônica, inventando um passado heroico a partir de um acontecimento. Foi o que fez, em 1937, o clássico filme *O descobrimento do Brasil*, de Humberto Mauro, que apresentou o encontro de Cabral com os nativos na costa do sul da Bahia como mito de origem. E é assim que, ainda hoje, se conta popularmente a história do país. Mas é possível olhar para trás e ver de maneira diferente, como provoca Ailton Krenak em entrevista neste livro:

> *Como todo mundo precisa de um mito de origem, o mito do Brasil é aquela descoberta, com as caravelas, aquela missa no monte Pascoal, aquele registro de cartório do nascimento da cria Brasil. É um mito de origem, gente. Nós somos adultos, a gente não precisa ficar embalado com essa história de assustar criança. A gente pode buscar entender a nossa história com os diferentes matizes que ela tem e ser capaz de entender que não teve um evento fundador do Brasil.*[26]

Quem aqui chegou descreveu, mapeou e denominou, dominou. A façanha dos "descobridores", de quem "tomou posse", como conta Soares de Sousa, de uma terra que "se descobriu aos 24 dias do mês de abril de 1500 anos por Pedro Álvares Cabral",[27] faz lembrar hoje a narrativa de grileiros que invadem a Amazônia. Por isso, é importante olharmos para trás para entender o presente e para ver o passado que foi apagado.

A fala de Soares de Sousa remete à de um grileiro em meio aos incêndios apocalípticos que tomaram a Amazônia durante o período de seca em 2019, cuja repercussão internacional foi imensa:

> *Essa é uma propriedade da União que eu tô de posse dela já há uns cinco ou seis anos [...]. Essas terras, eu descobri que ela tava lá solta [...] [sic] sem ter dono, né? Como a terra é da União, eu fui lá, abri estrada e me apossei dela. Não comprei de ninguém. Ela tava lá, eu fui olhar, era uma terra da União, e eu fiz uma posse em cima dela e comecei a mexer nela. Fiz pasto.*

E reivindica sua obra: "O desmatamento de lá é meu só".[28] Assim como um grileiro contemporâneo na Amazônia contou que descobriu uma terra "solta" da União, algum descendente de europeu um dia tomou posse dessa mesma terra e a reivindicou para si. A terra passou a ser da Coroa portuguesa, do Império e da União. Mas, antes dos colonizadores, havia gente nessa "terra-floresta".

O grileiro de 2019, Dirceu Kruger, foi preso pela Polícia Federal porque foi até uma delegacia para denunciar outros invasores na área que ele mesmo havia invadido e grilado. Há um fio contínuo entre Sousa e Kruger nesses quinhentos anos: um europeu, outro descendente de europeus, ambos preocupados somente consigo mesmos, querendo se dar bem no Brasil, ignorantes sobre a ocupação da terra e gananciosos para acumular posses.

Também em 2019, não longe do Amazonas, onde Kruger havia "descoberto" uma terra da União, em Rondônia outros grileiros estavam igualmente "descobrindo" terras, loteando, cercando, dividindo, criando falsos documentos e colocando-as à venda. Dessa vez, a terra descoberta era parte do território onde vivem os uru-eu-wau-wau, um povo ameríndio cuja língua pertence ao tronco tupi, ancestralmente parentes diretos daqueles que viviam no Recôncavo e no litoral brasileiro e que acharam Gabriel Soares de Sousa vagando atrás de riquezas e de gente para escravizar. Os uru-eu-wau-wau hoje estão em guerra contra invasores, uma guerra que, para eles, na verdade nunca terminou, apenas se dividiu em novos ciclos e continua renovando as inimizades da conquista. Uma guerra que dura, efetivamente, quinhentos anos.

O que leva as práticas e os discursos de períodos tão distantes entre si a serem tão parecidos, inclusive com os mesmos agentes de cada lado? Talvez a resposta seja a própria ideia de "conquista" descrita neste livro, que se refere a hegemonia e controle sobre um território, e não necessariamente sobre corpos e sujeitos. Por essa razão, apesar de ter conquistado um território, um subsolo, uma floresta, de ter escravizado milhares, a conquista não acabou; ela segue em busca de subjugar, por fim, esses corpos e esses sujeitos que resistem à lógica do colonialismo.

Ainda em 2019, dessa vez no Pará, durante o período de seca na Amazônia, quando aumentam as invasões e o desmatamento, uma aldeia do povo caiapó estava preocupada com o avanço dos garimpos e dos madeireiros, vendo alguns parentes passarem para o lado dos brancos. Houve uma reunião tensa na Casa dos Guerreiros, chamada, na língua caiapó, de *ngã*, localizada no centro da aldeia circular onde a comunidade se reúne diariamente, com homens jovens e velhos sentados, fumando cachimbo, enquanto as mulheres se posicionam nos limites da casa, como dita a tradição desse povo, algumas segurando machados para expressar indignação. Todos e todas tinham corpos pintados com grafismos desenhados com tinta escura extraída do jenipapo. Indignado, um jovem disse: "Não podemos mais aceitar, chega, é hora de declarar guerra contra esse governo que quer acabar com a gente".

Seguiu-se um silêncio. Olhares entrecruzados. Então, um velho de cabelos longos, sem camisa, sentado e apoiado sobre uma borduna — a mesma arma de guerra que fascinou diversos cronistas quando relatavam a habilidade nas lutas corporais frente a espadas —, disse: "Mas quando foi que a gente declarou a paz?".

Nunca houve a paz, assim como poucas vezes a guerra foi tão abertamente declarada e injusta como hoje, quando os povos indígenas estão sendo ofendidos, difamados e friamente assassinados. Guerra entre mundos separados por milhares de anos que poderiam ter convivido pacificamente desde o início e enriquecido de saberes a humanidade. "Se os brancos tivessem educação", lembra Krenak.

NOTAS

1 | Citado em Barros; Domenici, 2019.
2 | Para a grafia de etnias indígenas, optamos pela forma dicionarizada e em letras minúsculas, seguindo o mesmo padrão aplicado para nacionalidades em geral. Tuxaua é uma forma de designar chefias, similar a cacique.
3 | Krenak, 1999, p. 28.
4 | Chaui, 2000, p. 57.
5 | Bluteau, 1712/1728, vol. 4, p. 153.
6 | Morubixabas: como eram chamados os chefes guerreiros de cada aldeia ou o principal.
7 | Trecho da entrevista no capítulo 10.
8 | Líder indígena potiguara que, após combater os portugueses até 1599, acabou se aliando a eles na guerra contra os aimorés e no combate aos escravos aquilombados.
9 | Cunha, 2012, p. 15.
10 | Os caraíbas eram líderes religiosos itinerantes que anunciavam um futuro idílico traduzido no mito da "Terra sem Mal". Foram retratados pelas fontes coloniais como "feiticeiros" e "falsos profetas" e considerados os piores adversários da pregação cristã.
11 | Hemming, 2007, pp. 517-8.
12 | Fausto, 2000, p. 18.
13 | Borduna é uma arma indígena de madeira, sinônimo de "tacape", "cacete" ou "clava", utilizada em guerras, rituais e caçadas e equivalente à espada como instrumento na luta corpo a corpo. Relatos da época mostram que, com bordunas de madeira, os indígenas habilidosos podiam vencer vários europeus armados com espadas de ferro. Ainda hoje é utilizada por diversos povos, como os xavantes, os caiapós e os corubos, e um referencial de sua identidade.
14 | A diferença dos hábitos alimentares marca um duplo estranhamento entre brancos e índios no Brasil. Em suas memórias, Darcy Ribeiro conta que o chefe xavante Apoena detestou quando um piloto de avião, logo após o contato com os xavantes, no início dos anos 1950, ofereceu uma lata com biscoitos salgados; achou seco, ruim, engasgou, tirou tudo da lata e, no lugar, despejou um punhado de gafanhotos assados que ele vinha mastigando.
15 | Mendonça, 2017, p. 27.
16 | Léry, 2007, pp. 169-70.
17 | Kopenawa; Albert, 2015, p. 410.
18 | Citado por Hemming, 2007, p. 52.
19 | Gândavo, 2019, p. 45.
20 | Thevet, 2018, pp. 217-8.
21 | Ibid., p. 223.
22 | Viveiros de Castro; Danowski, 2014, p. 138.

23 | Martius, 1982, p. 88.
24 | Varnhagen, 1854, vol. I, p. 107.
25 | Von Ihering, 1907.
26 | Trecho da entrevista no capítulo 10.
27 | Sousa, 2010, p. 35.
28 | Notícia veiculada durante os grandes incêndios que aconteceram na Amazônia em 2019. Disponível em: https://g1.globo.com/ac/acre/noticia/2019/09/12/grileiro-diz-a-pf-no-ac-que-escrivao-de-policia-comprou-areas-da-uniao-invadidas-por-ele-veja-video.ghtml. Acesso em: 15 abr. 2020.

2.
A UNIDADE CONTRA A MULTIPLICIDADE

UM REI, UMA LEI, UM DEUS

O mundo indígena estabelecido no território chamado de Pindorama pelos tupis e de Abya Yala pelos kuna da América Central estava aberto para conhecer aqueles flagelados vindos dos navios europeus, famintos e fedidos, enquanto, da parte destes, a intenção era cobiçar, se apoderar, violar o corpo das mulheres, pegar ouro e prata e converter todas aquelas almas pagãs ao cristianismo.

A guerra que se estabeleceu foi entre essas diferentes visões de mundo e formas de ser e existir. Foi uma guerra política, a partir da disparidade de projetos e propósitos de vida: Portugal aspirava a ser uma unidade; as sociedades ameríndias cultivavam a multiplicidade, a produção permanente da diferença.

O reino português se constituiu a partir do conflito entre dois mundos: o cristão, de um lado, o pagão e o infiel, de outro. Formou-se na guerra entre a sociedade feudal que emergiu da ruína dos visigodos — povo germânico que se converteu ao cristianismo e ocupou a península Ibérica após a queda do Império Romano — contra os mouros dos califados de al-Andalus, que dominaram a península a partir do século VIII. Nasceu com a espada na mão e uma estratégia de despojo de guerra cristã contra o domínio dos muçulmanos. Mais tarde, o processo de conquista e domínio dessa porção da península Ibérica receberia o nome de "Reconquista", como se esse território, ocupado por setecentos anos por um domínio muçulmano e habitado por judeus durante um período ainda mais longo, tivesse sempre pertencido aos cristãos — mais uma vez, observamos a invenção de um passado que nunca existiu.

Era um povo que marchava em direção à unidade e tinha a religião estabelecida como corpo do Estado: um rei, uma lei, um Deus. A Revolução de Avis (1383-85) consolidou a independência de Portugal em relação ao reino de Castela e fortaleceu a nação como mais um passo no sentido da centralização do reino, reforçando a atividade comercial e marítima e adotando práticas mercantilistas.

Portugal foi, portanto, o primeiro reino unificado na Europa, com características feudais, mas centralizado na figura do rei, que conjugava a função de senhor da guerra e das terras do reino, capaz de financiar a guerra por meio de concessões de terras e títulos. Acima do rei, só a Igreja, especificamente o papa — nem sequer o clero —, e apenas nas matérias consideradas de natureza religiosa. Abaixo, súditos subordinados, povos dominados e convertidos. Do patrimônio do rei vinha a renda para sustentar a aristocracia fundada na guerra, as doações rurais, os postos administrativos, eclesiásticos e militares, além de recompensas pagas a mercenários e aventureiros contratados por toda a Europa pelos serviços prestados. Por isso, Caminha escrevia ao rei e descrevia o que buscavam: ouro, prata, metais e convertidos. Os aventureiros que aqui chegaram sabiam que teriam a sua parte no despojo dos outros.

No fim do século XIV, Portugal já era um Estado moderno e um reino unificado, enquanto a Espanha só seguiria o mesmo caminho no século seguinte. A França, por sua vez, alcançaria a unidade e o Estado moderno e absolutista apenas no século XVI. Assim, quando Villegagnon desembarcou no Rio de Janeiro para fundar a chamada França Antártica, em 1555, seu objetivo não era cumprir um empreendimento oficial do Estado, mas executar negociações de comerciantes normandos, tendo uma autorização tênue da Coroa francesa. Do mesmo modo, quando, em 1503, os primeiros franceses na costa negociaram pau-brasil com os tupinambás, não se tratava do Estado francês invadindo um território português, mas de comerciantes protestantes autônomos negociando por baixo do pano em uma terra cuja posse o Estado católico português alegava ter, por ter em mãos um documento do papa.

Toda extensão a oeste do litoral africano pertencia ao rei de Portugal ou ao rei da Espanha, e a nau de Cabral sabia que, conforme prescrevia o Tratado de Tordesilhas, o rei de Portugal se apropriaria de tudo o que fosse encontrado dentro de 370 léguas em direção ao poente da ilha de Santo Antão, no arquipélago de Cabo Verde. Celebrado em 1494 entre o reino de Portugal e a Coroa de Castela para dividir as terras "descobertas e por descobrir", esse tratado foi o primeiro instrumento de divisão do mundo nos termos do colonialismo europeu. As negociações envolveram a Igreja e o papa, que temia que as terras caíssem nas mãos de protestantes ou muçulmanos. A segunda forma de divisão do globo foi o espelho oriental de Tordesilhas, na zona de influência asiática a partir das ilhas Molucas: o Tratado de Saragoça, assinado em 1529, que servia para regular o comércio de especiarias.

Tordesilhas e Saragoça formalizavam a divisão desse novo mundo moderno centralizado pela Europa e pela Igreja romana. Essa foi a primeira cerca do planeta que envolveu mundos desconhecidos, o início da globalização colonial, uma característica que marcaria dali em diante o pensamento eurocêntrico: o mundo visto a partir da Europa, dividido conforme padrões europeus. Era a invenção da ideia de Ocidente, que nascia no século XV, dentro do Renascimento, um movimento artístico e filosófico baseado em um resgate da Antiguidade greco-romana. Esse movimento de constituir uma supremacia das formas de pensar europeias se consolidaria ainda mais com o Iluminismo, no século XVIII, quando se buscou desenvolver o conhecimento científico a partir da dissociação da sociedade com a natureza e da sociedade europeia como um padrão civilizacional frente a outras formas de organização social.

Ao longo de pouco mais de cem anos, da Andaluzia às Américas, da África ao Sudeste Asiático, ocorreram processos de conquista que se influenciaram mutuamente e forjaram a ideia da superioridade do homem branco europeu — e foi isso que o Iluminismo veio a transformar em pressupostos teóricos da razão. Essa mudança de paradigma epistemológico provocada pelas descobertas dos novos mundos na mentalidade europeia fez surgir o que pensadores como o argentino Walter Mignolo definiram como "colonialidade do saber":

> *Se o Renascimento inventou a Idade Média e a Antiguidade, instalando a lógica da colonialidade ao colonizar o seu próprio passado (e ao arquivá-lo como a sua própria tradição), o Iluminismo (e a crescente dominância dos britânicos) inventou o Greenwich, remapeando a lógica da colonialidade e colonizando o espaço, localizando o Greenwich como o ponto zero do tempo global.*[1]

Na península Ibérica, em meio ao surgimento do capitalismo, teve início um modo de dominação distinto dos anteriores, com uma lógica genocida e epistemicida, isto é, de destruição de saberes e formas de vida que não faziam parte do "corpo" e do "sangue" do rei: fogo nas mesquitas e nas bibliotecas, fogueira para as mulheres sábias que conheciam curas e eram acusadas de bruxaria, bem como para muçulmanos e judeus não convertidos. Em nome da "pureza do sangue", os espanhóis massacraram populações em ao menos cinco grandes genocídios e epistemicídios (muçulmanos e judeus em al-Andalus, mulheres na própria Europa, ameríndios e africanos) e inventaram um novo sistema de trabalho forçado pós-servidão feudal, a *encomienda*.

A Europa era sempre mal-educada com o mundo que invadia: não entendia nada e já discordava. Sua única forma de olhar para o outro era pelo viés da Bíblia. Desde a conversão do Império Romano, com Constantino, por meio do Édito de Milão, em 313, a autoridade do conhecimento era a cristandade, com o lema: "Um Deus no céu, um imperador na terra". Quem desafiasse o conhecimento eclesiástico podia ser excomungado ou morto na fogueira. Assim, massacres eram acompanhados da conversão dos sobreviventes e bibliotecas não cristãs eram queimadas — a biblioteca de Córdoba, incendiada no século XIII, abrigava 500 mil livros, e outros 250 mil foram queimados na biblioteca de Granada por ordem do cardeal Cisneros, poucos anos após a conquista espanhola, em 1492. Para se ter uma ideia da dimensão dessa tragédia que vitimou o conhecimento do mundo, nenhuma biblioteca cristã na Europa chegava a ter nem mil livros em seu acervo nessa época. Granada, e com ela a hegemonia política muçulmana na península Ibérica, caiu em 2 de janeiro de 1492, com a capitulação do emirado Nacérida. Colombo foi discutir com a rainha Isabel o plano de sua grande viagem nove dias depois. Segundo o sociólogo porto-riquenho Ramón Grosfoguel, "a conquista de Al-Andalus foi tão importante para a mentalidade dos conquistadores espanhóis que Hernán Cortés — o conquistador do México — confundiu os templos astecas com mesquitas".[2]

Tudo era interpretado de acordo com a Bíblia, e a interpretação final do papa representava a superioridade do conhecimento incontestável. Na Bíblia, havia a resposta para as perguntas, a explicação do mundo. E foi assim que, em 1452, os portugueses conseguiram autorização para escravizar sarracenos e pagãos quando o papa Nicolau V emitiu a bula *Dum diversas*, que outorgou, nestas palavras, "permissão plena e livre para invadir, buscar, capturar e subjugar sarracenos e pagãos e outros infiéis e inimigos de Cristo onde quer que se encontrem". Em seguida, em 1455, com a bula *Romanus Pontifex*, Afonso V foi autorizado a conquistar os territórios de sarracenos e pagãos na costa da África, os chamados "infiéis".

Sair em expansão marítima era um interesse econômico do mercantilismo, mas também um plano religioso e um projeto civilizatório: subjugar outras formas de civilização para impor o cristianismo. Quem era contra ou pensava diferente era infiel e iria para o inferno. Os europeus matavam com a Bíblia debaixo do braço. E, mesmo quando a Igreja veio a condenar a escravidão e o assassinato, ainda assim permitia exceções às guerras justas que garantiam a expansão dos reinos cristãos em meio à carnificina. A Coroa portuguesa recorria constantemente à "legalidade" da violência junto à Igreja.

Apenas após as violentas guerras de conquista espanholas promovidas no México e nos Andes, a Igreja, oficialmente, passou a considerar os índios como humanos, embora precisassem ser convertidos: em 9 de junho de 1537, o papa Paulo III assinou a bula *Veritas ipsa*, na qual condenava explicitamente a escravidão, afirmando que os ameríndios eram "verdadeiros homens", capazes de compreender a fé cristã. No histórico debate entre teólogos que aconteceu na cidade de Valladolid, na Espanha, em 1550, Bartolomé de Las Casas, bispo da Cidade Real de Chiapas que havia vivenciado a violenta conquista do México, advogava que os índios não eram naturalmente escravos e que as guerras eram injustas, enquanto o cronista Juan Ginés de Sepúlveda defendia a escravidão natural e a guerra como necessária.

Las Casas venceu. Mas, em vez de garantir a liberdade dos índios, o que a Espanha implantou foi o regime de *encomienda*, um tipo de servidão que estabelecia um tempo para o trabalho forçado, mas não permitia a comercialização das pessoas. A controvérsia de Valladolid estabeleceu algumas bases jurídicas para as novas "guerras justas", mas com poucos resultados, pois os conquistadores encontravam diferentes maneiras de justificar a necessidade da guerra para a expansão do reino cristão. No caso da dominação por *encomiendas*, por exemplo, no encontro com o povo local — que não falava línguas europeias —, era lido um texto em latim chamado *requerimiento* para que os nativos decidissem se aceitariam ser súditos. Caso contrário, seriam massacrados. Uma suposta consulta surreal. Os jesuítas condenavam a escravidão indígena pois sustentavam que a missão dos reinos era salvar as almas dos índios. Mas, no caso da escravização de negros, Las Casas e, em geral, os jesuítas e a Igreja acreditavam ser necessária para a salvação de um pecado original. Ou seja: a escravidão era ruim, mas justa. Citavam como justificativa a teoria da escravidão natural de Aristóteles, segundo a qual alguns nasceram para mandar e outros para obedecer, e discutiam que tipos de bárbaro seriam índios e negros. Em um sermão feito na Bahia em 1633, o padre Antônio Vieira, que lutaria contra colonos por se opor à escravidão indígena, pregou que a escravidão era o paraíso dos pretos, um milagre que os havia retirado da barbárie para serem instruídos na fé.

Segundo o intelectual quilombola Antônio Bispo dos Santos,[3] a Bíblia era a "cosmovisão dos colonizadores": legitimou a conquista e a escravização, assim como inventou o trabalho como instrumento de castigo, o que foi, nas palavras de Bispo, "o fundamento ideológico para a tragédia da escravidão".

Na prática, acontecia como com qualquer lei: a decisão era frequentemente burlada por grileiros, como Gabriel Soares de Sousa, que, poucos anos depois da bula de 1537, que condenava a escravidão indígena, já estava nos sertões da Bahia caçando ameríndios para escravizar.

O mundo era dividido entre os que eram cristãos e os que deveriam *se tornar* pela conversão: gentios, pagãos, infiéis, as almas não conquistadas ou não convertidas. Era uma linha que separava a Europa do restante do mundo, sendo a Europa — mais precisamente Roma — o centro. Na suposta unidade do povo que aportou em caravelas, unido diante de um Estado, controlado por um rei e pela Igreja, não cabia a diversidade de muitos outros mundos.

MULTIPLICIDADE E DIFERENÇA

O poder eurocentrado produziu no mundo uma violenta unidade não só de continentes interligados pelo colonialismo, mas também ecológica. Além de genocídios, escravidão, mortes e conversões religiosas num intenso movimento de guerras, a colonização transportou pragas e reconfigurou os ecossistemas a partir do interesse econômico dos europeus, com a criação de monoculturas e a imposição de um imperialismo ecológico.

Enquanto isso, no lado oposto do Atlântico, as sociedades caminhavam em direção a multiplicidades: diversidade de povos, de línguas, de espiritualidades, de ecologias, de sistemas de poder, de formas sociais. Ao contrário do poder centralizado dos reis submetido ao poder espiritual de um único papa, na costa Atlântica não havia assimetrias de poder. Eram sociedades que viviam em uma direta oposição à hierarquia feudal e monárquica, com grandes civilizações convivendo com grupos menores, fragmentados, nômades.

Em vez de queimar, matar e escravizar a diferença, o lado oeste do oceano Atlântico nutria curiosidade pelo outro, formando coletivos humanos que funcionavam como máquinas de produção do múltiplo. A diferença, fosse relacionada à ecologia, às plantações, à formação de laços familiares ou à estética, era vista como algo bom, produtivo. O problema, para esses povos, era justamente a unidade: "Uma é toda coisa corruptível", escreveu o antropólogo francês Pierre Clastres. "O modo de existência do Um é o transitório, o passageiro, o efêmero. Aquilo que nasce, cresce e se desenvolve somente para perecer, isso será o dito Um."[4]

A concepção quinhentista de que aqui faltavam rei, lei, Deus e Estado marcou, nos séculos posteriores, uma ideia de permanente incompletude que norteou Euclides da Cunha ao se referir à Amazônia em 1905: "Destarte a natureza é portentosa, mas incompleta. É uma construção estupenda a que falta toda a decoração interior".[5] Esse "princípio da incompletude", de focar o que "falta", a ausência, nas palavras do arqueólogo Eduardo Góes Neves, pesquisador do Museu de Arqueologia e Etnologia da Universidade de São Paulo, é um anacronismo persistente na história da ocupação humana na Amazônia — mas que pode se estender para todo o Brasil. Neves explica que essa ideia "está baseada em premissas de escassez, de que algo profundo está sempre faltando",[6] enquanto o problema está, na verdade, na incapacidade de entender a Amazônia — e, por conseguinte, todo o continente e o modo de vida ameríndio.

A arqueologia moderna, por exemplo, tem demonstrado por meio de escavações, seja na Amazônia, seja em outras partes do

Brasil, que, ao contrário do que se pensava, as sociedades ameríndias tinham uma agricultura sofisticada. É historicamente o povo que mais se desenvolveu na domesticação de espécies vegetais, a base da alimentação mundial hoje. Só que, ao contrário da praticada pelos europeus, a agricultura aqui era baseada não em monoculturas, mas em agroflorestas, mais dinâmicas e nômades. E há um motivo para isso: a monocultura pode servir para a formação de sociedades estratificadas e para a centralização de poder, o que é ruim para a liberdade dos indivíduos. Não que os indígenas *ainda não tivessem aprendido* a cultivar como os europeus; provavelmente, esse tipo de agricultura não interessava a uma sociedade que tinha à disposição uma abundância de alimentos, com grandes currais de criação de tartarugas, fartura de peixes e caça, numerosas quantidades de frutos, oleaginosas e sementes e uma oferta alimentar que desafiava a ideia de precariedade e incompletude. "Está na hora talvez de virar o quadro de cabeça para baixo e trabalhar com a premissa de que a abundância, e não a escassez, é o ponto de partida para uma reflexão sobre a história antiga da Amazônia."[7] Nesse caso, não faria sentido para os ameríndios acumular riquezas e se dedicar a um trabalho compulsório: afinal, havia uma infinidade de recursos na floresta que os rodeava.

Virar a história de cabeça para baixo, inverter os paradigmas europeus, enxergar abundância em vez de escassez, como sugere Neves, pode ajudar a entender o que os portugueses não entenderam quando chegaram. Afinal, sem a fartura ofertada pela natureza, as guerras pareciam ter lógica: só por meio delas o rei e o reino podiam enriquecer com terras e escravos. Enquanto isso, a sociedade ameríndia era tão plena, tão farta, que não havia lugar para as ideias de conquista e dominação sobre o derrotado. É o que já entendia Montaigne:

> *A guerra deles é toda nobre e generosa e tem tanta desculpa e beleza quanto possa permitir essa doença humana; não tem outro fundamento entre eles além da busca da virtude. Não estão em luta pela conquista de novas terras, pois ainda desfrutam dessa*

fertilidade natural que os abastece, sem trabalho e sem pena, de todas as coisas necessárias, em tal abundância que não têm motivo para aumentar seus limites.[8]

Essa terra, que Montaigne classifica como "mui agradável e bem temperada" — bem diferente da incompletude descrita por Euclides da Cunha ou de um "inferno verde", expressão que dá título a uma obra de Alberto Rangel —, era de abundância e variedade. E, ao contrário do que se imaginava, hoje sabemos que não era simplesmente "natural". Tratava-se efetivamente do resultado da interação entre uma grande diversidade de povos com o ambiente ao longo de, pelo menos, 10 mil anos.

Hoje, projetos de pesquisas multidisciplinares que envolvem arqueologia, antropologia, historiografia, botânica e ecologia estão começando a constatar o que o mundo dos brancos tentou apagar: que a natureza, bem como tudo o que os ameríndios construíram, é, na verdade, a própria relação entre a população e seus territórios. Gente que não idealizou se separar da natureza.

Próximo a Manaus, no município de Iranduba, há um grande número de sítios arqueológicos. Caminhar por eles revela uma experiência milenar. Os arqueólogos caminham olhando para o chão, pisam com cuidado na área do sítio. No sítio do Laguinho, o chão é tomado por cerâmicas variadas, ricas, decoradas. Parecem pedras, mas são fragmentos de civilizações seculares que viveram onde pisamos, onde hoje a terra é preta. É fascinante caminhar por ali ao lado de Eduardo Neves, que estuda o sítio há décadas e conseguiu mapear a aldeia e a disposição das casas. Ele apresenta a área como se fosse seu bairro em São Paulo, aponta o centro da aldeia, onde ficavam as casas, a parte onde atracavam os barcos, faz imaginar um complexo universo social: "Aqui embaixo era uma paliçada no ano 1000, 1100. Foi construída para a defesa da cidade".

Duas culturas coabitaram Laguinho, descritas pelos nomes de Paredão (séculos VII a XII) e Guarita (séculos X a XVI), e a muralha de paliçada pode ter sido construída para que se protegessem de guerras internas ou externas, contra sociedades nômades que também viviam na região.

A aldeia foi instalada no alto de um morro, elevada, e a vista de lá é deslumbrante: a vasta várzea do rio Solimões, que logo em seguida se encontra com o rio Negro, dando origem ao que hoje chamamos de rio Amazonas. Nessa área de várzea, há lagos de águas pretas que dão nome ao sítio. Do alto desse morro, mil anos atrás, é possível que um chefe tenha se sentado num banco de madeira, fumado um cachimbo ou tomado um rapé de tabaco, olhando a paisagem à frente, onde poderia ver currais de criação de tartarugas, grandes canoas a remo atravessando o rio com mais de trinta guerreiros, fumaça das fogueiras de outras aldeias no horizonte. Nesse sítio, havia também muitos pés de mamão, cupuaçu, goiaba, cacau e outras frutas, e toda a agricultura era praticada nas áreas de terras pretas, ocupadas hoje pela população ribeirinha.

Terras pretas são as áreas de ocupação antigas que possuem solo extremamente fértil graças à ação humana milenar. A grande variedade de plantas e frutos hoje existente na região se deve muito às formas de convívio que as sociedades ameríndias estabeleceram com a floresta. Há inúmeras espécies que não chegam a ser propriamente domesticadas, ainda que também não sejam selvagens, mas que há 6 mil anos seguem um padrão de concentração em certas áreas, são numerosas e têm grande importância econômica e de subsistência para as populações locais: palmito, açaí, bacaba, cupuaçu, castanha, cacau. Se não fossem as práticas de cultivo de grupos indígenas na Amazônia, essas espécies não existiriam.

E tais práticas, escrevem os arqueólogos Eduardo Neves e Michael Heckenberger,[9] estão enraizadas em outras dimensões de sentido que vão além da subsistência. Essas dimensões já vêm sendo apontadas há décadas por antropólogos e misturam natureza e cultura, conceitos tão separados entre si no pensamento ocidental. A diversidade de plantas está ligada a dimensões existenciais (ou ontológicas) das sociedades ameríndias, o que se vê, por exemplo, em um ritual de casamento em que a noiva caminhava carregando uma planta de mandioca e, ao longo do percurso, juntava outras plantas diferentes. Essa diversidade tem a ver com a própria construção de jardins de árvores e também com um olhar para a agricultura como algo perene e longínquo, e não apenas para uma safra, como uma invenção do homem destinada ao lucro, a exemplo da monocultura de grãos que domina a paisagem europeia.

Em outro sítio arqueológico, localizado próximo ao rio Guaporé, na fronteira de Rondônia com o departamento de Beni, na Bolívia, Neves e sua equipe localizaram um cemitério no alto de um monte cujo solo é marcado pela presença de caramujos. A população que viveu nessa área utilizou os caramujos para construir uma elevação. Escavando o chamado Monte Castelo, a equipe chegou a vestígios de 7 mil anos atrás, desvendando hábitos de um povo que, provavelmente, tinha conexões tanto com a Amazônia quanto com a bacia do rio da Prata. Ali, encontraram um crânio junto de uma galhada de veado, circundado por arroz selvagem (que era cultivado no local), além de, suspeitam, um tipo de milho. Eram oferendas, em um enterro sofisticado e em relação espiritual com animais e plantas.

Nos anos 1980, a arqueóloga Anna Roosevelt revolucionou os estudos da área ao mostrar que, ao contrário do que muitas pesquisas diziam, a Amazônia não era um "inferno verde" onde a existência de sociedades complexas era impossível. A partir de escavações no arquipélago do Marajó, ela mostrou evidências arqueológicas de que, antes de os invasores europeus chegarem, essa terra era habitada por sociedades sofisticadas e de cultura altamente desenvolvida. Os padrões da cerâmica, por exemplo, podem ter influenciado os incas, e a estrutura urbana já era elaborada e estável 2 mil anos antes da conquista. Em pesquisas mais recentes, Anna encontrou, na Amazônia Central, vestígios de ocupação humana que remontam a cerca de 10.200 anos antes da Era Comum.

Essa grande variedade de sociedades ameríndias tinha um enorme conhecimento em diversas áreas, como geografia, ecologia e educação. Além disso, na perspectiva de existência ameríndia, os humanos não são os únicos sujeitos. Animais, plantas e a espiritualidade dos seres da natureza, os agentes não humanos na vida cotidiana, também são sujeitos com os quais essas sociedades interagiam e interagem de forma respeitosa. Nessa perspectiva, o corpo é uma capa, uma máscara ocupada por espíritos, almas ou fontes de vida. Um pajé vira onça, uma onça vira mulher, um boto sai das águas para namorar uma *cunhã* — existe uma transitoriedade entre seres humanos e seres que têm formas não humanas, mas que são sujeitos: uma montanha pode ser um antepassado; um rio, o avô de uma comunidade. E isso implicava diretamente na ética das guerras — Cunhambebe, o grande chefe dos tamoios, era onça e preferia matar e comer os cativos de guerra a vendê-los como escravos para os portugueses.

A arqueóloga Betty Meggers, com base no conhecimento disponível nos anos 1970, estabeleceu que a Amazônia era a "ilusão de um paraíso",[10] um ambiente hostil onde as sociedades tinham de se adaptar diante de um ecossistema com limites. Meggers, quando escreveu, acreditava assistir à destruição da Amazônia e a uma quase impossibilidade de se estabelecerem grandes sociedades nesse ambiente. Felizmente, hoje é possível provar que ela estava equivocada, graças tanto à moderna tecnologia de análise de materiais, moléculas e células nos solos quanto às novas ideias não eurocêntricas, formadas a partir do conhecimento oral dos povos indígenas, de suas histórias, levando a sério o que contam. Essas grandes sociedades, se tiverem por base o uso intensivo dos recursos naturais e a mercantilização da vida, podem não se sustentar por muito tempo em convívio com a floresta — como se observa na crise ambiental contemporânea e no holocausto ecológico do desmatamento.

Por toda a Amazônia e por todo o Brasil, hoje se encontram cada vez mais vestígios de grandes civilizações. Ao mesmo tempo, novas pesquisas de botânica e ecologia percebem que as sociedades antigas causaram tanto impacto no ecossistema que aquilo que vemos hoje e chamamos de "natural" nada mais é que o resultado dessa interação, quase um "jardim cultural", nas palavras de Heckenberger. Esse impacto fez bem tanto para as sociedades ameríndias quanto para a floresta.

Se Darcy Ribeiro supunha que no Brasil "pré-descobrimento" existissem cerca de 5 milhões de habitantes (enquanto outras estimativas apontavam 3 milhões), hoje estima-se que entre 8 e 50 milhões de pessoas podem ter vivido apenas na Amazônia antes dos europeus, sobretudo em áreas de encontro de grandes rios e em suas margens. Somando as novas informações arqueológicas encontradas no sul do Brasil, não é exagero pensar que, quando os portugueses desembarcaram aqui, a população talvez fosse algo em torno de 40 milhões de pessoas. Algumas cidades indígenas eram bem maiores que as cidades europeias — estas, sim, na maior parte das vezes, não passavam de pequenas aldeias.

A VISÃO DOS VENCIDOS

Na transição do século XV para o século XVI, a Europa vivia a ressaca da Idade Média, da época das trevas: o feudalismo estava em decadência, servos eram massacrados, enquanto a burguesia em ascensão enfrentava a aristocracia. Era o início do capitalismo, da comercialização da força do trabalho. Assim, a redução de todos os ameríndios a alguns traços fenotípicos, o roubo de metais e a busca por populações para escravizar nada mais eram que um hábito que vinha se consolidando, sobretudo com as invasões e as Cruzadas. Como já descrito, as atitudes dos europeus diante da diferença e do que fugia ao seu sistema de crenças e valores eram violentas; então, por que com os ameríndios seria diferente?

Obviamente, a chegada dos europeus provocou desencontros entre formas de conhecimento, e não poderia ter sido diferente. De dois caminhos possíveis — soma ou rejeição —, cada parte escolheu um. Enquanto, para os portugueses, as diferenças tornavam os nativos seres piores, passíveis de rejeição, para os ameríndios as diferenças eram interessantes, permitiam trocas, não eram empecilhos para a convivência.

Como descreveu Alfredo Bosi, o europeu estava focado na dialética da colonização, pensando na dominação e na subjugação. A colonização, escreve Bosi, é um projeto totalizante de "ocupar um novo chão, explorar os seus bens, submeter os seus naturais".[11] E assim, como lembra o antropólogo Claude Lévi-Strauss, os europeus caíram no chamado "paradoxo do relativismo cultural": quanto mais buscaram discriminar uma cultura, mais se aproximaram do que buscavam negar. Bárbaros não eram os índios, mas, sim, aqueles que chamavam os povos ameríndios e africanos de bárbaros. Projetavam nos outros o que eram: "O bárbaro é inicialmente o homem que acredita na barbárie".[12]

Não que não tenha havido estranhamento por parte dos nativos: foi com desconfiança que receberam aqueles que chegaram às suas praias. Seriam imortais, fantasmas, zumbis? Segundo Lévi-Strauss, nas Antilhas, após o encontro com Colombo, houve uma fascinação pelo corpo branco: "Enquanto os espanhóis enviavam comissões de investigação para pesquisar se os indígenas tinham ou não uma alma, estes últimos dedicavam-se a imergir brancos prisioneiros, a fim de verificar, após uma vigília prolongada, se seu cadáver estava ou não sujeito à putrefação".[13]

Muito se escreveu sobre esse processo de desencontro e violência que a estratégia colonialista produziu, mas só recentemente conseguimos ouvir as vozes indígenas, a visão dos "vencidos" que nunca declararam a paz.

Para os ameríndios, os primeiros anos, até 1532, pareceram voltados às trocas, apesar de as expedições portuguesas de reconhecimento e de mapeamento do litoral terem sido marcadas por conflitos esparsos. Sem prata nem ouro, trocavam pau-brasil por objetos europeus e tinham relações sexuais aparentemente consensuais, com uma mitificação posterior heroicizando os primeiros degredados que ficaram aqui e serviram para abrir portas para a invasão. Esses degredados europeus eram aceitos nas comunidades indígenas, aprendiam a língua, se relacionavam com mulheres indígenas e passavam a fazer parte da família, intermediando o contato com outros europeus.

Ao longo desse primeiro século de expansão europeia, o escambo povoou a terra de "brasileiros", esses novos sujeitos que surgiram a partir dessas relações sexuais e alianças políticas. Na classificação racial, eram mamelucos, inferiorizados pelos brancos, mas estavam acima dos indígenas. Em parte frutos de casamentos negociados para selar acordos políticos entre os homens, mas, na maioria das vezes, gerados do estupro sistemático das mulheres ameríndias, os mamelucos seriam fundamentais na construção da população brasileira, assumindo uma postura mais favorável à colonização que aos interesses indígenas, formando a linha de frente de exércitos bandeirantes e, até hoje, sem reconhecer seu passado indígena, compondo o quadro de muitos invasores de terras indígenas. Enquanto isso, a população ameríndia passou a ser classificada como "gentios", "índios" e "negros da terra". Os primeiros eram aqueles considerados insubmissos ou resistentes ao cristianismo; os segundos eram considerados os mais próximos da convivência com os portugueses e aceitavam a catequese. Os últimos, os "negros da terra", eram os indígenas levados para trabalhar como cativos nos engenhos, nas fazendas e nos sítios. Havia, ainda, os trabalhadores alugados das missões, que prestavam serviços tanto aos colonos quanto às autoridades coloniais, lutavam ao lado dos portugueses nas guerras de consolidação e expansão da conquista e quase nunca recebiam o valor correspondente aos serviços prestados.

Os tupis também fizeram uma distinção dos europeus: sabiam quem eram os *peró* (portugueses) e quem eram os *mair* (franceses) que disputavam o litoral de São Paulo e do Rio de Janeiro e quem eram os holandeses e os ingleses que se aventuravam e disputavam com os portugueses o controle no Nordeste e na Amazônia, pois definiam nas guerras, em cada um dos casos, tanto seus aliados quanto os inimigos que mereciam ser mortos e consumidos. Mas não matavam com o objetivo de dominação e acumulação, e sim tendo em vista a defesa da aldeia, do povo, do território — e, mesmo assim, eram embates pontuais.

Até que os portugueses, desde o início interessados na conquista, começaram a deixar isso mais claro. E os ameríndios, buscando a liberdade, começaram a guerrear. Segundo Antônio Bispo dos Santos, foi nisto que se constituíram a colonização e a contracolonização:

> *Vamos compreender por colonização todos os processos etnocêntricos de invasão, expropriação, etnocídio, subjugação e até de substituição de uma cultura pela outra, independente do território físico geográfico em que essa cultura se encontra. E vamos compreender por contracolonização todos os processos de resistência e de luta em defesa dos territórios dos povos contracolonizadores, os símbolos, as significações e os modos de vida praticados nesse território.*[14]

Foi então que a Coroa planejou um desembarque voltado estrategicamente para a colonização por meio das capitanias e do envio de famílias para implantar um sistema de produção nos engenhos. Tinha em mente suas bem-sucedidas experiências coloniais na expansão da cana-de-açúcar, a partir de 1440, em ilhas desabitadas, como a da Madeira, e no arquipélago dos Açores, e no comércio de escravos, a partir de 1460, quando colonizaram Cabo Verde, também um arquipélago desabitado na costa africana. Mas o Brasil não era uma ilha, muito menos estava desabitado, o que impunha desafios muito mais complexos do que essas experiências anteriores tinham ensinado aos portugueses.

NOTAS

1 | Mignolo, 2017, p. 13.
2 | Grosfoguel, 2016, p. 34.
3 | Santos, 2015, p. 31.
4 | Clastres, 2003, p. 187.
5 | Cunha, 2000, p. 117.
6 | Neves, 2013, p. 279.
7 | Ibid.
8 | Montaigne, 2010, p. 151.
9 | Neves; Heckenberger, 2019, pp. 371-88.
10 | Meggers, 1977.
11 | Bosi, 1992, p. 15.
12 | Lévi-Strauss, 1993, pp. 334-5.
13 | Ibid., p. 334.
14 | Santos, 2015, pp. 47-8.

3.
O NAUFRÁGIO DOS CAPITÃES

A INVENÇÃO DOS ÍNDIOS

Quando os europeus chegaram à costa Atlântica do Novo Mundo, o litoral era ocupado por diferentes povos que estabeleceram contato e foram descritos de modo bastante limitado nas fontes coloniais. Informaram aos colonizadores ou destes receberam diversas denominações que não correspondiam à forma como se autoidentificavam. Diferentes descrições da época oferecem um panorama aparente, mas enviesado pelo olhar etnocêntrico e eurocentrado dos invasores, sobre como poderia estar a ocupação da costa naquele momento. De acordo com o relato de Gabriel Soares de Sousa, os tupiniquins viviam em territórios hoje localizados na costa de São Paulo, Rio de Janeiro, Espírito Santo e Bahia; os tupinambás intercalavam esses territórios, tendo maior predominância, com grande controle da divisão entre São Paulo e Rio de Janeiro, na região da baía de Todos-os-Santos, no centro e no norte da Bahia e do Maranhão ao Pará; os guaranis, conhecidos como carijós, viviam a partir de São Paulo em direção ao sul; os caetés, no sertão do rio São Francisco, desde a Bahia até Pernambuco. De Olinda rumo ao norte e ao oeste da Paraíba, no Rio Grande do Norte e no Ceará, viviam os potiguaras, vizinhos dos tabajaras, instalados em parte na costa, mas sobretudo no interior, entre Paraíba e Ceará. Os aimorés, que não falavam tupi, mas provavelmente uma língua tronco macro-jê, assombravam os invasores entre Ilhéus e Porto Seguro, enquanto os tapuias (denominação genérica que será explicada mais adiante) habitavam regiões próximas ao litoral entre o Paraná e o Rio da Prata, bem como uma vasta extensão territorial no Sertão nordestino, assim como partes da própria baía de Todos-os-Santos. Ao longo do tempo, os nomes atribuídos pelos portugueses mudavam, e, quando povos ou aldeias se dividiam, autodenominavam-se de forma diferente ou ganhavam outros nomes.

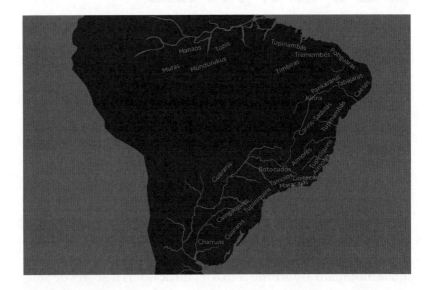

Essa relação é apenas superficial. Havia muitos outros povos, e mesmo esses citados também ocupavam diferentes territórios. Tais fronteiras não eram, de forma alguma, estabelecidas por uma geografia política delimitada em mapas como os referenciais cartográficos ocidentais, mas compunham uma ocupação muito mais fragmentada e fluida, e com planos diferentes daqueles que poderiam ser desenhados em duas dimensões. Além disso, a própria denominação presente nos relatos dos cronistas pode estar incorreta: poderiam os tupinambás controlar um território tão amplo que abrangia São Paulo, Bahia, Maranhão e Pará? Essa presença em um espaço geográfico gigantesco poderia remeter à ideia da dimensão de um império como o Inca, o que não é verdade. O mais provável é que fossem povos diferentes com línguas ou culturas semelhantes, o que provocava confusão nos invasores. Na maioria das vezes, os europeus não sabiam como esses povos chamavam a si mesmos, muito menos como se reconheciam etnicamente.

Ainda hoje, muitos dos nomes populares dos povos ameríndios não correspondem à forma como eles se autodenominam, mas, sim, à forma como um grupo inimigo os apelidou — historicamente, o contato colonial acontecia com algum ameríndio aliado ou "pacificado" que guiava os colonizadores. Nos trabalhos de levantamento de informações, perguntava-se a algum vizinho: "Como se chamam aqueles lá longe?", e o vizinho respondia com o apelido com que ele ou seu grupo se referiam aos sujeitos. É por isso que os caiapós contemporâneos que vivem na Amazônia se chamam mebêngokrê e os xavantes se autodenominam auwê uptabi. Esses dois exemplos são de povos que ficaram conhecidos por denominações atribuídas por outros, como a palavra "caiapó", que significa "semelhante ao macaco" em tupi, ou "xavante", um nome inventado de origem não indígena. Ambos falam línguas do tronco macro-jê e, no passado, antes de serem conhecidos como caiapós e xavantes, ou então mebêngokrê e auwê uptabi, como sabemos hoje, foram chamados de tapuias (séculos XVI e XVII) e botocudos (séculos XVIII e XIX).

Outros nomes podem ter sido simplesmente inventados pelos portugueses, como mostrou o historiador John Manuel Monteiro. Sem conhecerem o significado das palavras e das relações sociais, os colonizadores talvez não entendessem por que um povo se chamava "neto" (tememinó, em tupi) e outro, "avô" (tamoio, em tupi), e pensavam se tratar de povos diferentes em vez de troncos familiares que se dividiam e passavam a guerrear entre si, embora pertencentes ao mesmo grupo étnico — neste caso, tupinambá. Ou então "bárbaro" (tapuia, em tupi), que era como os povos que mantinham contato com os portugueses chamavam todos os que não entendiam tupi, idioma falado pela maioria dos grupos que habitavam a região litorânea. Os "tapuias", ao contrário, muitos deles falantes de idiomas pertencentes ao tronco macro-jê, normalmente habitavam regiões mais além do litoral, nas primeiras muralhas sertanejas.

Entre muitos desses coletivos que viviam na costa, havia uma relativa homogeneidade linguística — a língua tupi — e cultural, a mesma estrutura social e familiar, o mesmo modo de guerrear, a forte presença do conceito de vingança e a ocorrência de antropofagia. Essa relativa homogeneidade linguística e cultural, no entanto, não significava unidade de poder; ao contrário, eram sociedades bastante segmentadas, e apenas em situações de guerra foram relatadas grandes alianças e confederações. Além disso, alguns cálculos linguísticos e demográficos indicam que poderiam existir mais de mil povos onde hoje é o Brasil.

Como neste livro nos referimos a guerras que aconteceram em diferentes momentos da história, o que torna muito difícil, se não impossível, saber o nome que os agrupamentos davam a si mesmos, utilizaremos as denominações indicadas pelos cronistas — com isso, pode haver uma variação entre tamoio e tupinambá, por exemplo, referindo-se a um mesmo lado em guerra ou a um subgrupo confederado. No entanto, cumpre destacar que a Constituição Federal de 1988 e a Convenção n. 169 da Organização Internacional do Trabalho (OIT), sobre os Povos Indígenas e Tribais, de 1989, garantem a autodeclaração de indivíduos e o autorreconhecimento das comunidades indígenas.

POSSE DE TERRA

Nos primeiros anos após o "descobrimento", portugueses e franceses rapidamente aprenderam as línguas faladas pelos primeiros indígenas com quem estabeleceram contato. Havia intérpretes: tinham papel-chave nessa interlocução os degredados e outros europeus que passaram a viver entre os povos locais —

casos emblemáticos foram João Ramalho Maldonado, com os tupiniquins em São Vicente, e Diogo Álvares Correa, o Caramuru, com os tupinambás na baía de Todos-os-Santos.

Até a década de 1530, os contatos eram intermitentes, com escambos realizados na costa, sem adentrar o continente, enquanto os indígenas ficavam responsáveis pelas entradas em busca de pau-brasil. Os europeus eram visitantes que vinham comerciar e logo partiam, algo que, como o velho tupinambá disse no diálogo descrito por Jean de Léry (ver p. 32), era meio incompreensível aos ameríndios: para que tanta madeira? Recolhiam pau-brasil e papagaios, deixavam utensílios de ferro e algumas armas e partiam.

Em dado momento, os portugueses viram franceses e holandeses se aproximando cada vez mais do território que eles haviam "achado", fortalecendo laços comerciais e indicando interesse em tomar posse dessa nova terra. E, apesar de o rei acreditar que ela lhe pertencia, por ter em mãos um documento do papa e, por isso, reivindicar sua posse, isso não significava muita coisa, já que não havia sido estabelecida nenhuma ocupação portuguesa permanente e outros europeus também assediavam a costa, sobretudo protestantes que desafiavam a autoridade papal.

E foi assim que emergiu o projeto colonial: Portugal decidiu ocupar a nova terra, garantir a posse do que havia grilado com o carimbo papal. "Quando nos demos conta do que era, já foi", comenta a líder indígena Sonia Bone Guajajara, refletindo sobre os antepassados, que não perceberam imediatamente a invasão.[1]

O projeto de ocupação colonial trouxe consigo uma virada nas relações: até então, as trocas iam bem, mas, quando os portugueses decidiram ficar sem pedir licença, entendendo que a terra pertencia à Coroa e que os nativos não eram nada além de súditos e de escravos, as guerras começaram.

Em 1530, Martim Afonso de Sousa zarpou de Lisboa liderando cinco caravelas e mais de quatrocentos tripulantes. Chegou em 1531 à baía de Todos-os-Santos, um dos portos mais seguros da costa, encontrando lá Diogo Álvares, o Caramuru, adotado pelos tupinambás. Era um marinheiro português que vivia ali desde a primeira década: casado com Catarina Paraguaçu, filha de um chefe tupinambá, havia estabelecido boas relações com essa população indígena. De lá, Sousa seguiu viagem e, chegando à costa de São Paulo, foi recebido por João Ramalho, casado com uma das filhas do cacique tupiniquim Tibiriçá. Foi lá, com o apoio dos tupiniquins, que fundou São Vicente, a primeira vila portuguesa, em 1532. Posteriormente, com a criação do governo-geral, também teria o apoio do cacique Martim Afonso Tibiriçá para fundar São Paulo de Piratininga e o primeiro colégio jesuíta, em 1554.

Nesses dois casos, percebe-se como a conquista e a colonização do Brasil foram também uma aliança entre patriarcados — ou um "entroncamento de patriarcados", para usar a definição da intelectual aimará boliviana Julieta Paredes: o patriarcado europeu com o patriarcado ameríndio de "baixa intensidade", "se comparado com as relações patriarcais impostas pela colônia e estabilizadas na colonialidade moderna", nas palavras da antropóloga Rita Laura Segato.[2] Esses casamentos — raramente consensuais, muitas vezes derivados de estupros — funcionavam como alianças políticas entre homens europeus e homens ameríndios. João Ramalho, Diogo Álvares e muitos outros portugueses e franceses, tanto capitães quanto degredados, deixaram milhares de descendentes, os "mamelucos", personagens importantes nas milícias bandeirantes e nas guerras de conquista.

Foi a expedição de Sousa que, orientada pelo mapa e pelas estrelas, traçou os primeiros contornos do território, com uma divisão imaginária do espaço nas chamadas capitanias. Essa seria a base para a ocupação inicial da faixa litorânea — com algumas vilas e os primeiros engenhos concretizando a presença efetiva dos portugueses e, com isso, instaurando a primeira tentativa de colonização. Com ela, veio também a violência colonial, intrínseca à fundação do Brasil. O achado, depois de inventado, começava a ser invadido, com a construção de engenhos sobre territórios indígenas e aldeias, a derrubada da mata nativa, a escravização de ameríndios e epidemias catastróficas. Era o fim da troca de ferramentas, facas e anzóis por madeira e papagaios: os portugueses faziam planos para permanecer e dominar. Dali em diante, tudo passava a ser violência em diferentes dimensões. A autonomia do mundo ameríndio que existia antes da invasão dos europeus começava a acabar.

ALIANÇAS, PARA QUE AS QUERO?

Quando os portugueses decidiram permanecer nos territórios indígenas, o clima tornou-se tenso, marcado por negociações políticas e comerciais, alianças, aproximações e traições. Era um estado permanente de guerra, mas uma guerra diferente de todas as que os tupis já haviam experimentado até então: não era por vingança, mas por territórios e sobrevivência.

Nobres portugueses em ascensão no reino, dispostos a arriscar suas fortunas na aventura ultramarina, receberam pedaços de terra a serem explorados, como se esses lotes delimitados não pertencessem a ninguém senão à Coroa. Embora a presença indígena preliminar e seu legítimo domínio sobre a terra tenham sido reconhecidos e registrados nas crônicas seiscentistas, a prerrogativa europeia de se sobrepor a esses povos jamais foi questionada. O que havia era apenas a bula papal, o "documento", e uma vontade irascível de conquistar terras e riquezas.

Assim, a criação das capitanias hereditárias representou, após o Tratado de Tordesilhas, a segunda grilagem do continente. A ideia era riscar o mapa com traços imaginários do litoral para o interior e garantir a posse depois, por meio de violência. Mas essa segunda fase da grilagem do Brasil dependia das relações construídas com os nativos, e, nesse ponto, cada uma das capitanias estava por si; cada um dos donatários estava à mercê das negociações com as chefias indígenas — "os selvagens", na perspectiva do invasor — para se estabelecer. Pois, ao contrário do que talvez tenha parecido à primeira vista, era impossível dar início à colonização ignorando os povos que "senhoreavam" o litoral.

A política de alianças trazida pelos donatários às chefias locais tinha o objetivo de ocupar a terra sem o enfrentamento direto.

Ora, Portugal era incapaz de guerrear contra os povos indígenas do litoral e não demorou a descobrir o valor fundamental da negociação com as lideranças nativas e da formação de alianças. Foi isso que impediu uma guerra geral de conquista no primeiro meio século da colonização. Diante da segmentação e da ausência de hierarquia nas sociedades tupis, não houve uma guerra de conquista nos moldes da invasão espanhola no Planalto Mexicano e da guerra contra a Tríplice Aliança Asteca liderada por Hernán Cortés, com exército e cavalos, consumada em 1521; ou, como nos Andes, a conquista do Império Tawantinsuyu e o assassinato do imperador inca Atahualpa por Francisco Pizarro, em 1533. Em ambos os casos, os espanhóis, carregando consigo a mortal varíola, souberam aproveitar crises políticas nos impérios e uma guerra civil em curso pela disputa pela sucessão nos Andes.

Na costa Atlântica do continente sul-americano, ocorriam diversas guerras, com os povos ameríndios confrontando a permanência portuguesa em todo o território. Algumas vitórias nativas foram emblemáticas, como a que ocorreu na capitania da Bahia de Todos-os-Santos, onde o próprio capitão donatário (que talvez pudéssemos chamar hoje em dia de "primeiro governador"), Francisco Pereira Coutinho, acabou morto e devorado pelos tupinambás na ilha de Itaparica, em 1547. Simultaneamente, por toda a costa, diferentes povos indígenas "andavam levantados", rebelados nas demais capitanias, "pondo cerco" às povoações portuguesas. Os nativos jamais haviam imaginado que perderiam o controle de seus territórios e acreditavam ter pleno domínio sobre o mundo em que viviam.

O cerco era uma das principais estratégias de combate dos indígenas contra seus inimigos, antes da chegada dos portugueses, como registram as fontes do século XVI. Pero de Magalhães Gândavo relata que, quando dois povos nativos guerreavam entre si, o que tomava a iniciativa do ataque se aproximava a certa distância da aldeia inimiga e construía uma cerca improvisada. A cada noite, a cerca ia sendo movida para mais perto da aldeia, até que fosse possível o combate individual. Utilizavam também armas químicas, como fumaça de fogueiras de pimenta, para deixar a permanência dentro das paliçadas insuportável, segundo relato de Hans Staden. Tudo isso em meio à constante troca de disparos de flechas certeiros que promoviam baixas de ambos os lados.

Mas as guerras trazidas pelos portugueses tinham outras modalidades de enfrentamento. Gândavo relata um episódio de extrema violência ocorrido quando o governador-geral Mem de Sá guerreava contra os tupiniquins que viviam entre as capitanias de Porto Seguro e do Espírito Santo (ver capítulo 5). Após cercarem uma aldeia e forçarem a população a se refugiar no interior de uma cabana, os portugueses atearam-lhe fogo, queimando todos vivos. Gândavo registrou o fato para falar da sua admiração perante um "principal" indígena (forma como os portugueses se referiam aos chefes), que se lançou das chamas para capturar outro, do povo inimigo, que lutava ao lado dos portugueses, pelo simples prazer de vê-lo morrer junto com os seus e se sentir vingado. Se o cronista português ficou espantado com a força e a coragem do tupiniquim ao se vingar do tupinambá aliado de Mem de Sá, no entanto, a fogueira humana acesa por seus compatriotas lusitanos contra os já rendidos tupiniquins não o admirou.[3]

De norte a sul da faixa litorânea, a presença estrangeira dependeu diretamente da "pacificação" — isto é, da aliança ou do genocídio — dos povos que ali habitavam. Quem melhor relata os momentos iniciais da colonização das capitanias é o senhor de engenho e sertanista Gabriel Soares de Sousa, escrevendo num momento posterior, quando a ocupação portuguesa já estava consolidada no litoral, em 1587.

No Maranhão, os filhos do donatário João de Barros iniciaram uma povoação aliando-se com os índios tapuias, que viviam na região, mas não prosperaram. Na Paraíba e em Itamaracá, os portugueses se viram ameaçados pela resistência imposta pelos potiguaras, ajudados pelos franceses, aos quais tinham se aliado, impedindo que a ocupação portuguesa se consolidasse. Em Pernambuco, o donatário Duarte Coelho conseguiu superar a resistência imposta tanto pelos potiguaras quanto pelos caetés, enfrentando vários cercos e batalhas e contando numerosas vítimas antes de firmar pé na região. Esses caetés que ameaçaram várias vezes Olinda são o mesmo povo que, mais tarde, seria alvo da "guerra justa" decretada pelo governador-geral Mem de Sá após a morte do primeiro bispo do Brasil, dom Pero Fernandes Sardinha.

Na Bahia, a primeira tentativa de colonização feita pelo donatário Francisco Pereira Coutinho sucumbiu frente à resistência tupinambá, apesar da grande vantagem representada pela presença do intérprete Diogo Álvares, o Caramuru. Em Ilhéus e Porto Seguro, os portugueses enfrentaram a resistência tenaz dos tupiniquins e os ataques ocasionais dos temidos aimorés. No Espírito Santo e em São Tomé, os donatários Vasco Fernandes Coutinho e Pero de Góis foram enfrentados pelos goitacases, vencidos apenas pelo primeiro, que conseguiu dar continuidade à colonização. Nas capitanias de São Vicente e Santo Amaro, os irmãos Martim Afonso e Pero Lopes de Sousa tentaram, obtendo pouco sucesso, enfrentar a resistência dos guaianases e dos tamoios.

O caso da Bahia foi fundamental para o desdobramento da política colonial na década seguinte. Ajudado por Caramuru, Coutinho conseguiu se fortalecer no litoral, o que possibilitou a construção dos primeiros engenhos e a vinda de novos colonos. Desentendendo-se, porém, com os nativos, passou a enfrentar resistência, com a destruição das roças e dos engenhos e a morte de muitos colonos. Geralmente, pequenas discussões criavam grandes intrigas e inimizades, sobretudo relacionadas com a avareza dos portugueses, e, nesse caso, havia o ímpeto dominador e violento de Coutinho na escravização e no assassinato de chefes nativos. Mas os relatos dos cronistas não são unívocos na razão que teria levado a essa rebelião. O fato é que, segundo Soares de Sousa, "pôs este levantamento a Francisco Pereira em grande aperto, porque lhe cercaram a vila e fortaleza, tomando-lhe a água e mais mantimentos".[4]

Acossado pelos tupinambás, Coutinho refugiou-se na capitania de Porto Seguro, como atesta uma carta do donatário daquela capitania, Pedro do Campo Tourinho, apesar de alguns cronistas afirmarem ter sido em Ilhéus. Ele fugiu de Salvador em 1545 e tentou retornar em 1547, aparentemente convidado pelos tupinambás, num acordo não se sabe se verdadeiro ou com intenções de traição, e naquele mesmo ano sua nau naufragou nas proximidades da ilha de Itaparica. É possível que tenha sido imediatamente capturado e ficado preso numa aldeia até o momento ideal de o ritual de antropofagia se consumar ou que tenha ficado escondido e só sido pego mais tarde. Mas levou cerca de um ano para ser morto. O que se sabe com certeza é que isso aconteceu de forma tradicional, com um golpe de ibirapema (como detalharemos adiante), após ter sido ofendido e tido todos os seus crimes anunciados à comunidade pelo executor. Alguns historiadores afirmam que o odiado donatário foi morto em um golpe fatal desferido pelo filho de um chefe por ele assassinado, consumando assim a vingança nos moldes tupis.

Apenas Caramuru sobreviveu ao naufrágio e ao ataque dos tupinambás. Soares de Sousa lamenta o desfecho, homenageando os feitos anteriores do donatário: "Acabou às mãos dos tupinambás o esforçado cavaleiro Francisco Pereira Coutinho, cujo esforço não puderam render os rumes e malabares da Índia, e foi rendido destes bárbaros".[5] Coutinho teria perdido tudo o que ganhara nas Índias e a própria vida na tentativa de implantar o sistema colonial na América.

Em praticamente todas essas capitanias, sucederam-se episódios de aproximação, aliança e desentendimentos, quase sempre motivados pelas tentativas de escravização dos indígenas pelos portugueses. Ensejaram cercos, levantamentos e batalhas, como no caso do donatário Duarte Coelho, o qual "teve grandes trabalhos de guerra com o gentio e franceses que em sua companhia andavam, dos quais foi cercado muitas vezes, malferido e mui apertado, onde lhe mataram muita gente".[6]

Enormes também foram os prejuízos financeiros dos donatários, alguns deles arruinados pela aventura ultramarina, o que os fez desistir ou terceirizar o empreendimento. Um bom exemplo é Pero Lopes de Sousa, que "gastou alguns anos e muitos mil cruzados com muitos trabalhos e perigos em que se viu, assim no mar pelejando com algumas naus francesas [...] como na terra em brigas que com eles teve de mistura com os Potiguares, de quem foi por vezes cercado e ofendido", segundo o relato de Gabriel Soares de Sousa.[7]

Os povos indígenas são descritos nas fontes do século XVI como senhores do território que os portugueses acreditavam ter o direito de ocupar. Na visão dos cronistas, os nativos eram os donos de fato, mas não de direito. Derrotados, muitos se renderam aos portugueses ou migraram para outras regiões, deslocando-se ao longo do litoral ou adentrando o sertão do continente, onde acabavam por se aliar ou se contrapor a outros povos que lá viviam. Apesar do que se costuma pensar, poucas foram as populações efetivamente extintas, e alguns grupos permaneceram nos mesmos locais, incorporando novas identidades, ou retornaram às regiões de origem após uma longa diáspora e hoje lutam pelo reconhecimento de sua identidade e por seus direitos.

As descrições desses povos nos relatos coloniais acompanham de perto as relações estabelecidas com os portugueses, ou seja, os que se apresentavam mais "amigáveis" ou propensos a alianças são descritos como "mansos" e "aparelhados", como no caso dos tupiniquins que "senhoreavam o litoral" entre as capitanias de Ilhéus, Porto Seguro e Espírito Santo. "Pacificados" pelos donatários, ajudaram os moradores a fazer suas roças e fazendas e prosperar:

> *Com este gentio tiveram os primeiros povoadores das capitanias dos Ilhéus e Porto Seguro e os do Espírito Santo, nos primeiros anos, grandes guerras e trabalhos, de quem receberam muitos danos; mas, pelo tempo adiante, vieram a fazer pazes, que se cumpriram e guardaram bem de parte a parte, e de então para agora foram os Tupiniquins mui fiéis e verdadeiros aos portugueses.*[8]

Já os mais propensos à resistência e à formação de alianças com franceses ou outros indígenas são descritos como "traiçoeiros", "belicosos", "ferozes". Um caso exemplar é o povo potiguara, apresentado como "muito belicoso, guerreiro e atraiçoado", embora as pessoas potiguaras fossem também reconhecidas por

Gabriel Soares de Sousa como "grandes lavradores dos seus mantimentos", "caçadores bons e tais flecheiros que não erram flechada que atirem", "grandes pescadores de linha, assim no mar como nos rios de água doce". Quando não estavam guerreando ou produzindo alimento, cantavam, bailavam, comiam e bebiam, assim como os demais povos do litoral.

A resistência potiguara foi uma das mais tenazes de todo o litoral, durando até o final do século XVI no que hoje é a Paraíba e se estendendo, nas primeiras décadas do século seguinte, à atual costa do Rio Grande do Norte (ver capítulo 7).

Guerra, aliança, amizade e, por fim, ajuda — termo que poderia esconder um início de escravização. Os índios foram parte fundamental da dinâmica do sucesso ou do insucesso das capitanias, que não dependiam apenas da maior ou menor fertilidade dos solos ou da abundância dos rios para agricultura, nem da tecnologia europeia, mas do bem-sucedido regime de aliança ou massacre dos indígenas que senhoreavam aquelas terras.

Tapuias, potiguaras, caetés, tupinambás, tupiniquins, goitacases, guaianases... esses povos foram reconhecidos pelos portugueses como habitantes originários e senhores de fato (embora não de direito) do território que se estendia no litoral e ao longo dos cursos dos rios e riachos que desaguavam no mar. Além desses, Soares de Sousa cita os carijós e os tamoios, que teriam um papel fundamental na guerra contra a conquista da baía de Guanabara, que precedeu a fundação da cidade do Rio de Janeiro, como veremos no capítulo seguinte.

A tecnologia de que dispunham os portugueses para a colonização havia sido desenvolvida nos engenhos que construíram nos Açores e na Madeira na primeira expansão marítima. Mas se, na ocupação das ilhas, a força de trabalho que impulsionava a plantação de cana era familiar, no Brasil eles buscavam escravos indígenas para os engenhos. Sem os jesuítas — a criação da Companhia de Jesus data de 1534 —, no entanto, e sem a estrutura de aldeamentos, os ameríndios, com sua inconstância, seu nomadismo e sua segmentação, acabaram por se constituir em contra-organizações políticas extremamente eficazes em impedir o estabelecimento da colônia portuguesa nas primeiras décadas do século. Da mesma forma, por estarem espalhados pelo território, conseguiram evitar grandes epidemias. Embora os portugueses tenham contado com a ajuda da varíola, do sarampo e de outros microrganismos em sua conquista, nenhuma epidemia chegou perto da que dizimou mais de 200 mil pessoas no Império Inca ou milhões no Planalto Mexicano no mesmo período.

Se os ameríndios aceitavam comercializar pau-brasil, animais e outros pequenos recursos naturais com os estrangeiros, não estavam dispostos a ser escravizados e a ter suas terras invadidas. Esse seria, segundo Ailton Krenak (ver entrevista completa no capítulo 10), o principal motivo das revoltas contra a colonização:

> *O entendimento dos portugueses de que podiam escravizar os índios foi um dos principais motivos para que os índios começassem a queimar os engenhos, os novos sítios coloniais, e entendessem que os brancos eram invasores. Quer dizer, demorou para os índios interpretarem que os brancos estavam aqui para ficar e tomar a terra e, se possível, escravizar os donos da terra.*

NOTAS

1 | Em entrevista para a série *Guerras do Brasil.doc*.
2 | Segato, 2012, p. 124.
3 | Gândavo, 2008, pp. 133-4.
4 | Sousa, 2010, p. 69.
5 | Ibid., 2010, p. 70.
6 | Ibid., 2010, p. 53.
7 | Ibid., 2010, p. 51.
8 | Ibid., 2010, p. 83.

4.
TUPIS CONTRA O GOVERNO-GERAL

PRIMEIRAS EPIDEMIAS APOCALÍPTICAS E O DESGOVERNO-GERAL

Havia razões de sobra para que, antes de o governo-geral ser instalado na Bahia, em 1549, os portugueses já estivessem entre os piores inimigos, aqueles que mereciam ser mortos por vingança e devorados. Talvez pelo fato de que os outros comerciantes europeus apenas fizessem escambo, principalmente os franceses, que eram mais bem recebidos pelos indígenas em muitos pontos do litoral do que os *peró*, que já estavam tentando ficar e colonizar. O que importa é que passaram a ser odiados e deram razões para tanto. Em meio ao revés sofrido por Francisco Pereira Coutinho em 1547, insurreições alastraram-se ao longo da costa, muitos engenhos viraram fumaça e os portugueses que tentavam colonizar buscaram refúgio onde era possível. A situação descrita no capítulo anterior atesta a fragilidade da ocupação efetiva das capitanias, a ausência de um projeto colonial de longo prazo e a necessidade crescente dos portugueses de definir como se relacionar com os povos indígenas — se por "razões", isto é, negociações, ou por "armas", ou seja, a pura guerra.

Na década de 1540, apenas a Espanha havia estabelecido bases sólidas no Novo Mundo, com a conquista do Império Tawantinsuyu (Andes), a Tríplice Aliança Asteca (Planalto Mexicano) e a descoberta da montanha de prata em Potosí, na atual Bolívia, em 1545. Encontraram tanto desse metal que o mundo europeu balançou. A riqueza de Potosí e o desejo que provocava aceleraram a necessidade dos portugueses de assegurar sua posse sobre o território que, no entendimento deles, lhes pertencia, ao mesmo tempo que franceses e ingleses buscaram formas de construir assentamentos enviando colonos, criando empresas de colonização e acirrando a disputa pelas novas terras.

Se as guerras de conquista tiveram início com a tentativa de instalação das capitanias hereditárias, os primeiros engenhos e a escravização de cativos capturados nos embates, elas se intensificaram quando, diante da morte do donatário da Bahia, do avanço da presença francesa no litoral e dos conflitos diplomáticos que intensificaram as rivalidades na Europa, a Coroa portuguesa decidiu instalar o governo-geral e investir definitivamente no controle do território.

Bastante pragmática, em 1548, a Coroa adquiriu as terras dos herdeiros de Francisco Coutinho, a fim de estabelecer a primeira cidade colonial na Bahia. Mais uma vez, os portugueses pediram que Caramuru lhes orientasse sobre onde se instalar, com quem falar e como garantir o apoio dos nativos. Ao contrário da vila que havia sido fundada pelo donatário no alto de Santo Antônio da Barra, a cidade que se tornaria a sede do poder português na colônia foi fundada no lado interno da linda baía de Todos-os-Santos, o que favoreceu a construção de um dos portos mais seguros de toda a costa. O Recôncavo, correspondente às terras ao redor da baía, era predominantemente ocupado pelos tupinambás, já conhecidos dos portugueses, com áreas controladas pelos rivais tapuias.

Em 1549, o rei enviou o ex-soldado Tomé de Sousa para capitanear o novo projeto de colonização. Vieram junto na comitiva os primeiros jesuítas, liderados pelo padre Manuel da Nóbrega. Otimistas e esperançosos, deram logo início à catequese, visando converter o maior número possível de nativos. Concentravam esforços em desvendar a "língua geral" falada ao longo do litoral pelos diferentes grupos indígenas do tronco tupi.[1] Em 1550, já haviam concluído a tradução para o tupi de orações e sermões, feita pelo jesuíta padre Navarro. Além disso, percorriam as aldeias buscando converter e batizar o maior número possível de pessoas, sobretudo crianças, e tentavam adentrar o território, mas sofreram também seus reveses. Em 1553, Navarro partiu de Porto Seguro com mais doze homens em direção ao sertão, a mando do donatário daquela capitania, alcançando as cabeceiras do rio Jequitinhonha e o vale do São Francisco e dali descendo até o litoral. A confiar no relato do missionário, a expedição atravessou uma extensão de 350 léguas (cerca de 1.700 quilômetros), mas só encontrou "índios ferozes", os quais não puderam ser convertidos.[2] No ano seguinte, os carijós, no Sul, mataram os jesuítas Pero Corrêa e João de Souza. A catequese também encontrava resistência.

Em consonância com os apelos de Nóbrega, o rei de Portugal conseguiu intervir junto ao papa para criar um bispado e enviar um bispo ao Brasil, Pero Fernandes Sardinha — na época, uma imensa vitória diplomática, consolidando o arranjo administrativo da colônia por meio da instalação dos poderes civil, militar, jurídico e religioso.

Tomé de Sousa ficou quatro anos no poder, tentando tratar bem os tupinambás circunvizinhos para garantir sua amizade. Foi um político objetivo: buscou seguir o Regimento de 17 de dezembro de 1548, que estabelecia a política indigenista e as demais diretrizes do projeto colonial. O regimento abordava vários assuntos, sendo os principais a defesa do território (tanto contra os indígenas quanto contra possíveis invasores externos), a conversão dos indígenas ao cristianismo, a administração da justiça e a organização militar da colônia. Esta passaria a contar com as chamadas tropas regulares, ou seja, pagas pelo monarca, equipadas com navios de guerra, armas e munições, sob o comando do governador-geral, e também com as chamadas tropas auxiliares, sob o comando dos moradores mais importantes de cada capitania. Na prática, isso significava uma política oficial de militarização da colônia e de formação de milícias pelos colonos. "Milícia", termo tão atual, era usado na época para designar essas tropas.

Aos índios, era vetado o acesso às armas usadas pelos europeus, sendo punidos os colonos que as comercializassem. Nativos que se aliassem aos colonos deveriam ser favorecidos e receber bom tratamento por parte do governador, sendo proibido escravizá-los. Já os que representassem um empecilho ao avanço colonial deveriam ser duramente combatidos e castigados.

Durante sua permanência na colônia, Tomé de Sousa esforçou-se para não repetir os erros de Francisco Pereira Coutinho. Construiu os alicerces da colonização e, pelo que consta, teria sido generoso com os aliados indígenas. Deve ser verdade, porque, de outro modo, se não chegasse de forma branda, não duraria.

Seu sucessor, no entanto, exacerbou a violência e ampliou as inimizades com as chefias locais. Duarte da Costa tentou escravizar indiscriminadamente os nativos em vez de negociar alianças. Hostil aos tupinambás, foi atacado. Em 1555, teve início uma grande revolta que começou com cerca de cinquenta guerreiros tupinambás que puseram fogo no engenho de um colono chamado Antônio Cardoso. O governador reagiu enviando seu filho com 76 infantes e cavaleiros para destruir aldeias próximas: capturaram um chefe, libertaram portugueses, incendiaram aldeias e canoas. Em resposta, mil guerreiros sitiaram o mesmo engenho. Para protegê-lo, o governador novamente mandou seu filho, que, no caminho, queimou mais cinco aldeias. A guerra que se seguiu acabou com vários portugueses flechados. Nesse conflito, os cavalos fizeram a diferença no combate. Em carta ao rei, o governador descreve que "mataram muitos", e os feridos na batalha depois foram encontrados mortos no mato.

Agressivo com os povos nativos e inábil para governar, Duarte da Costa iniciou também uma disputa de poder com a Igreja. Inconformado, o bispo Sardinha resolveu denunciá-lo ao reino. Em 1556, seguiu viagem para Lisboa, mas sua embarcação naufragou entre a foz do Cururipe e o São Francisco. A história é conhecida popularmente: o bispo foi capturado e devorado pelos caetés, que estavam em guerra contra Duarte Coelho Pereira, donatário da capitania de Pernambuco e fundador de Olinda. Foi um choque para os colonizadores e o mundo cristão europeu — Nóbrega considerou um castigo divino pelos abusos dos colonos na Bahia. Os ânimos ficaram mais acirrados, e os colonos decidiram matar aqueles que aniquilaram o bispo. Mas a verdade era que os portugueses não tinham forças: já vinham tentando submeter os caetés, sem sucesso, pois eles atacavam Olinda de um lado enquanto os potiguares a massacravam do outro.

Concomitantemente à instalação do governo-geral, sobrevieram catastróficas epidemias. Seu impacto foi avassalador, como analisa Carlos Fausto, antropólogo do Museu Nacional, em entrevista: "Não dava nem para enterrar todo mundo. Tem que ter essa ideia de que, de repente, o mundo começa a acabar. Todo mundo começa a morrer".[3] Para o historiador Pedro Puntoni, professor da Universidade de São Paulo, "a humanidade indígena não estava preparada para isso" (a guerra biológica revertida para a conquista).[4] Essa estratégia de guerra total de extermínio associada com cataclismo viral implicou na despovoação do território — posteriormente uma contradição para os colonizadores, pois significou falta de força de trabalho para produzir nos engenhos e nas fazendas de pecuária.

Foi devastador. Fala-se em 70 milhões de mortos nas Américas,[5] um número que pode ser ainda maior. A população global na época foi estimada em 500 milhões de pessoas, e até um quinto dessa quantidade pode ter morrido em decorrência de doenças e guerras de conquista do Novo Mundo nos séculos XVI e XVII. Trata-se do maior genocídio de que se tem notícia em toda a história humana.

As epidemias grassaram com a invasão, criando as condições para o domínio europeu. Ano após ano, algum surto violentíssimo chegava com as naus. Entre 1551 e 1552, uma doença que causava febre intensa apareceu e se expandiu rapidamente nos arredores de São Paulo: "Começou a apoderar-se dos pobres índios uma peste terrível de pleuris (pleurisia), com tal rigor, que era o mesmo acometer, que derribar, privar dos sentidos, e dentro de três ou quatro dias levar à sepultura".[6] Dois anos depois, essa epidemia chegou à França Antártica, uma doença tão contagiosa que se espalhou rápido e por todos os lugares, matando, segundo André Thevet, além de franceses, "um número infinito de selvagens".[7]

Em 1552, ainda no governo de Tomé de Sousa, uma epidemia atingiu uma leva de convertidos na Bahia: "Quase que nenhum ficou que não morresse", relatou o jesuíta Francisco Pires, que tomou a mortandade como juízo e castigo divino, pois os índios convertidos desejavam "ser cristãos e viver costumes de gentio".[8]

A grande epidemia de 1554 em São Vicente, conforme o historiador John Manuel Monteiro, alastrou-se pela capitania e foi devastadora. Uma fonte jesuíta conta que três chefes principais morreram "e muitos outros índios e índias".[9] O impacto político dessas perdas inexplicáveis é imensurável para o coletivo. As epidemias se espalhavam da mesma maneira como as informações circulavam pelo território, levadas por informantes que andavam quilômetros. A presença cada vez maior de colonos e missionários agravava a expansão do contágio.

Em 1558, em cumprimento ao Regimento de 1548 e visando dar mais consistência ao trabalho de catequese, os jesuítas foram autorizados a concentrar a população ameríndia em grandes aldeamentos a partir da fusão de outros menores, conferindo ao "índio principal", o chefe de cada aldeia, poderes de polícia e governo sobre toda a população concentrada. Com dez anos do governo-geral, esses grandes aldeamentos, de maneira não propriamente intencional, facilitaram ainda mais a propagação das epidemias.

Ao juntarem milhares de pessoas, sem condições sanitárias e de alimentação, os grandes aldeamentos foram atingidos, entre 1563 e 1564, por uma violenta epidemia de varíola, ou "bexiga", vinda de Lisboa, onde havia se iniciado um ano antes. Como sempre acontece nas epidemias, o sistema econômico da população atingida foi paralisado, e o vírus provocou uma grave fome,[10] acompanhada da crise política de sucessões incompletas e da crise cosmológica da busca por explicações para a catástrofe.

Anchieta[11] fala em 30 mil mortos na Bahia em cerca de dois a três meses de epidemia, contando índios livres e escravizados. Os jesuítas Leonardo do Vale e Antônio Blasquez também narram com horror a epidemia, que, da Bahia, se alastrou por Pernambuco, ao norte, e São Vicente, ao sul.[12] As suspeitas da disseminação recaíam sobre os jesuítas, considerando que a varíola havia chegado na nau que trouxera de Portugal o padre Viegas, que aportou primeiro em Ilhéus, onde começaram os casos, antes de seguir para Salvador. Mas os jesuítas negavam, afirmando "Parece mais certo ser açoite do Senhor".[13] Ou seja, além de enfrentarem as guerras intensificadas após a instalação do governo-geral, os indígenas precisavam sobreviver também às doenças, seguidas de fome e desespero. "Coisa comum é andarem os males acompanhados", ponderou, no século seguinte, o cronista jesuíta Simão de Vasconcelos.[14]

De fato, o governo-geral parece ter se aproveitado da epidemia devastadora para declarar uma "guerra justa" contra os caetés, que viviam entre a Bahia e Pernambuco. Esse grupo deve ter sido atingido em cheio pela peste que se espalhava rápido. Bastava que, na aldeia, recebessem a visita de alguém contaminado, que poderia ser um missionário movido de boas intenções ou um indígena capturado que contraísse a doença antes de fugir de volta para a sua aldeia. Não se sabia, na época, da existência dos vírus e demais agentes infecciosos, mas a medicina já recomendava o isolamento dos doentes — algo impraticável nos aldeamentos jesuítas. Hoje, sabemos que o período de incubação da varíola é de uma semana a quase vinte dias. Isso significa que, mesmo já infectada, a pessoa poderia não apresentar sintomas e contaminar outras ao visitar aldeias, caçar ou guerrear. Foi o que aconteceu com o religioso que acompanhava o padre Viegas: se o primeiro já havia tido sintomas da varíola em Ilhéus, seu sacerdote chegou saudável a Salvador e foi visitar os aldeamentos indígenas, começando em Itaparica, contribuindo para a rápida disseminação do vírus.

A médica Cristina Gurgel, que pesquisou os efeitos das epidemias, assim descreve o ambiente de 1563: "Os cadáveres, enterrados altas horas da noite em valas comuns, já não recebiam os cuidados de seus antepassados e o peso da terra envolvia seus corpos, dragava suas almas e enterrava a dignidade outrora conferida a seus ancestrais".[15] Os efeitos da varíola provocaram fome, pânico e desespero nos aldeamentos no Nordeste e também levavam à morte aliados importantes dos colonizadores. Em São Paulo, atingido pela epidemia, morreu Tibiriçá, o principal aliado dos jesuítas, que havia travado guerra havia pouco com seu próprio povo em defesa da aliança com os jesuítas e os portugueses.

Além da varíola, o historiador Luiz Felipe de Alencastro identificou uma epidemia de rubéola, simultânea à de varíola, entre 1559 e 1563, que dizimou cativos indígenas no Nordeste, da Bahia a Pernambuco.[16] Epidemias caminhavam em paralelo numa marcha implacável de morte. Do litoral nordestino, desesperadas, famélicas, famílias tupis sobreviventes desertaram para o sertão, aconselhadas por seus líderes espirituais, e mataram os padres que tentaram impedir a fuga dos aldeamentos em Ilhéus, Camamu, Itaparica e Jaguaripe. Relatos indicam que alguns indígenas em fuga, anos depois, reencontrariam os portugueses no Maranhão e na Amazônia e testemunhariam novamente os flagelos da colonização. Vários povos, como os wajãpi, que vivem hoje no norte do Pará e falam uma língua tupi-guarani, desenvolveram mitologias sobre monstros associados com a conquista e as pestes. A palavra "catapora", lembra Alencastro, vem do tupi: "fogo que salta". No século XVI, as doenças europeias se corporificavam em monstros assustadores, como Taguaíba, o fantasma ruim, Anhangá, que enfia no saco, Macacheira, que faz as pessoas se perderem na floresta, e Curupira, coberto de pústulas.[17]

A desorganização territorial provocada por guerras, massacres e epidemias não se restringia aos aldeamentos ou a localidades específicas, mas, literalmente, tinha uma dimensão continental. No mito ianomâmi narrado por Davi Kopenawa, *xawara* é a tradução de epidemia:

> *Outrora, na floresta não existiam todas as epidemias gulosas de carne humana que chegaram acompanhando os brancos. Hoje,*

> *os xapiri (espíritos) só conseguem conter a epidemia xawara quando ainda é muito jovem, antes de ela ter quebrado os ossos, rasgado os pulmões e apodrecido o peito dos doentes.*[18]

Foi em meio ao cenário de epidemias e ao avanço da presença portuguesa fortalecida pela criação do governo-geral que vários grupos indígenas — catequizados ou não pelos jesuítas — iniciaram processos de resistência à colonização traduzidos em uma verdadeira guerra religiosa. Registrados na documentação da época como "santidades", tais episódios de enfrentamento à colonização pela via religiosa incorporavam elementos do cristianismo às tradições preexistentes da cultura tupi-guarani, promovendo uma verdadeira inversão da lógica colonial.

A mais famosa das santidades coloniais surgiu no Recôncavo Baiano, na região de Jaguaripe, por volta de 1580, e foi destruída pelo governador-geral Manuel Teles Barreto em 1585, após ter sido atraída por um poderoso senhor de engenho da região, Fernão Cabral de Ataíde. Não se sabe ao certo qual teria sido a intenção de Fernão Cabral ao trazer para junto de si o movimento, mas provavelmente foi o interesse em se aproximar dos indígenas rebelados para, depois, escravizá-los. O fato é que isso permitiu que eles construíssem uma espécie de igreja em suas terras, para onde afluíram dezenas de índios livres ou escravizados, provocando a revolta dos demais colonos e dos jesuítas — que exigiram uma ação enérgica por parte do governador. Durante as fugas, várias fazendas e pelo menos um aldeamento foram incendiados. O historiador Ronaldo Vainfas, o principal especialista que investigou esse episódio, conclui que a santidade de Jaguaripe foi o maior foco da resistência indígena no Recôncavo no período colonial.[19]

O núcleo da mensagem de insurgência anticolonial divulgada pela santidade era a busca da "Terra sem Mal", um lugar mítico de eterna abundância e juventude que representava a morada dos ancestrais na cultura tupi-guarani. No contexto colonial, o mito ganhou contornos anticolonialistas ao propalar que os índios se tornariam senhores dos brancos e os brancos se tornariam seus escravos.[20] No âmbito dos rituais praticados pelos líderes, sobressai o "batismo às avessas" — um ato solene no qual os índios já convertidos ao cristianismo eram reinseridos na religião indígena por meio de uma cerimônia que espelhava o rito cristão. Vários moradores da região — brancos, mamelucos e negros — se aproximaram da santidade por adesão ou conveniência e tiveram de responder aos inquéritos conduzidos pelo visitador inquisitorial Heitor Furtado de Mendonça, que esteve na Bahia entre 1591 e 1595.

O AVENTUREIRO E O PRINCIPAL

Somando o impacto simultâneo do reforço militar oriundo da instalação do governo-geral, da propagação de epidemias mortais e da intensificação das disputas territoriais entre os europeus e destes com os povos indígenas, pode-se perceber que as décadas de 1550 e 1560 foram as mais violentas da conquista portuguesa no Brasil.

Indiferente ao que se passava neste continente, o alemão Hans Staden, com seus vinte e poucos anos de idade, fazia bicos em navios como artilheiro e mercenário. Ele esteve no Brasil em duas ocasiões e nos deixou importantes relatos de suas viagens: a primeira, em 1548, partindo de Lisboa e chegando a Olinda, de onde seguiu para Açores, Lisboa e Sevilha, locais em que ficou por pouco tempo até embarcar novamente em direção à América para sua segunda viagem, em um navio espanhol que seguia para o rio da Prata e naufragou em Santa Catarina. Resgatado por portugueses, foi levado a São Vicente e, dois anos depois, graças à experiência como artilheiro no uso de arcabuzes e armas, conseguiu um trabalho no forte São Felipe, em Bertioga, região fronteiriça entre os tamoios — subgrupo tupinambá — e os tupiniquins, aliados dos portugueses, no litoral de São Paulo. Um dia, Staden saiu do forte para procurar um índio carijó que tomara como escravo e que não havia retornado de uma caçada. No mato, foi capturado por um grupo de guerreiros tamoios e passou nove meses como cativo numa jornada épica para sobreviver. Ao todo, sua aventura durou sete anos e meio. Em 1557, na Alemanha, lançou um livro em que relatou as experiências de sua saga na América do Sul, que logo foi publicado em diversas línguas.

Durante sua permanência no Brasil, que coincide com o período de instalação do governo-geral, Staden foi contemporâneo de outros cronistas europeus que escreveram sobre os indígenas, como o franciscano André Thevet e o calvinista Jean de Léry, assim como dos primeiros jesuítas que relataram os sucessos e insucessos da catequese iniciada ao redor das vilas e das povoações estabelecidas pelos portugueses. Essa nova leva de cronistas reacendeu o debate na Europa sobre os povos ameríndios, sua organização social, suas liberdades coletivas e individuais, formas de governo autônomas e sentidos da guerra mais nobres do que a conquista de súditos e territórios. Depois dos relatos iniciais das viagens e descobertas, como os de Pero Vaz de Caminha e Américo Vespúcio, baseados em observações rápidas e convivência reduzida com os indígenas, os cronistas que pisaram na América na mesma época de Staden alcançaram maior nível de inserção nas comunidades e presenciaram diversas atividades cotidianas, guerras e rituais sagrados. Nesses relatos, conhecemos um pouco do pensamento ameríndio, embora filtrado pelo olhar europeu.

Com base nesses testemunhos e em informações que se repetem no material de diferentes cronistas, a antropologia de meados do século XX pôde identificar de forma geral os objetivos das guerras dos tupinambás, as estratégias guerreiras, como se articulavam os bandos de guerreiros (que não poderíamos chamar de "exército" ou "força militar"), bem como as armas e alguns detalhes de cercos, captura e execução dos cativos, entre outros aspectos culturais, sociais e econômicos daqueles povos — como na extraordinária tese de doutoramento do sociólogo Florestan Fernandes sobre a função social da guerra entre os tupinambás. Dos portugueses, como era de esperar, há sobras de informações, principalmente sobre o sucesso ou o insucesso de suas estratégias para guerrear, ocupar o território, destruir aldeias, construir engenhos e converter os indígenas sobreviventes ao cristianismo.

O relato de Hans Staden, todo construído em primeira pessoa, tem como diferencial sua convivência profunda com os indígenas que o mantiveram cativo e o contato com uma das maiores lideranças ameríndias do século XVI de que temos notícia, o grande chefe Cunhambebe. Nos dois encontros que teve com Cunhambebe — o primeiro na aldeia do próprio chefe tamoio e o segundo em uma expedição contra os tupiniquins —, Staden conversou bastante e registrou algumas frases ditas por ele. Os diálogos reproduzidos no livro são apenas uma parte do que os dois conversaram. Fora o que está registrado, podemos apenas especular o que Cunhambebe teria dito a Staden para que o aventureiro alemão resumisse da seguinte forma: "Em suma, perguntou-me muito e falou muito".[21]

A importância desse relato é extraordinária, como pequenos diamantes que resistiram de um imenso passado incinerado. De tudo o que sabemos do século XVI, muito pouco foi dito pelos próprios ameríndios. E poucos são os sujeitos históricos do lado indígena cujos nomes foram registrados pelos autores europeus. A maioria dos relatos existentes foi construída por cronistas e religiosos, sempre interessados em justificar a ocupação da terra e a conversão dos indígenas. Isso não nos impede de reconstituir, com muita habilidade histórica e sensibilidade, a história e a etnografia de cada povo, como se tem feito ao longo deste livro. Mas o discurso direto colhido por quem testemunhou e interagiu com uma das principais lideranças daquele período, um grande e valente chefe, histórico guerreiro, é algo que merece ser admirado.

Cunhambebe era alto (cerca de dois metros) e forte, tirava sarro dos portugueses e fazia piadas com o canibalismo que assustavam os franceses. Certa vez, com fome, disse que, se houvesse um cativo maracajá, isto é, tememinó, ali no encontro em que estavam, prepararia um guisado para todos. Os franceses expressavam nojo, e ele, provavelmente, se divertia. Quando falava, batia no estômago, nas coxas, nos ombros. Balançava a borduna, sua arma de guerra. Gesticular ao contar histórias, encenar as ações narradas, é um modo costumeiro da história oral ameríndia, ainda presente entre muitos povos com bastante força

— como aqueles chefes que, ainda hoje, narram longas histórias míticas e de fatos que vivenciaram ou sobre os quais escutaram, por horas e horas, diante de jovens atentos nas casas dos guerreiros no centro das aldeias.

O primeiro encontro de Hans Staden com Cunhambebe aconteceu em sua própria aldeia, Ariró, próxima a Angra dos Reis. O alemão chegou ansioso, pois estava sendo levado a um grande líder indígena — em suas palavras, "o principal rei de todos". Enquanto era levado, passou por quinze cabeças espetadas em mourões na frente de uma das casas. Eram cabeças de maracajás, inimigos dos tupinambás, cujos corpos haviam sido devorados. Staden teve medo e pensou: "Assim farão comigo também". Ao ser apresentado a Cunhambebe, que estava bêbado de cauim, perguntou em tupi: "És tu Cunhambebe, vives ainda?". "Sim", disse ele, "eu vivo ainda". Staden replicou: "Tenho ouvido falar muito de ti e que és um valente homem".[22]

Dialogaram um pouco sobre os inimigos de Cunhambebe: os tupiniquins e os portugueses. E um fato muito interessante: Cunhambebe disse ter sido informado de que Hans Staden fora contratado como artilheiro para atacá-los. Até então, Staden dizia-se francês e escondia sua profissão. Cunhambebe sabia de tudo isso, demonstrando que, naquele vasto território, as notícias circulavam e que o influente chefe indígena tinha uma ampla rede de informação e comunicação. Desmascarou Staden e ironizou dizendo que havia capturado e comido cinco portugueses, todos se dizendo franceses. Cunhambebe andava de um lado para o outro, cheio de satisfação, enquanto falava. Depois que os dois saíram da cabana, Staden teve que enfrentar o bom humor dos tupinambás. Também embriagados de cauim, caçoavam do alemão. O filho de Cunhambebe amarrou os pés de Staden, que precisou saltar pela aldeia sob risadas e gritos: "Aí vem a nossa comida pulando".[23]

No segundo encontro entre o aventureiro e o principal, por volta do dia 14 de agosto de 1554, os tupinambás haviam partido em uma expedição de guerra contra os portugueses e os tupiniquins. O ponto de encontro foi a entrada da aldeia de Ubatuba, onde Staden era prisioneiro. Já conhecido por ser medroso, ele havia pedido para ficar na aldeia e não ir à guerra, e o chefe que o detinha havia concordado. Mas Cunhambebe se opôs e ordenou que Staden integrasse a expedição guerreira, ao todo com 38 canoas com dezoito guerreiros tamoios em cada uma. Staden relatou que Cunhambebe conduziu o grupo a um acampamento na mata, onde discursou na noite anterior ao ataque sobre a importância dos sonhos que teriam. "À noite, o chefe Cunhambebe, a chamado, passou pelo acampamento na mata e disse que eram chegados agora perto da terra dos inimigos, e todos se lembrassem do sonho que acaso tivessem durante a noite, e que procurassem ter sonhos felizes."[24]

Na costa, a caminho de Bertioga, encontraram cinco canoas dos tupiniquins, com alguns mamelucos (numa canoa, Staden contou seis) filhos de portugueses com mulheres ameríndias. Foi uma guerra no mar, registrada no livro de Hans Staden em gravuras da época que retratam as cenas do combate: os guerreiros se enfrentavam em pé, com grande habilidade; alguns remando, outros lançando flechas. Um dos mortos se chamava Jorge Ferreira, era filho de um capitão português "com uma selvagem". Encerrada a batalha, alguns inimigos foram mortos e devorados ali mesmo; os demais foram conduzidos para as aldeias dos vencedores como prisioneiros.

Durante a viagem de volta dessa batalha, Staden foi até Cunhambebe perguntar o que ele pretendia fazer com os mamelucos — como se já não soubesse o destino, assim como eles. "Disse-me que seriam devorados e me proibiu de lhes falar, pois que estava muito zangado com eles; deviam ter ficado em casa e não irem com seus inimigos em guerra contra ele."[25] Um gesto contra a escravização mercantil que os portugueses estavam implantando, esta era a ética da guerra: se não tivessem guerreado contra os seus, Cunhambebe nada teria feito. Mas, agora, precisavam ser comidos, pois esse era o ritual que dava sentido à própria guerra e à sociedade. Staden insistiu, pediu que os devolvesse aos amigos em troca de um resgate, que vendesse os cativos. Cunhambebe negou vender os prisioneiros.

Foi quando Cunhambebe, educadamente, postado perante um grande cesto cheio de carne humana e comendo a perna de um prisioneiro, ofereceu um pedaço ao alemão. Respondeu o artilheiro: "Somente um animal irracional devora a outro, como podia então um homem devorar a outro homem?". O grande chefe indígena então deu uma mordida e falou: *"Jauara inché!"* ["Sou uma onça, está gostoso!"].

Em 1555, pouco tempo depois da partida de Staden — que conseguira fugir dos tamoios em um navio francês e retornar à Alemanha, onde escreveu o relato de suas viagens —, o chefe dos tamoios foi visitar a fortaleza de Villegagnon, na França Antártica, de quem era aliado. Também naquele ano, Cunhambebe encontrou o frade franciscano André Thevet no forte de Villegagnon. O relato de Thevet sobre o encontro mostra o mesmo Cunhambebe orgulhoso, irônico, provocativo que esteve com Hans Staden. Ficou dezoito dias com ele, e o francês transcreveu seu nome como Quoniambec. Nesse tempo, relata Thevet, Cunhambebe partia de uma aldeia tamoio e vinha diariamente para a fortaleza, pela manhã, encontrar os franceses. Ficava em média três horas contando histórias, narrando as vitórias contra os adversários, as peripécias de guerreiros, as ameaças aos *peró* e os inimigos que havia devorado. Desse período, das possíveis 54 horas de histórias narradas por Cunhambebe, que deviam ser fascinantes, sarcásticas e provocativas, além de um material extraordinário de memória oral, sobrou mais ou menos uma página transcrita dos encontros, com uma visão arrogante e preconceituosa, e um desenho feito por Thevet:

> *Quoniambec é o mais notável e ilustre morubixaba de todo o país. Sua aldeia, com os territórios correspondentes, é vasta, sendo fortificada, em derredor, por bastiões e plataformas de terra, aos quais protegem algumas peças tomadas aos portugueses, semelhantes aos falconetes. Embora as choupanas sejam longas e espaçosas, como já o disse, não se veem entre os índios nenhuma cidade ou casa-forte de pedra. Nos seus primórdios, a humanidade levava uma existência ainda mais simples, sem nenhum cuidado*

ou preocupação pela segurança coletiva, de modo que não possuía povoações muradas ou amparadas por fossos e baluartes; enfim, uma vida errante e vagabunda, como a dos animais, sem lugar certo e determinado para o repouso, dormindo, sem temer os ladrões, no próprio sítio em que era surpreendida pela noite (o que não fazem os indígenas americanos, embora sejam tão rústicos).

Em conclusão, esse morubixaba se julga tão poderoso que passa o tempo a contar suas grandezas, considerando ser uma elevada honra e glória ter dizimado e, ao mesmo tempo, devorado a numerosas pessoas — umas 5 mil, como afirma. E não há memória humana de uma tal crueldade.[26]

Thevet e Staden descrevem Cunhambebe como uma pessoa cruel, arrogante e violenta. Um chefe pedante, que ironizava coisas sérias, como a morte de inimigos, e desdenhava do Deus cristão. Ambos os cronistas se arrogam uma postura de caridade cristã que disfarça os interesses que os levavam a invadir e saquear o território e a vida dos tamoios. Em nenhum momento são descritas intenções de Cunhambebe relacionadas a invadir outros povos, dominar outras pessoas, ocupar outras terras, apenas garantir o território em que vive seu povo e vingar-se de ataques injustos — como o caso dos mamelucos presenciado por Staden, em que o alemão tentou persuadir o chefe tamoio à prática da escravidão mercantil. O que aparece nesses relatos é que aqueles que contaram a história das conquistas dos territórios ameríndios distorceram a memória dos vencidos, imputando aos outros a violência que era praticada pelos seus. É o mesmo tom da hagiografia com que Anchieta descreve o governador-geral Mem de Sá (ver capítulo 5).

O SENTIDO DA GUERRA

As guerras tupis se estendiam por longos períodos na sociedade, desde os ritos preparatórios até a realização das expedições, o choque armado, as operações de retorno, o tratamento dos prisioneiros e os rituais antropofágicos. Para Florestan Fernandes, "o essencial consistia em aprisionar, sacrificar e ingerir ritualmente o maior número possível de inimigos".[27] Também nas palavras do sociólogo, a guerra "transbordava das condições e dos limites 'militares'".[28] Com todos os limites possíveis da reconstrução histórica, Fernandes cataloga os tipos de arma e seus usos e faz uma genial análise sociológica. As armas eram o arco e flecha, a fumaça tóxica de pimenta e, para atear fogo em aldeias, a flecha incendiária, enrolada em algodão. As flechas para perfurar os corpos dos adversários tinham ponta de madeira, lascas de taquara, rabo de arraia, ossos de animais e dentes de tubarão. Jean de Léry diz que os nativos atiravam uma dúzia de flechas, enquanto um inglês atirava seis, e os ingleses eram tidos como os melhores arqueiros da Europa. Claude d'Abbeville, capuchinho francês que viveu com os tupinambás em São Luís, conta que estes eram tão rápidos que atiravam seis flechas enquanto os arqueiros franceses lançavam três. E eram bons de mira.[29] Pero de Magalhães Gândavo relata: "Andam tão exercitados que de maravilha erram a coisa que apontem por difícil que seja de acertar".[30] Com arcos e flechas, os indígenas eram, para o cronista português, arriscados e atrevidos, como se sempre tivessem certa a vitória. "Suas armas são arcos e flechas, e nestas são tão destros que podem acertar um mosquito voando", descreve, com exagero, Simão de Vasconcelos, cronista jesuíta do século XVII.[31]

No corpo a corpo, a principal arma era a borduna (ver nota na p. 44), que, ainda hoje, é muito popular entre alguns povos, como os xavantes e os caiapós. Era uma arma poderosa no combate direto, inclusive, podendo ser mais eficiente que a espada, e era usada nos rituais antropofágicos para a execução de prisioneiros — nesse caso, tinha decorações e formas específicas e o nome de ibirapema, famosa nos relatos dos cronistas. Com um golpe, quebrava o crânio do adversário, e assim era feita a execução: sempre com um único golpe mortal. Conforme descreve Léry, citado por Fernandes, "é afiado como um machado, cortando como este por ser de madeira dura e pesada como o bucho. E são tão hábeis, quando enraivecidos, no manejo do tacape, que dois de nossos mais destros espadachins teriam dificuldade em haver-se com um tupinambá".[32]

Como proteção, utilizavam escudo feito de pele de anta ou de madeira. Montavam paliçadas no entorno das aldeias que ficavam mais próximas dos territórios inimigos. E, quando descobriam uma arma ou uma tática nova, rapidamente a incorporavam. O historiador John Hemming conta que o inglês Peter Carder, que acompanhava o pirata Drake, perdeu-se em sua embarcação e naufragou no rio da Prata. Viveu quase um ano com os tupinambás e participou de algumas expedições de guerra. Numa delas, orientou setecentos guerreiros com algumas táticas de guerra nos moldes das estratégias europeias antes de atacar uma aldeia inimiga, como pintar uma das pernas com urucum para serem mais facilmente reconhecidos pelos próprios companheiros no campo de batalha e fazer cem escudos de uma casca de árvore e duzentas bordunas. Devem ter matado cerca de duzentos inimigos e feito uns vinte prisioneiros.[33] Outro inglês, o aventureiro Anthony Knivet, meio pirata, meio vigarista, viveu cativo entre os tupinambás e participou de uma guerra com 5 mil guerreiros tamoios. Disse o inglês, também em documento apontado por Hemming: "Ensinei-os a se comportarem no campo de batalha e a armar emboscadas, a se retirar e atrair o inimigo". Relato parecido de aprendizagem de novas técnicas de guerra aconteceu com os potiguaras, na Paraíba, treinados por franceses a fazer cerco e trincheiras para escapar dos tiros de arcabuzes ao redor de fortes portugueses, nos moldes das guerras europeias contra cidades muradas.

A música também estava sempre presente nas guerras. Gândavo conta que os ameríndios guerreavam "desordenadamente", sem hierarquia e com muito barulho e gritaria. Mas Staden apresenta uma boa justificativa: segundo ele, os caetés gritavam e cantavam para não deixar os portugueses se comunicarem. É por isso que levavam tambores, buzinas e instrumentos de sopro.

Nessas guerras entre os ameríndios, havia um padrão construído socialmente, ideais de guerra e paz, como explica Florestan Fernandes. Além disso, havia certo equilíbrio de forças, assim como um conhecimento dos efeitos da morte — sabiam enterrar ou consumir os mortos, fazer os funerais, cuidar dos espíritos, dar sentido à vida após a morte. Com a invasão dos europeus, houve um rompimento da equivalência técnica, da capacidade de reposição das perdas, do abastecimento de suprimentos e da alimentação, com "efeitos desastrosos para os tupinambás e demais sociedades aborígenes".[34]

Nas sociedades tupis, guerrear estava relacionado com a formação do sujeito, a identidade coletiva e individual e as condições sociais que variavam de acordo com o coletivo específico, já que as sociedades tupis estavam fragmentadas ao longo da costa. Havia variações na organização dos grupos — poderiam ter vários chefes ou um grande principal — e também com relação a fartura e produção de alimentos, capacidade agrícola da comunidade, estoque de sementes e fertilidade das roças em uso e momentos de escassez que variavam ao longo do ano. A cada inimigo morto, sentiam-se vingados e ganhavam prestígio. Além disso, a carne dos inimigos sacrificados tinha um significado simbólico e mágico, associada com o seu espírito, elementos do complexo ritual antropofágico, junto do fato de que os tupis tinham horror à putrefação e medo do peso da terra na sepultura, então, certamente, a cova mais confortável era a barriga de um inimigo. Para os vencidos, a guerra representava o caminho mais curto para a Terra sem Mal, uma partida com a consciência de uma boa morte, com a certeza de que o indivíduo seria vingado por parentes e amigos.

Entre os tupis, não havia a destruição absoluta nem o uso de armas potentes sem sentido espiritual no embate com o inimigo. A coragem e a valentia dos guerreiros tupis não cabiam num sistema de guerra desprovido do sentido cosmogônico que lhes dava significado ao mundo, voltado tão somente para o despojo para enriquecer ou servir a um rei. De todas as formas, o sentido da guerra era diferente do que se atribuía na Europa, onde os conflitos serviam para conquistar territórios, saqueá-los e dominar e escravizar povos — contando até com a conversão de um rei, que envolveria todo o povo em "corpo do rei". Essa vontade de matar para obter acumulação material e de poder não fazia o menor sentido para os guerreiros tupis da costa. Inclusive, foi o que chamou a atenção dos cronistas e fascinou Montaigne, Thomas More e outros filósofos da época.

Assim, não é de surpreender que os europeus, sem compreender os mecanismos sociais que envolviam as guerras entre povos ameríndios, estranhassem o que encontraram e chamassem de "estado crônico de guerra". Mas o verdadeiro estado crônico de guerra estava na Europa, que vivia em guerra permanente, fosse no mundo cristão, entre católicos e protestantes, fosse nas Cruzadas contra muçulmanos, além dos inúmeros conflitos entre os reinos, como a Guerra dos Cem Anos, entre Inglaterra e França, de 1337 a 1453; e a Guerra dos Trinta Anos, de 1618 a 1648, encerrada com o Tratado de Vestfália. Essa intensa competitividade militar não necessariamente deu lugar ao desenvolvimento de tecnologia para superar guerras em outros contextos, mas contribuiu para construir estados totalitários, absolutistas e militarizados.

André Thevet, em sua experiência na França Antártica, conta que os escudos indígenas feitos de couro de anta poderiam aguentar um tiro de arcabuz. Conta também de uma vitória dos tamoios contra um navio português:

> *Antes da chegada da expedição francesa ao Brasil, os selvagens haviam aprisionado um navio português (que se achava atirado a qualquer sítio da praia), apesar da resistência que ofereceram os tripulantes, empregando até a artilharia. Apresada a embarcação, foram os homens devorados, exceto alguns deles, resgatados pelos franceses.*[35]

Em um amplo ensaio para desmitificar a ideia de superioridade militar europeia na expansão nas Américas, na Ásia e no continente africano, o cientista político Jason Sharman considera que nem os efeitos da magia nas guerras indígenas contra a invasão europeia podem ser desconsiderados. São exemplos de guerrilhas anticoloniais vitoriosas em várias partes do mundo no século passado, como os rituais de proteção do corpo contra balas de revólver no contexto africano,[36] e também inúmeros relatos paralelos, no Brasil, da mobilização de seres não humanos e feitiços ao enfrentar armas modernas. Para conseguir retomar sua terra ancestral invadida por grileiros, os xavantes, povo que vive no cerrado de Mato Grosso, usaram um pó mágico que os deixou invisíveis aos inimigos, permitindo que invadissem trincheiras e roubassem ou desativassem as armas. Invariavelmente, antes de proceder a uma ação de retomada de um *tekohá* (lugar sagrado), os guaranis-kaiowás, em Mato Grosso do Sul, fazem rezas e demandam a proteção dos pajés. São diversas as potencialidades espirituais utilizadas nas guerras que os europeus e os brancos, até hoje, não conseguem manejar.

No caso, o franciscano francês explicou que "os selvagens amigos dos portugueses, como se vê, são inimigos dos selvagens aliados dos franceses. E vice-versa".[37] Não havia nenhuma superioridade em curso, mas formas de guerrear muito distintas daquela que ele conhecia e, sobretudo, com cosmologias diferentes para o emprego da guerra.

NOTAS

1 | O tronco tupi foi identificado pelo linguista Aryon Dall'igna Rodrigues nos anos 1950 e é o maior agrupamento de línguas indígenas no Brasil, seguido pelo tronco macro-jê, que reúne cinco famílias, e ainda os troncos arawak, karib e pano. Há ainda dezenove famílias linguísticas, como ianomâmi e nambiquara, e outras línguas isoladas, faladas por apenas um povo, totalizando 274 línguas ameríndias faladas contemporaneamente. O tupi é constituído, hoje em dia, de sete famílias que reúnem em torno de quarenta línguas diferentes. Para se ter ideia do tamanho da diversidade, a Europa tem praticamente um único tronco, o indo-europeu, do qual saem as quatro principais famílias linguísticas — latina, germânica, eslava e celta —, e algumas línguas isoladas, como o basco, e línguas urálicas, como o finlandês e o húngaro.
2 | Navarro et al., 1988, pp. 172-7.
3 | Entrevista concedida durante a elaboração da série *Guerras do Brasil.doc*.
4 | Ibid.
5 | Grondin; Viezzer, 2018.
6 | Vasconcelos, 1977, p. 257.
7 | Citado por Hemming, 2007, p. 217.
8 | Hemming, 2007, p. 217.
9 | Citado por Monteiro, 1994, p. 39.
10 | Hemming, 2007, pp. 218-21.
11 | Anchieta, 1988, pp. 364-85.
12 | Navarro et al., 1988, pp. 404-20, pp. 430-42.
13 | Vale, citado em Navarro, 1988, p. 408.
14 | Vasconcelos, 1977, p. 101.
15 | Gurgel, 2020.
16 | Alencastro, 2000, p. 132.
17 | Ibid., p. 131.
18 | Kopenawa; Albert, 2015, p. 176.
19 | Vainfas, 1995.
20 | Ibid., p. 107.
21 | Staden, 2006, p. 86.
22 | Ibid., pp. 83-4.
23 | Ibid., p. 86.
24 | Ibid., p. 110.
25 | Ibid., p. 114.
26 | Thevet, 2018, p. 323.
27 | Fernandes, 2006, p. 59.
28 | Ibid., p. 27.
29 | D'Abbeville, 2008.
30 | Gândavo, 2008, p. 129.
31 | Vasconcelos, 1977, p. 100.
32 | Fernandes, 2006, p. 48.
33 | Hemming, 2007, p. 74.

34 | Fernandes, 2006, p. 55.
35 | Thevet, 2018, p. 241.
36 | Sharman, 2019, pp. 30-1.
37 | Thevet, 2018, p. 241.

5.
MATANDO, QUEIMANDO, DESTRUINDO TUDO

CORPOS ENFILEIRADOS NA PRAIA

A memória popular no Brasil trai o passado. Na Wikipédia, Mem de Sá — o terceiro governador-geral da colônia — é descrito como alguém que "procurou pacificar a colônia, liderando a guerra contra o gentio revoltado".[1] Paz no fio da espada. Nada mais vil com a verdade e com a memória de tantas vítimas inocentes. Mem de Sá era tudo menos um pacificador. Nem em escombros de aldeias destruídas encontrava paz — ou nem assim deixava os outros em paz. Diante da intensidade e da tenacidade da resistência indígena, que impedia o controle territorial por parte dos portugueses e respondia às agressões descritas no capítulo anterior, a Coroa enviou um militar experiente para ocupar o posto de terceiro governador-geral. Mem de Sá chegou a Salvador em 28 de dezembro de 1557 e assumiu o governo em 3 de janeiro de 1558, com a missão de conquistar efetivamente o território dos povos originários, e para isso não mediu esforços de violência e crueldade. Permaneceu no Brasil até sua morte, na manhã de um domingo, 2 de março de 1572, em Salvador, e foi enterrado no cruzeiro da igreja de seus aliados jesuítas.

Hoje em dia, sua lápide está localizada bem em frente ao altar dentro da atual Catedral Basílica de Salvador, a antiga Igreja do Colégio de Jesuítas, cuja construção ele financiou parcialmente com sua fortuna de guerras. Fica no Terreiro de Jesus, de costas para a maravilhosa baía de Todos-os-Santos, ao lado da Praça da Sé, onde há uma estátua em homenagem a Zumbi dos Palmares e outra, a poucos metros de distância, em homenagem ao Bispo Sardinha (esta, por sua vez, em frente a um sítio arqueológico de um antigo aldeamento tupinambá) mirando do alto a baía. Nada mais injusto com o passado de violência colonial contra os povos ameríndios e africanos do que esse embaralhamento de lápides e bustos amontoados. "Mem de Sá se dedicaria, com extraordinária ferocidade, aos crimes do colonialismo", escreve Wilma de Mendonça, denunciando a "heroicidade do assassino", enaltecido pela colonialidade desde José de Anchieta. "Mem de Sá transforma o chão baiano num cenário de imponderável pesadelo, até o esgotamento de suas nações ameríndias, especialmente dos Tupinambá."[2]

Fidalgo e membro da nobreza portuguesa, Mem de Sá nasceu em 1500, mesmo ano em que Cabral chegou ao Brasil, em Coimbra, que, na época, já era uma movimentada cidade europeia, onde se localiza uma das universidades mais antigas do mundo, fundada em 1290. Foi ali que o padre José de Anchieta, como muitos jovens com vocação religiosa, viria a estudar, em 1546. Mem de Sá cresceu, portanto, em um ambiente com acesso à informação e ao conhecimento, vivendo a primeira geração da expansão portuguesa além-mar fora do continente africano. Teria à disposição, ao menos em tese, ferramentas intelectuais para pensar uma relação fecunda entre os mundos que se encontravam. O que aconteceu foi o contrário: usou o que aprendera para consolidar a invasão, a conquista, a colonização e a dominação. Foi o maior genocida da conquista. Foi para o Brasil o mesmo que Hernán Cortés foi para o México e Francisco Pizarro para o Peru e o Equador. Mem de Sá venceu a principal guerra para garantia do território contra os franceses, que representavam a maior ameaça entre os reinos europeus pelo controle das terras divididas pelo Tratado de Tordesilhas. Suas estratégias militares foram acompanhadas da guerra biológica, articulando ataques concomitantes à ocorrência de epidemias com alto poder devastador. Como se não bastasse, fazia com que povos vencidos lutassem na linha de frente contra outros povos, traçando assim um novo tipo de guerra de conquista que dizimou a costa brasileira. Provocou inúmeros sofrimentos, mas não sem reação: teve um filho e um sobrinho mortos por flechadas indígenas em batalhas.

Mem de Sá, experiente militar, percebeu logo no início que, para governar, seria necessário subjugar ou exterminar os tupinambás na Bahia. Para isso, era fundamental contar com aliados indígenas nas guerras. Assim, articulou a política local, deu liberdade aos que optavam pela aliança em lugar da guerra e puniu os colonos que perseguiam índios para escravizá-los em expedições independentes da Coroa. E decidiu centrar esforços para vencer o principal chefe da região: o cacique Curupeva, chamado de Sapo Inchado. Mem de Sá organizou um ataque secreto para fazer do chefe um exemplo.

O jesuíta Manuel da Nóbrega perdeu a paciência com a doutrina da conversão pacífica, ficou desolado e, diante da morte de Pero Fernandes Sardinha, aliou-se a Mem de Sá no extermínio. Relatou em cartas a inconstância da conversão: "Com um anzol que lhes dê, os convertei a todos, com outro os tornarei a desconverter, por serem inconstantes"; "sua bem-aventurança é matar e ter nomes"; "são cães em se comerem e se matarem, e são porcos nos vícios e na maneira de se tratarem".[3]

Após Duarte da Costa iniciar o massacre dos tupinambás na Bahia, depois da epidemia de 1552, e tecer alianças com os próprios indígenas, Mem de Sá passou a colocar em prática o projeto de formar exércitos com guerreiros recentemente tornados aliados para atacar inimigos.

Em 1558, houve duas grandes rebeliões indígenas, uma no Espírito Santo e outra em Ilhéus. Em Ilhéus, os tupiniquins se revoltaram, atacaram e queimaram engenhos, inicialmente para vingar dois dos seus que haviam sido mortos pelos portugueses. Quando foram atacar a pequena povoação portuguesa, caíram numa emboscada armada por Mem de Sá com os tupinambás recém-capturados como aliados, sobreviventes da região de Salvador — inimigos tradicionais dos tupiniquins do sul da Bahia, mobilizados e armados pelos portugueses para o massacre. Alguns anos antes, Tomé de Sousa havia recebido a recomendação do rei de Portugal, dom João III, de usar os tupiniquins em ataques aos tupinambás em Salvador e no Recôncavo, na região do Paraguaçu.[4] Em 1559, a campanha de Mem de Sá contra os tupiniquins foi ainda mais sangrenta, conforme relato do próprio, talvez com números exagerados para se vangloriar do que hoje chamamos de genocídio:

> [...] *fui com pouca gente que me seguiu e na noite que entrei nos Ilheus [sic] fui a pé dar em uma aldeia que estava sete léguas da vila em um alto morro (pequeno), todo cercado d'água ao redor das lagoas, e as passamos com muito trabalho e ante manhã duas horas dei na aldeia e destruí e matei todos os que quiseram resistir, e a vinda vim queimando e destruindo todas as aldeias que ficavam atrás e por se o gentio ajuntar e me vir seguindo do longo da praia lhe fiz algumas ciladas onde os cerquei e lhes foi forçado deitarem-se a nado ao mar costa brava e mandei outros índios trás eles e a gente solta que os seguiram perto de duas léguas e lá no mar pelejaram de maneira que nenhum tupiniquim ficou vivo e todos os trouxeram à terra e os puseram ao longo da praia por ordem que tomavam os corpos perto de uma légua.*[5]

"Destruí", "matei todos", "vim queimando e destruindo", "cerquei", "nenhum tupiniquim ficou vivo", os corpos na praia. Uma légua são mais de cinco quilômetros de corpos enfileirados. Há um propósito nas expressões utilizadas por Mem de Sá para informar ao rei de Portugal seus feitos: quer parecer agressivo, violento, matador. Poderia estar exagerando para se vangloriar, aumentar o número de mortos — mesmo sabendo, nessa época, que os indígenas tinham alma, tanto porque essa era a premissa divulgada por bulas papais quanto pelo resultado do debate entre Las Casas e Ginés de Sepúlveda. Ou seja, matar indígenas era pecado e os levaria ao inferno, a não ser que essas mortes tivessem "justificativa", sobretudo, de declarada "guerra justa". Mas a trajetória posterior de Mem de Sá, com o rastro de morte que deixou pela costa Atlântica, revela que eram exatamente estas suas intenções: exterminar, garantir a ocupação e a colonização. Além da política de genocídio colocada em prática por meio de uma violência lenta, gradual e sistemática, essa seria a primeira vez que Portugal imporia uma guerra total de extermínio no Brasil. A segunda, no século seguinte, seria diante dos povos kiriris e tapuias do sertão, no contexto da chamada "Guerra dos Bárbaros" (ver capítulo 8).

Havia ainda alguns tupiniquins sobreviventes e rebeldes na região de Ilhéus após o massacre. Tentaram reorganizar uma resistência, formar uma confederação, aliar guerreiros de diferentes aldeias para um combate em conjunto. Mem de Sá, mais rápido, armou outra emboscada: deixou um grupo de africanos escravizados como iscas. Dessa vez, mais setenta tupiniquins iam matar os escravizados quando foram atacados pelos portugueses, que mataram quarenta tupiniquins. No fim, Mem de Sá deixou um rastro de destruição na capitania. Mais de trezentas aldeias foram destruídas, arrasadas e queimadas. Até que pediram "paz", se entregaram — a paz depois do massacre é um recurso utilizado desde então e de forma recorrente na história do Brasil, até mesmo nos anos da ditadura no século XX (ver capítulo 9). Para isso, os sobreviventes tiveram de aceitar ser vassalos do rei, reconstruir os engenhos e guerrear contra outros povos a mando de Mem de Sá. O combate não era por honra nem vingança, mas por temor. Em seguida, foram levados para lutar junto dos portugueses na guerra contra os caetés que viviam do sertão do rio São Francisco até Olinda.

A lembrança desse massacre coordenado por Mem de Sá está presente até hoje na memória dos ameríndios que vivem na região de Olivença, em Ilhéus, na Costa do Cacau, na Bahia.

O Massacre do Cururupe é rememorado todo ano com uma longa marcha em Olivença, uma peregrinação em memória dos mártires do Cururupe. O auge do evento acontece no encontro das águas do rio Cururupe com o lindo mar da Bahia. O povo tupinambá lembra, assim, que sobreviveu não só a Mem de Sá, mas a todos os anos subsequentes da interminável guerra de conquista até hoje.

Expulsos de seus territórios, refugiados nas matas, tiveram de reconquistar seu espaço. Em um passeio pelas montanhas da serra do Padeiro, próximas de onde os jesuítas criaram o aldeamento de Nossa Senhora da Escada (Olivença), justamente nas margens onde ocorreu o banho de sangue do Cururupe, o cacique Babau Tupinambá nos contou a importância da ideia de *retomada*, uma estratégica política de guerra anticolonial contemporânea. Diante de uma história única tão opressora e injusta, a memória oral é não só uma fonte poderosa de fortalecimento da identidade, usada na construção de subjetividades, mas também alicerce do conhecimento histórico e da reparação contra o silenciamento e a espoliação do território. Reflete Babau Tupinambá:

> *Retomar a vida, retomar tudo. Não é retomar só a terra. É retomar tudo aquilo que tiraram de você, recuperação total. Você volta às origens, e isso envolve voltar ao território, a partir daí você retoma sua existência. Se você está fora de seu território, você está fora de sua existência. Voltar ao lugar de origem para dar continuidade à sua história. Retomar a sua história. Toda a história indígena que nesses quinhentos anos foi retirada da nossa vida. Nossa história é a partir do território. O território conta a história.*[6]

Hoje, o povo tupinambá transmite esse acontecimento por sua memória oral, atravessada por séculos de outras violências coloniais:

> *Naquela região, o mar ficou vermelho de sangue. Foi a batalha dos nadadores, porque os tupinambás nadavam muito, guerrea-*

vam na terra e no mar. Alegam que ele entrou dando uma de amigo, e daí, quando entrou, foi matando todas as aldeias. E aí depois ele enfileirou os indígenas e ficou uma légua [mais de 5 quilômetros] de índio morto com os corpos enfileirados.

É evidente que, nesse longo período, muita coisa aconteceu na região e com os próprios tupinambás. Mas reivindicar essa memória, como o cacique contemporâneo faz, é reivindicar a existência a que o processo colonial tentou pôr fim. Um sentido profundo da ideia de que existir é resistir, um dos principais lemas do movimento indígena contemporâneo.

Atualmente, a região exata onde ocorreu o massacre está fora dos limites da Terra Indígena Tupinambá de Olivença, que está em processo de demarcação. A memória do povo hoje reflete que o efeito desse acontecimento do passado foi mudar a lógica das guerras, segundo conta Babau Tupinambá:

> *Nossa história conta que os mortos foram homens; as índias sobreviveram e se refugiaram na floresta com as crianças, formando as aldeias no interior, como aqui na serra do Padeiro. As crianças cresceram para manter a luta, e por anos os tupinambás foram liderados por mulheres. Foi uma transição de luta: quando as mulheres passaram a liderar.*

A guerra não acabou, mas seu sentido e a forma de guerrear mudaram: "Nossa guerra contra a colonização hoje em dia é para que a nossa mente não seja dominada pelo colonizador".

Mais ao sul, no Espírito Santo, uma aliança entre os uitacás ou goitacases e os tupiniquins havia também destruído a capitania, queimado os engenhos e matado alguns dos colonos, no mesmo ano de 1558. Mem de Sá enviou seu filho Fernão de Sá com seis velas e duzentos homens, entrando pelo rio Cricaré, "onde o gentio fazia e tinha feito muito dano e mortos [sic] muitos cristãos".[7] Dessa vez, uma flechada matou Fernão de Sá. Baltasar de Sá, sobrinho do governador, continuou a campanha militar no Cricaré. Após a guerra contra os franceses no Rio de Janeiro, Mem de

Sá passou pela capitania e consolidou a conquista. Em seguida, escreveu, orgulhoso: "[...] assosseguei o gentio que quis paz e os que não quiseram foram castigados e mortos". E ainda: "É cumprida depois a missão de os destroçar".[8] O vocabulário utilizado por Mem de Sá fazia jus à violência inerente ao seu governo. No entanto, apesar da brutalidade, ele não conseguiu exterminar completamente os tupiniquins do Espírito Santo: um estudo genético identificou que os remanescentes que vivem hoje em Aracruz são descendentes diretos daqueles que viram os portugueses chegarem e que lutaram contra a violência das guerras da conquista.[9]

As capitanias de Ilhéus e Porto Seguro, depois do massacre dos tupiniquins, passaram a ser atacadas e sitiadas pelos aimorés — povos falantes da língua macro-jê, chamados também de tapuias ou botocudos, inimigos tradicionais dos tupis. O Espírito Santo seguia dominado pelos goitacases, outros tapuias, que não eram do tronco tupi, com algumas partes mantidas seguras pelos aldeamentos dos maracajás, tupis que se aliaram aos portugueses. Em 1560, Mem de Sá ordenou ataques contra a França Antártica e os tamoios, enquanto ele mesmo seguia combatendo os aimorés em Porto Seguro. Cartas dos jesuítas contam que os selvagens aimorés "que assolavam a capitania de Porto Seguro" foram "combatidos e reduzidos, pelas tropas do governador-geral, que dirigiu a empresa em pessoa".[10] No mesmo ano, determinou a fundação de aldeamentos em Itaparica e na Cidade da Bahia — isto é, Salvador. Eram guerras por toda a costa. Nas palavras de Wilma de Mendonça, numa:

> *rota de desmedida maldade, Mem de Sá trilharia um percurso que o tornaria responsável direto pelos massacres e extermínios das nações litorâneas do Espírito Santo, de Ilhéus, de Porto seguro, e as da região do Rio de Janeiro, aniquilando, por fim, as nossas comunidades nativas, em especial as do clã tupinambá. [... Era o] inferno cristão se personificando nas chamas vingadoras da cobiça portuguesa.*[11]

No ano seguinte, os tupiniquins em São Paulo, rebelados contra os jesuítas e contra o chefe Tibiriçá, decidiram atacar. Em resposta, Mem de Sá ordenou uma guerra.

UMA ALIANÇA TUPI CONTRA SÃO JOSÉ DE ANCHIETA

Tibiriçá, batizado de Martim Afonso, foi o guerreiro e chefe dos tupiniquins que consentiu em uma aliança com os portugueses, nos anos 1530, pensando nas vantagens que isso lhe poderia proporcionar frente aos inimigos tradicionais, os poderosos tupinambás, que nos anos seguintes criariam uma forte organização entre diversas aldeias, chamada Confederação dos Tamoios. A relação entre os portugueses e Tibiriçá, reconhecido como o maior dos chefes tupiniquins da região do Planalto de Pindorama, capaz de comandar grandes expedições de guerra com guerreiros de diferentes aldeias, se estabeleceu da mesma maneira que a situação de Caramuru na Bahia: por meio do português degredado João Ramalho, genro de Tibiriçá. Tibiriçá acolheu a criação da vila de São Vicente, admitindo-a e apoiando-a, fundou, com o auxílio de João Ramalho, a vila de Santo André e ainda autorizou a edificação de uma capela em São Paulo de Piratininga em paralelo à chegada do colégio de jesuítas.

As ações de Tibiriçá, por um lado, como analisou o historiador John Manuel Monteiro, tinham muita influência dos europeus, mas, por outro, também respondiam, antes de mais nada, "à lógica e dinâmica interna da organização social indígena".[12] Ele, como os principais chefes indígenas, exerceu um protagonismo determinante na forma como se construiu a colonização, tentando influenciar os processos a fim de garantir melhores condições de sobrevivência e autonomia às suas comunidades. O problema foi o que aconteceu dali em diante no que se refere às alianças. Segundo Monteiro, "aquilo que parecia uma aliança inofensiva e até salutar logo mostrou-se muito nocivo para os índios. As mudanças nos padrões de guerra e as graves crises de autoridade, pontuadas pelos surtos de contágios, conspiraram para debilitar, desorganizar e, finalmente, destruir os tupiniquins".[13]

Em 1561, o padre José de Anchieta relatou, em carta, ter tomado parte de uma expedição de ataque aos tupiniquins rebelados. Essa expedição partiu durante a Quaresma, em canoas, pelo rio Tietê. E, na Sexta-Feira Santa, portanto um dia sagrado para os cristãos, quando, segundo a Bíblia, Jesus Cristo foi morto pelos romanos, eles mesmos atacaram e destruíram uma aldeia indígena covardemente. Essa informação é trazida também pelo biógrafo de Anchieta, o padre jesuíta Simão Vasconcelos, fortalecendo a sua autenticidade.

Foi uma agressão dos jesuítas tida como injusta e cruel pelos povos da região, tanto que motivou uma aliança histórica e surpreendente entre tupiniquins e tamoios, povos inimigos que juntaram forças contra a ocupação portuguesa e os povos nativos aliados dos estrangeiros. Liderados por Piquerobi e Jaguaranho, respectivamente, irmão e sobrinho de Tibiriçá, os tupiniquins e os tamoios atacaram São Paulo alguns meses depois, em 9 de julho de 1561. Logo, há um caráter de reação ao ataque que partiu primeiro dos jesuítas, simultaneamente à guerra em curso na Guanabara entre tamoios e franceses contra os portugueses.

Tibiriçá, fiel aliado dos jesuítas e muito próximo de Anchieta, organizou uma resistência agrupando guerreiros de oito aldeias, que vieram defender o povoado de São Paulo. A aliança tupiniquim-tamoio cercou a vila, que resistiu por dois dias, cortando suprimentos e desferindo ataques. Anchieta relatou com satisfação que o sobrinho rebelde de Tibiriçá, Jaguaranho, ou "Cão Selvagem", foi morto por uma flecha durante o ataque, "dando-lhe a paga que ele nos queria dar pela doutrina que lhe havíamos ensinado e pelas boas obras que lhe tínhamos feito".[14] Contou ainda, satisfeito com o sangue que jorrava dos inimigos, que Tibiriçá, convertido em aliado e protetor dos jesuítas, esmagou diversos crânios na execução de inimigos.

Não haveria como os paulistas e os jesuítas resistirem aos tupiniquins e aos tamoios, não fosse a força dos tupiniquins liderados por Tibiriçá. Anchieta reconheceu, escreve John Hemming, que, se Tibiriçá tivesse aderido ao levante anticolonial, a maioria dos indígenas aldeados o teria seguido. Possivelmente, esse teria sido o fim da vila de São Paulo de Piratininga. Em longa análise sobre a história indígena na região, John Manuel Monteiro conclui: "A guerra causou sérios danos para ambos os lados, afetando de forma mais aguda os índios que atacavam do que os que defendiam São Paulo".[15] Simão de Vasconcelos ponderou que Deus costuma tirar do mal o bem e que assim agiu em relação a essa guerra "porque ficaram mais firmes na fé os índios que já eram cristãos, mais desejosos de o ser os que o não eram, e com maior cômodo de sua instrução, porque com medo dos contrários eram forçados deixar os sítios alongados, e vir viver dentro da cerca de Piratininga".[16]

Tibiriçá, que guerreou contra seu próprio povo e seus parentes para defender os jesuítas e os portugueses, morreu logo em seguida, no fim de 1562, em decorrência da mortal varíola trazida por seus aliados, que matou milhares de ameríndios na costa ao longo de 1563.

Se, nesses anos das grandes guerras da conquista, sobretudo após a morte de Sardinha, os jesuítas andavam de braços dados com os colonos para impor derrota aos indígenas e formar grandes aldeamentos, a aliança entre os colonizadores sofreu abalos nas décadas seguintes. Em seguida à conquista territorial da Coroa portuguesa, a maior luta dos jesuítas passou a constituir uma barreira de defesa dos ameríndios aldeados frente aos ataques dos colonos que os pretendiam escravizar. Foi essa imagem, um breve recorte da história, que se tornou mais atual. José de Anchieta (1534–97) foi beatificado em 22 de junho de 1980 por João Paulo II e, em 3 de abril de 2014, canonizado pelo papa Francisco. Em 2015, a Conferência Nacional dos Bispos do Brasil o confirmou como "Padroeiro do Brasil". Na tentativa de apagar o passado e esconder a defesa da violência na propagação da fé feita pelo padroeiro, o órgão oficial de notícias do Vaticano descreve Anchieta como alguém que "promoveu o encontro de culturas e jamais permitiu que uma anulasse a outra. Foi um homem de tolerância e respeito ao diferente".[17] Tivéssemos testemunhos de pessoas como Piquerobi ou Jaguaranho, que guerrearam contra ele e a invasão portuguesa, outras versões da história poderiam ser contadas. Sobretudo o outro lado, que sofreu diante das "louvações à brutalidade" com que Anchieta celebrava as vitórias dos cristãos sobre os indígenas.[18]

A CONFEDERAÇÃO DOS TAMOIOS E A FRANÇA ANTÁRTICA

Fala-se muito sobre a guerra entre Portugal e França na Guanabara na formação do Brasil, geralmente em tom jocoso, ufanista ou nacionalista, construído sobre a perspectiva contemporânea do racismo que olha para o passado em glória colonial. As grandes guerras entre os países europeus que disputavam os territórios na costa brasileira tinham dimensões paralelas, outros conflitos que dividiam espaços e objetivos nos mesmos campos de batalha. As contradições eram maiores, e as grandes vítimas foram os povos ameríndios. Não se pode resumir o épico conflito na Guanabara como uma guerra entre Portugal, liderada por Mem de Sá, e a França Antártica, com Nicolas Durand de Villegagnon à frente da empreitada, mas tendo retornado à França antes do ataque português. Foi na Guanabara que dois reinos europeus fizeram uso explícito da força guerreira tupi pela primeira vez para defender seus interesses colonialistas. Esse tipo de embate se repetiu em São Luís, na vitória portuguesa que levou à derrocada da França Equinocial, em 1615, e na guerra luso-brasileira pela expulsão dos holandeses de Pernambuco, entre 1645 e 1654. Mas foi um processo mais amplo de disputa por territórios, modos de vida e sobrevivência entre povos nativos diante da invasão europeia. Talvez pudéssemos descrever como uma guerra composta de muitas guerras, pois foi também, e durante mais tempo, a guerra dos tamoios contra a ocupação portuguesa e contra seus inimigos maracajás e tupiniquins.

Mesmo que nenhuma vila tivesse sido estabelecida na Guanabara, por terem sido os portugueses expulsos pelos tamoios nas tentativas frustradas de ocupação, os *peró* reivindicavam a Guanabara fundamentados por uma bula papal. Já os franceses achavam que estavam sofrendo uma injustiça mundana devido a uma equivocada interpretação divina de distribuir as terras apenas entre Portugal e Espanha. Foi por isso que o ministro almirante Coligny, tentando seguir os passos dos reinos ibéricos na expansão no Novo Mundo, apoiou o projeto de Villegagnon: ambos, Coligny e Villegagnon, eram huguenotes, ou seja, protestantes calvinistas franceses, e conseguiram autorização dos reis católicos para o empreendimento.

Mas nem Arariboia, nem Cunhambebe, nem Tibiriçá, nem qualquer outro morubixaba entendia que a terra onde viviam não lhes pertencia: os brancos eram apenas comerciantes estrangeiros que vinham e iam, cada vez mais tentando se estabelecer. Quando Mem de Sá voltou-se contra os franceses, porém, já havia devastado Ilhéus e a baía de Todos-os-Santos de tupiniquins e tupinambás, constituindo hegemonia e controle sobre esses territórios. Com a potência da engenharia social dos aldeamentos favorecendo a proliferação de epidemias a partir de 1558, a história posterior mostrou que, ainda que Cunhambebe, Arariboia e cada um dos tupis que quisesse vingar seus parentes tivessem razão, eles já estavam guerreando à beira de um apocalipse.

A guerra dos tamoios contra os *peró* teve início, então, antes da tentativa colonial desorganizada de Villegagnon de criar a França Antártica e continuou depois que os franceses foram expulsos. Na verdade, não fosse pelo fornecimento de armas, é possível dizer que os franceses apenas atrapalharam a guerra dos tamoios contra a conquista.

Durante toda a década de 1550, o litoral de São Paulo esteve em um estado de tensão permanente. Os tamoios impuseram uma derrota inicial ao surgimento do projeto escravista da colônia e à tentativa de ocupação por colonos. Estavam em guerra contra os portugueses — tendo acumulado ódio a partir das experiências vividas de forma sucessiva, como relatado por Cunhambebe a Hans Staden.

Quando os franceses chegaram, em 1555, à baía de Guanabara, que já era um lugar disputado pela excelente localização para ser um porto no Atlântico, escolheram uma ilha para montar uma fortaleza. Ali, levantaram uma grande muralha, nomeada forte de Coligny. Utilizaram a mais alta tecnologia de guerra de que dispunham, porque a ideia era que fosse intransponível. Conforme descreveu Mem de Sá, essa fortaleza seria uma das mais poderosas de todo o mundo cristão. Tinha um imenso paiol para estocar pólvora, soldados treinados e muitas armas. No entanto, o lugar que escolheram para ser intransponível sofria com a falta de abastecimento de água potável, algo decisivo nos combates.

Nesse tempo, a França vivia as revoltas da Reforma Protestante, e os anos em que a delegação francesa se dedicou ao projeto colonial no Brasil foram justamente os do Concílio de Trento (1545–63), em que a Igreja católica estabeleceu as bases da Contrarreforma. Villegagnon trouxe André Thevet e pedia, insistentemente, que Calvino, seu amigo, enviasse um pastor. Poucos anos depois, chegou Jean de Léry. E, assim, pode-se considerar que, internamente, a fortaleza na Guanabara vivia o mesmo conflito que dividia a França, entre católicos e protestantes, e provocava um banho de sangue. Além das doenças que acometeram os colonos e se disseminaram entre os aliados ameríndios, houve disputas, sabotagens e até um atentado contra o próprio Villegagnon decorrente de disputas políticas e tensões religiosas.

Cunhambebe viajou centenas de quilômetros do litoral norte de São Paulo até a baía de Guanabara para se reunir com Villegagnon e os franceses. É dessa experiência que temos hoje o retrato desenhado por André Thevet e o depoimento de Cunhambebe (ver p. 97). Essas reuniões com Cunhambebe e outros morubixabas estabeleceram o pacto da confederação de tamoios com franceses que enfrentaria a guerra contra os portugueses e Mem de Sá alguns anos adiante.

O projeto francês era instável. Thevet retornou à França com uma comitiva em 1556, e nesse mesmo ano Villegagnon recebeu reforços no Brasil, entre os quais Jean de Léry. Mas foi aquém do que esperava e, diante de acusações que sofria na França relacionadas às tensões religiosas, Villegagnon também retornou a seu país em 1559. A fortaleza, apesar de bem armada, tinha comando instável e estava desorganizada.

O ataque de Mem de Sá à fortaleza de Villegagnon foi mortal e objetivo. Ele viajou da Bahia ao Rio em 1560, acompanhado de seus então aliados tupinambás, cercou o forte de Coligny por três semanas e ficou esperando. Não houve rendição: tamoios e franceses estavam armados, preparados para o combate. Mem de Sá conta sobre o dia do ataque, 15 de março de 1560: "Combatemos por mar e por todas as partes e naquele dia entramos na ilha, onde a fortaleza estava posta e todo aquele dia e o outro pelejamos sem descansar de dia nem noite".[19] Dois portugueses conseguiram furar o cerco e entrar no paiol. Morreram muitos soldados, de ambos os lados, mas, desprovidos de pólvora e água, os franceses e os tamoios fugiram para o continente. Nas contas de Mem de Sá, eram 116 franceses e mais de mil tamoios defendendo o forte contra 120 portugueses com o apoio de 140 indígenas — números provavelmente inconsistentes com a realidade, mas que sugerem a dependência de ambos os lados em relação aos aliados nativos. Assim foram destruídos a França Antártica e o projeto de Villegagnon.

A queda de Coligny não significou paz na região nem a conquista por Portugal, pois a resistência dos tamoios era muito mais tenaz que a dos franceses. A chamada Guerra dos Tamoios, articulada pela rede de tamoios posteriormente batizada de Confederação dos Tamoios, tomou a região inteira por quase vinte anos, desde o início da ocupação francesa e seguindo por mais sete anos após a sua expulsão. Atacavam os colonos e os mamelucos, filhos de João Ramalho, e investiam contra os tupiniquins em São Vicente e os tememinós em Niterói. Tinham controle sobre um vasto território, de São Vicente a Cabo Frio. E, não fosse a devastação causada pelas epidemias de sarampo, varíola, rubéola e outras doenças entre 1563 e 1564, auge da guerra contra Mem de Sá, a história poderia ter tido outro caminho.

Em 1563, José de Anchieta e Manuel da Nóbrega partiram de São Vicente em direção a Iperoig, núcleo das aldeias na região onde Hans Staden havia estado, localizada entre o montanhoso litoral norte de São Paulo e o sul do Rio. Nessa expedição diplomática, foram encontrar o morubixaba Caoquira, um dos chefes da coalizão das forças dos tamoios, a fim de selar um acordo de paz. Muitos outros tamoios, no entanto, seguiram resistindo e atacando os *peró*, com apoio dos franceses no fornecimento de munição. Nesse encontro, Pindobuçu, um importante chefe tamoio, declarou sentir muita raiva dos portugueses e orgulho: queria matar os inimigos, mas também tentava favorecer a paz — o que expõe que a guerra, na perspectiva dos tamoios, era uma forma de resistência, de reação à presença estrangeira, ao avanço e aos ataques dos portugueses. Pindobuçu acabou aceitando os jesuítas, mas isso não foi unanimidade. Além de Cunhambebe e outros morubixabas, fazia parte dessa aliança dos tamoios outro grande chefe muito reconhecido, Ambiré, um dos mais tenazes líderes guerreiros contra a invasão dos portugueses, que chegou certa vez a ir ao Rio com dez canoas repletas de guerreiros para matar e comer jesuítas.[20]

No encontro diplomático, os jesuítas conheceram o poder bélico dos tamoios, com mais de duzentas canoas de guerra, sendo que cada uma poderia comportar até trinta homens armados. Staden havia visto dezoito em cada ataque de que participou. Nóbrega e Anchieta foram também à aldeia de Cunhambebe para se refugiar, já que os tamoios queriam matá-los. Cunhambebe os recebeu bem e os protegeu. Educado, pediu às mulheres que preparassem cauim e trouxessem a panturrilha de um inimigo e farinha para servir aos convidados. Cunhambebe acompanhou Nóbrega até São Vicente, enquanto Anchieta ficou refém dos tamoios e foi salvo por Pindobuçu, fiel ao acordo de paz e contrário a comer o padre jesuíta. Essa trégua de 1563 salvou São Vicente de um ataque massivo que os tamoios planejavam. Mas, se o grupo de Iperoig estava em trégua, os portugueses continuaram atacando outras aldeias. E, no meio da paz tênue e instável, trouxeram a varíola, o equivalente a jogar uma bomba atômica quando baixaram as armas.

Essa grande guerra de conquista contra os tamoios marca uma passagem fundamental da história do Brasil e representou uma das maiores e mais decisivas conquistas quinhentistas. Os tamoios eram tidos como confederados pelos portugueses e foram retratados nos versos do poeta Gonçalves de Magalhães no século XIX. Mas, como analisam a antropóloga e historiadora Beatriz Perrone-Moisés e o antropólogo Renato Sztutman, ambos da Universidade de São Paulo, "dos próprios tamoio[s] não possuímos descrição alguma dos eventos que os tornaram famosos".[21] Os autores também alertam para certo exagero em comparar a aliança entre as aldeias tamoios com o tipo de confederação que existiu entre os povos ameríndios na América do Norte, a Iroquesa, que, com sofisticadas regras diplomáticas, funcionava para o comércio e a paz. Limitada pela fragmentação das sociedades tupis, a Confederação dos Tamoios, se é que existiu dessa forma tão unitária — o que parece ter sido difícil —, funcionava prioritariamente para a guerra, assim como outras coalizões tupinambás, coordenadas pelo Conselho dos Anciões. Tanto eram fragmentadas as aldeias que, nessa mesma grande guerra, algumas aldeias tamoios celebraram certas tréguas, como essa com Anchieta e Nóbrega, enquanto outras continuaram a guerra, matando e comendo portugueses, jesuítas e seus aliados. Nessa análise, concluem Perrone-Moisés e Sztutman, a paz era parte da guerra: "Os habitantes de Iperoig aceitaram a paz proposta pelos padres para continuar com a sua guerra, os padres aproveitavam-se da guerra dos índios para estabelecer a sua paz, ou seja, por meio da declaração de uma guerra justa capaz de banir os povos contrários e, junto com eles, os franceses insurgentes".[22]

O fim da guerra que levaria à conquista da Guanabara aconteceu na sangrenta batalha de Uruçumirim, transcorrida na região hoje conhecida como o bairro da Glória, no Rio de Janeiro, em 1567, com Mem de Sá, seu sobrinho Estácio de Sá e o cacique Araribóia, que passou a liderar os tememinós depois da morte do morubixaba Maracajá-Guaçu. O sobrinho de Mem de Sá havia chegado ao Brasil em 1563, mesmo ano da trégua assinada pelos jesuítas com os tamoios em Iperoig. Estácio de Sá era um militar que se gabava da suposta superioridade militar europeia, sobretudo das armas: "Não podem medir-se seus arcos com nossos arcabuzes, nem suas flechas com nossos pelouros".[23] Em 1566, ocorreram grandes batalhas marítimas, com emboscadas contra os portugueses armadas pelas canoas dos tamoios. Uma delas, formada por 180 canoas lideradas pelo morubixaba Guaixará, de Cabo Frio, foi abortada porque uma das embarcações dos portugueses, com pólvora, explodiu, e nesse acidente os tamoios acabaram sendo descobertos. Fracassado o plano de ataque, os guerreiros tamoios tiveram de fugir em retirada. Mesmo sem a base do forte de Coligny, os franceses seguiam apoiando os ataques dos tamoios e forneciam munição, mas não estavam nos campos de batalha e quase não tiveram atenção e apoio de Paris. Lisboa, no entanto, enviou reforços. Vieram três galeões com militares, armamentos e munição. Mem de Sá, que estava em campo com seu sobrinho, ordenou o ataque à aldeia fortificada do morubixaba Ibiriguaçu-mirim em 20 de janeiro. Todos os combatentes tamoios foram mortos, e cinco franceses que lutavam com eles foram presos e enforcados. Na batalha, Estácio de Sá, que desdenhou das flechas dos tupinambás, foi atingido no rosto. Gravemente ferido, morreu em um mês.

Após a vitória, Mem de Sá agiu à maneira da estratégia portuguesa de conquista, distribuindo os despojos da guerra. Refundou o Rio de Janeiro, agora como São Sebastião do Rio de Janeiro. Mudou de lugar a vila construída sobre o morro do Castelo, onde ficava mais abrigada e mais segura — esse vestígio do passado foi demolido em 1921 pelo prefeito Carlos Sampaio, sob justificativa de higienização e modernização da cidade. Doou um pedaço de terra para os jesuítas, seus fiéis aliados nas guerras de conquista, e distribuiu os prisioneiros tamoios como escravizados aos colonos. No entanto, muitos tamoios sobreviventes conseguiram fugir e, rebelados permanentemente contra a invasão, se refugiaram em Cabo Frio. Seguiram em guerra rebelde por mais alguns anos, combatendo colonos e os tememinós, aliados dos portugueses, liderados por Araribóia. Em 1575, três anos depois da morte de Mem de Sá em Salvador, os tamoios ainda atacariam alguns engenhos em Cabo Frio, mostrando a tenacidade de sua força contra a conquista europeia.

Foi criado um governo-geral no Rio de Janeiro, com a nomeação de Antônio Salema para o cargo, e a colônia passou a ter dois governos-gerais. Salema, de início, reprimiu o antigo e fiel aliado Araribóia, transferindo sua aldeia de lugar. Em seguida, organizou uma grande expedição para massacrar os valentes tamoios de Cabo Frio. A tropa de Salema cercou a aldeia do cacique Japuguaçu, bastante fortificada de paliçadas. Após negociações e pressões, conseguiram capturar dois franceses e um inglês que estavam com os tamoios, todos vindo a ser imediatamente enforcados. Em seguida, no modelo de guerra instituído por Mem de Sá, massacraram a aldeia inteira. Relatos de dois oficiais a respeito do massacre disseram que os tamoios lutaram com bravura e que a vitória portuguesa estaria "duvidosa", indefinida, por muito tempo. Um deles, o oficial Miguel Aires Maldonado, escreveu: "Nós, portugueses, fomos os vencedores, não pela coragem superior a nossos adversários, porém pela vantagem das armas de fogo e a disciplina que nos asseguravam sobre homens nus, que não podiam opor-lhe mais que uma intrepidez".[24] Julgando-se superiores e orgulhosos, os portugueses não compreenderam como foi possível provocar tanta desgraça. Desconsideraram os efeitos devastadores das doenças que dizimaram e desestruturaram os tamoios — sobretudo as doenças na Bahia, em 1562, e a grande epidemia de varíola que assolou toda a costa, em 1563 —, a desorganização social que acompanhou a fome e o pânico de ver aquele mundo conhecido acabar diante de tantas mortes. Nessa busca genocida por dominar o território norte-fluminense e exterminar pessoas, Salema matou mais 2 mil e escravizou outras 4 mil pessoas desse povo. Outras aldeias e os cada vez menos sobreviventes dos massacres fugiram para o interior — onde teriam de se adaptar a um ecossistema diferente, deixar de lado a pesca nos deltas dos rios e no mar, refazer a vida e disputar territórios com outros povos.

Alguns relatos de 1584 apontam que, daquele povo majestoso e guerreiro, restariam no total 3 mil tamoios — provavelmente menos que a quantidade de um agrupamento de guerreiros que se deslocavam em canoas nos tempos de guerra, poucos anos antes da conquista e do genocídio. E, dali em diante, pararam de ser mencionados na literatura. Podem ter sido extintos ou, na melhor das hipóteses, se juntado a outros povos ou sobrevivido e se autodenominado de forma diferente da que os *peró* usavam. Podem ter ido para muito longe, em uma diáspora para fugir da invasão europeia. Importa que o seu território sagrado, de onde poderiam partir após a morte para a Terra sem Mal, *yby marã e'yma* em tupi, foi conquistado.

As guerras de conquista lideradas por Mem de Sá têm sido denunciadas na atualidade como um genocídio, presente na retomada das memórias por intelectuais indígenas, como o cacique Babau Tupinambá. Também nas universidades, cada vez mais indígenas reconstroem a história do Brasil e de seus antepassados, rearticulam as memórias como fontes de vida para a descolonização do pensamento. Na Universidade Federal da Paraíba, a professora de literatura Wilma Martins de Mendonça, da etnia tabajara, reflete sobre a relação entre Anchieta e Mem de Sá. Em seu livro *Memórias de nós*, fala de seus antepassados e das forças coloniais de esquecimento — forças que compõem um projeto político da narrativa da história única e linear. José de Anchieta escreveu, em meio à vitória sobre os franceses e ao cínico acordo de paz que os jesuítas intermediaram, uma épica portuguesa nesse tom para homenagear as ações e as guerras de conquista lideradas e perpetradas por Mem de Sá, *De gestis Mendi de Saa*, traduzida como *Feitos de Mem de Sá*, em 1563. Anchieta, que, como vimos, celebrou Tibiriçá quebrando crânios de outros indígenas para defender seus aldeamentos, também celebra "as guerras desiguais e genocidas que este inflige aos nossos antepassados", conforme aponta Mendonça: "Em meio à exaltação ao trajeto sanguinário palmilhado por Mem de Sá, o jesuíta, num tom de quem se evade da realidade, exprime a crença e a esperança vãs de que a brutalidade da conquista seria esquecida, de que o Brasil-Indígena seria olvidado".[25]

Anchieta acreditava que os povos indígenas seriam esquecidos pela narrativa da história única europeia, pela versão dos vencedores, e que a figura de Mem de Sá, cujos atos ele defendia como justos, seria glorificada: "Pois quem lembrará o tempo das tribos ferozes/quando ainda os selvagens não te viam, chefe valente,/impor santas normas aos povos e lançar justo freio/a uma raça indomável?".

Mas, como aponta Wilma de Mendonça, "longe do esquecimento, o Brasil do século XVI se tornaria em tópico de recorrência no conjunto de nossa discursividade".[26] A análise literária de Mendonça aponta dois caminhos discursivos dessa memória na literatura brasileira. Por um lado, um discurso "beneplácito à truculência colonialista", para o qual cita como exemplo o poema "O achamento" (1928), de Cassiano Ricardo. O outro é o "tom de irreconciliável desacordo", que figura no texto "A cristandade" (1954), de José Paulo Paes, que desmonta "o discurso colonialista que justificava a presença europeia, na América, como imperativo sagrado de expansão de sua fé". A autora identifica um duelo literário que seguiu ao genocídio, entre as "vozes afinadas ao colonialismo e as vozes indignadas com a ação e com as homilias vocabulares colonialistas".[27] Uma guerra que continua em intensidade no mundo contemporâneo e na qual, apenas recentemente, as vozes indígenas, como a de Wilma de Mendonça, começaram a se fazer ouvidas. O povo tabajara, ao qual pertence Wilma de Mendonça, sofreria a violência das guerras de conquista justamente após a morte de Mem de Sá, mas submetido aos mesmos métodos genocidas, como descreveremos no próximo capítulo, em conjunto com seus vizinhos, ora inimigos, ora aliados, os potiguaras.

O poema de José de Anchieta é uma celebração do genocídio, de quem acreditava que os crimes do passado seriam apagados, e os vencidos, esquecidos. É a heroicização do assassino colonial, da covardia, da cobiça e da crueldade.

NOTAS

1 | Disponível em: https://pt.wikipedia.org/wiki/Mem_de_S%C3%A1.
2 | Mendonça, 2013, p. 198 e p. 200.
3 | Citado em Cunha, 2012, pp. 44-5.
4 | Hemming, 2007, pp. 148-9.
5 | *Anais da Biblioteca Nacional*, 1906, vol. XVII, p. 133.
6 | Depoimento do cacique Babau Tupinambá aos autores, em 17 de agosto de 2019, na aldeia Serra do Padeiro.
7 | Citado em Hemming, 2007, p. 151.
8 | Ibid., p. 151.
9 | Castro e Silva et al., 2020.
10 | Vale, citado em Navarro, 1988, p. 57.
11 | Mendonça, 2013, p. 200.
12 | Monteiro, 1994, p. 17.
13 | Ibid., p. 17.
14 | Anchieta, 1988, p. 194.
15 | Monteiro, 1994 p. 39.
16 | Vasconcelos, 1977, v. II, p. 77.
17 | Franguelli, 2019.
18 | Mendonça, 2017, p. 17.
19 | Citado em Hemming, 2007, p. 195.
20 | Hemming, 2007, p. 202.
21 | Perrone-Moisés; Sztutman, 2010, pp. 401-33.
22 | Ibid., p. 423.
23 | Citado em Hemming, 2007, p. 206.
24 | Citado em Hemming, 2007, p. 211.
25 | Mendonça, 2013, p. 211.
26 | Ibid., p. 211.
27 | Ibid., p. 212.

6.
UMA GUERRA DE 25 ANOS

Como descrito até aqui, Mem de Sá não só gestou uma máquina de guerra que foi objeto de esfuziantes elogios da Coroa e da Igreja como também desenvolveu metodologias de morte em escala que foram seguidas por seus sucessores.

Tais metodologias foram desenvolvidas e aplicadas especificamente nas guerras da conquista no Brasil, cujas condições eram muito diferentes daquelas das guerras na Europa, na África ou na Ásia. Diante dos povos ameríndios, a cada vitória portuguesa, o poder de fogo aumentava. Mais terra arrasada, menos povos para resistir à ocupação ampla e fragmentada e mais cativos feitos súditos para guerrear contra outros. Somam-se às condições locais o enriquecimento e o fortalecimento da metrópole decorrentes das trocas comerciais, dos saques e dos despojos de guerras. Como um pêndulo de injustiça, à medida que a Europa, especialmente Portugal, se fortalecia, a população ameríndia em todo o continente diminuía e se enfraquecia.

Após os portugueses derrotarem os povos que viviam ao longo da costa entre Pernambuco e São Paulo, o movimento de conquista voltou-se ao norte e ao oeste ao longo dos dois séculos subsequentes, de 1570 a 1770, tanto pela costa quanto pelo interior. Inicialmente, atingiu dois povos, os potiguaras, que controlavam um amplo território entre Olinda e o Ceará, e os tabajaras, no sertão dessa mesma região. Em seguida, a guerra voltou-se aos tupinambás, em São Luís, que estavam aliados com os franceses que lá chegaram e, posteriormente, com outro grupo tupinambá em Belém. Daí em diante, as guerras invadiram a Amazônia através do rio Amazonas, simultaneamente às invasões de bandos de sertanistas e bandeirantes — a maioria deles já nascida no Brasil — que seguiram por São Paulo via rio Tietê, atacando os guaranis (carijós) no sul do continente e os povos denominados tapuias no interior. Da Bahia, partiram ataques com o objetivo de pacificar o sertão. Eram novas características de como a guerra da conquista se generalizou no século XVII. Não raro, no interior, as expedições reencontravam nas guerras os refugiados sobreviventes de conflitos anteriores ocorridos na costa.

Antes da guerra, o povo potiguara contava com uma população de mais de 100 mil pessoas. Seu nome faz alusão a "comedores de camarão", expresso pela palavra tupi *potín*, e aparece com diferentes grafias nos relatos coloniais: potiguar, pitiguara, potygoar, potyuara, pitagoar. O povo vivia ao longo da costa ao norte do Recife, desde onde hoje se conhece como João Pessoa, na época capitania de Itamaracá, até quase chegar a São Luís, no Maranhão, dominando uma vasta área que compreende Paraíba, Rio Grande do Norte, Ceará, Piauí e partes do Maranhão. Era um dos maiores e mais unidos povos que habitavam a costa, menos fragmentado que os tupinambás, com uma das forças guerreiras mais bem organizadas e abastecidas entre os povos tupis da região. Os potiguaras conseguiram, por meio de uma apurada estratégia diplomática, mais tempo para se armar com os franceses, desenvolver novas estratégias de guerra para enfrentar fortes, navios, arcabuzes e canhões e, ao mesmo tempo, seguir comerciando também com os portugueses e outros europeus que apareciam em suas praias. Conforme expõe o frei Vicente do Salvador, autor de um dos principais relatos da época, os potiguaras "ajudavam os portugueses vizinhos das capitanias de Itamaracá e Pernambuco, depois que tiveram pazes". Controlavam o rio Paraíba, por onde entravam mais de vinte naus francesas anualmente, até estourar a guerra, "a carregar de pau-brasil, com ajuda que lhes davam os gentios potiguares, que senhoreavam toda aquela terra da Paraíba até o Maranhão algumas 400 léguas [cerca de 1.900 quilômetros]".[1] Através da baía da Traição, na Paraíba, comercializavam sobretudo com os franceses, seus maiores aliados entre os europeus, mas também com portugueses, ingleses e quem mais aparecesse atrás de pau-brasil e algodão. Houve relativa paz nas relações entre os potiguaras e os colonos portugueses após o donatário de Olinda, Duarte Coelho, ter enfrentado os guararapes e os caetés e estabelecido paz com os potiguaras, e o donatário de Itamaracá, Pero Lopes de Sousa, ter sido expulso depois de seguidas derrotas para os nativos. Esse armistício, com tolerância no comércio, durou até 1574.

A FILHA DO PRINCIPAL E A TENSÃO TERRITORIAL

Como acontece em muitas guerras, houve um estopim, que, nesse caso, foi o rapto da filha de um chefe potiguara por um colono português dono de engenho. Esse acontecimento decorreu de uma conjuntura de crescente tensão entre colonos e indígenas, devido à pressão crescente de Portugal pelo controle do comércio e do território. De um período tão trágico, temos pouco acesso aos fatos, e o que conhecemos hoje foi narrado principalmente por Gabriel Soares de Sousa em 1587, portanto, antes do fim do conflito, e pelo frei Vicente do Salvador, que detalhou essa violenta e intensa guerra em um livro escrito alguns anos depois, em 1627. O principal relato existente, de quem acompanhou de perto os episódios da guerra, provém da pena de um jesuíta anônimo que os testemunhou e que redigiu, a pedido do padre Cristóvão de Gouveia, o visitador da província, o *Sumário das armadas que se fizeram e guerras que se deram na conquista do rio Paraíba*. De acordo com a pesquisadora Mariana Machado, o *Sumário das ar-*

madas foi escrito por volta de 1589 e consultado pelo frei Vicente do Salvador, entre outros intelectuais que tiveram acesso a uma das versões manuscritas que circularam na época. Importa que, como aconteceu ao longo do século, não temos relatos da visão dos vencidos, a não ser por mediação desses autores, o que faz com que tenhamos de imaginar, a partir de diferentes referências e estudos, o que pode ter acontecido. Se, nas guerras precedentes com os tamoios, havia relatos descritivos dos costumes dos tupis, de diálogos com os chefes, na conquista de potiguaras e tabajaras os franceses não chegaram a estabelecer uma base estável que permitisse aos cronistas fazer seus relatos, e os portugueses apenas descrevem seus medos diante da força bélica dos potiguaras e suas próprias crueldades. Quase não há descrições dos massacres das aldeias dos tamoios, mas, com relação aos potiguaras, é possível seguir a marcha da morte dos colonos. Dos grandes chefes potiguaras que lideraram essa fabulosa resistência, com guerras de enfrentamento de grandes contingentes de guerreiros e também menores combates de guerrilha, existem poucas palavras registradas. Essa foi a segunda tragédia provocada pelo genocídio: o silenciamento das vozes e a morte dos saberes, ao que damos o nome de epistemicídio.

Frans Moonen, professor de história que se aposentou pela Universidade Federal da Paraíba, chama o período de 25 anos da guerra entre 1574 e 1599 de "primeira guerra", pois foi seguida por outras, que chegam até os dias de hoje: o envolvimento dos potiguaras, aliados dos holandeses, na guerra entre Portugal e Holanda, a invasão do território por fazendeiros e a destruição da cultura dos sobreviventes. Apenas nos anos 1980, os potiguaras conseguiram demarcar seu território pela primeira vez e, finalmente, viver em relativa paz e construir suas representações políticas institucionais.

Havia tensão entre mamelucos que andavam pelas aldeias potiguaras, os assediavam e atacavam com "tantas vexações e perrarias", raptando cativos e "roubando-os com violência e engano".[2] Em uma dessas situações, um comerciante mameluco, filho de um poderoso senhor de engenho da região que era casado com uma indígena, foi até a aldeia Capaôba e se apaixonou pela filha do cacique Iniguaçu ("Rede Grande"), que tinha apenas 15 anos. Conta frei Vicente do Salvador, em uma narrativa em que aparecem "brancos" e gentios, já com tônica protorracista, que esse rapaz herdou a "ralé" da origem de sua mãe índia. O casamento foi consentido pelo principal, contanto que ele passasse a morar na aldeia. Assim, o comerciante concordou, dizendo que não viveria mais entre os brancos. Mas aproveitou a ausência do chefe durante alguns dias para uma caçada e decidiu raptar a jovem esposa indígena, levando-a para Olinda. O cacique, então, enviou dois filhos em busca da irmã. Lá em Olinda, os irmãos estiveram com o governador, Antônio Salema, que aceitou a demanda dos indígenas e determinou ao pai do querelado que devolvesse a menina. Já tendo recuperado a jovem, a família potiguara retornou com um salvo-conduto para que "ninguém lhes impedisse o caminho ou lhes fizesse algum agravo".[3] Seguiram o trajeto sem perturbações em nenhum engenho, a não ser no último, que ficava no limite da capitania de Itamaracá. Lá encontraram Diogo Dias, um poderoso senhor de engenho, que os recebeu bem, mas decidiu ficar com a moça, que mandou prender junto de outras que ele mantinha cativas. Indignados, os irmãos foram até o governador da ilha de Itamaracá pedir que agisse a fim de garantir a guarda. No entanto, por ser amigo de Diogo Dias, ele nada fez.

Os franceses conheciam bem o inimigo Diogo Dias, pois ele havia atacado, junto do capitão-mor de Itamaracá, três naus que estavam na baía da Traição embarcando pau-brasil. Seu engenho começava no rio Tracunhaém, cercado de uma grande paliçada, com muitos escravos, e dentro havia uma casa protegida por uma fortaleza, municiada com artilharia.

Iniguaçu, então, articulou um resgate com o apoio de outras aldeias potiguaras, que viviam no litoral e mantinham relações mais próximas com os franceses, e conseguiu apoio do chefe Tujucipapo, maior cacique do litoral. Com a união das aldeias e o apoio dos franceses, formou um grande e poderoso grupo de guerreiros, e todos partiram para a guerra. No ataque ao senhor de engenho, sabendo da paliçada e das armas de que ele dispunha, os potiguaras foram estrategistas: apenas alguns foram até a cerca e atiraram flechas, para logo em seguida se retirarem. Era uma isca. Diogo Dias, enfurecido, saiu correndo a cavalo, com o apoio de seus homens, que nada mais eram que escravizados forçados ao combate. Andou e andou, até cair em uma emboscada. Acabou morto com toda a sua milícia. Conta frei Vicente do Salvador que, nesse ataque, os potiguaras "não deixaram branco nem negro, grande nem pequeno, macho nem fêmea, que não matassem e esquartejassem".[4]

A partir de então, a guerra teve início, e os potiguaras são mencionados nos relatos como "rebelados". Portugal enviou, em 1574, para o rio Paraíba, uma expedição punitiva, que não obteve êxito e logo zarpou. Os potiguaras atacaram novamente o engenho de Diogo Dias e mataram seu filho. Em 1575, foi realizada uma nova tentativa dos portugueses de conquistar a Paraíba, com uma frota com doze naus, também sem sucesso. Dom Sebastião, receoso com a presença dos franceses, ordenou então a construção de um forte e a vinda de milicianos e militares de outras partes do Brasil para fortalecer o controle do território. Tentou trazer para o seu lado o morubixaba Araribóia, herói da batalha contra os tamoios na Guanabara, que se negou, segundo os relatos, por já não aguentar mais servir ao rei em guerras: "Se tu souberas quão cansadas eu tenho as pernas das guerras em que servi a el-rei, não estranharas dar-lhe agora este pequeno descanso, mas já que me achas pouco cortesão eu me vou para minha aldeia, onde nós não curamos desses pontos, e não tornarei mais à tua corte".[5]

Os conflitos continuaram intensos na região. Em 1578, uma nau portuguesa subiu o São Francisco em busca de escravizar nativos e entrou em conflito com uma embarcação francesa com a qual topou por acaso. Mataram os dez tripulantes franceses. No caminho, os portugueses encontraram um povo na desembocadura do rio, chefiado pelos caciques Porquinho e Seta, que eram aliados dos franceses e, por isso, ficaram presos. Foram resgatados por uma tropa de 1.500 guerreiros ameríndios aliados de

Diogo de Castro, junto de oito "homens brancos". Nessa ação de resgate, chama a atenção a proporção entre guerreiros indígenas e brancos nas guerras que sucediam no Brasil. Segundo conta frei Vicente do Salvador, nessa expedição, os portugueses mataram seiscentas pessoas numa aldeia e quinhentas em outra. Renderam uma terceira aldeia após uma semana de cerco. O que segue, no relato do jesuíta, é difícil de acreditar. Supostamente, o chefe da aldeia, que ele chama de Araconda, declarou ao capitão da bandeira: "Branco, eu nunca fiz mal a teus parentes, nem estes me podem vender; mas eu por minha vontade quero ser cativo e ir contigo". Segundo o frei, "o capitão lhe agradeceu com palavras e mandou que se aprestassem dentro de quinze dias para o caminho".[6] Ou seja, em meio à guerra contra os potiguaras, bandos de colonos e militares portugueses seguiam atacando outras aldeias no sertão, fazendo cativos e perpetrando massacres.

Ainda em 1578, quando bandos de guerreiros indígenas e militares portugueses massacravam aldeias no sertão e sofriam derrotas para os potiguaras, Portugal foi derrotado pelo exército do sultão 'Abd al-Malik (Mulei Moluco) na batalha de Alcácer-Quibir, no Marrocos. Essa derrota resultou na morte de dom Sebastião I e boa parte de seu exército. Derrotas na África, para os mouros, e nas Américas, para os potiguaras, confirmam a tese que sustentamos de que não se pode falar em superioridade militar europeia para justificar as conquistas da expansão pelo mundo. Vitórias e derrotas eram muito mais complexas e dependiam de fatores como as alianças locais. No caso, a derrota no Marrocos teve efeito direto sobre a guerra no Nordeste e, em geral, na conquista do Brasil, além de provocar uma intensa e violenta disputa pela sucessão do trono. Foram dois anos até Felipe II da Espanha assumir o trono e consolidar a chamada União Ibérica, que perdurou de 1580 a 1640. Da mesma forma, essas guerras simultâneas explicam por que Portugal destinou uma força militar maior e se preocupou muito mais com as guerras contra os mouros no Mediterrâneo e em garantir as conquistas na Ásia, que, naquele tempo, era o principal comércio marítimo que realizavam.

Após alguns anos de turbulência política pela sucessão, Portugal voltou a organizar mais uma tentativa de conquista da região. Na Paraíba, em 1579, a Coroa ainda em luto e em crise nomeou um colono, Frutuoso Barbosa, como capitão-mor, com o objetivo, segundo o documento,[7] de "levar à conquista da Paraíba e capitão da fortaleza que deveria ser construída na Paraíba, no sítio denominado Cabedelo", ou seja, conquistar os potiguaras e construir o forte de proteção da região. Nesse mesmo ano, decidiram enviar reforços, com quatro embarcações saindo de Recife em direção às frentes de batalha, porém uma tempestade as desviou e foram parar nas Índias Ocidentais, indo até Lisboa.

Em 1582, a metrópole, já com a ajuda da Espanha na União Ibérica, enviou reforços da Europa, uma armada com um "formoso galeão, e uma zabra, e outros navios, com muita gente portuguesa, assim soldados como povoadores casados, com muitos resgates, munições, e petrechos necessários, assim a conquista como a povoação, que logo havia de fazer".[8] Essa armada com portugueses e espanhóis conseguiu surpreender franceses que embarcavam pau-brasil e interceptar sete naus. Cinco delas foram pilhadas e incendiadas. Os colonizadores ibéricos ainda comemoravam a vitória dessa batalha marítima quando aconteceu o contra-ataque dos potiguaras, que, guerreando de suas canoas, mostraram muito mais potência do que os franceses em suas naus:

> *dando neles os foram matando até os batéis, aonde se iam recolhendo, sem das naus os socorrerem, que foi coisa lastimosa ver [os potiguaras] matar mais de quarenta portugueses, em que entrou o filho do capitão, e com a mesma fúria houveram os inimigos de tomar a zabra em que ia Gregório Lopes de Abreu por capitão.[9]*

Dessa vez, morreram portugueses e espanhóis. Enviaram tropas por terra, que foram combatidas pelos potiguaras, e, com medo também, fugiram com pressa. Os potiguaras mantiveram o controle de seu território, e a capitania ficou desesperada, os colonos em fuga.

Espanha e Portugal, unidos, seguiam tentando controlar o estratégico rio Paraíba e, para isso, construíram o forte de São Filipe (atualmente, forte do Cabedelo) em 1584 — aquele que estava prometido como principal objetivo na ocasião da nomeação do capitão-mor em 1579. Equiparam-no com canhões e uma força de 110 militares arcabuzeiros castelhanos e cinquenta mamelucos. Tentaram atacar os potiguaras por terra, mas caíram em uma emboscada, e mais de trinta portugueses foram mortos, inclusive o comandante, e também aliados indígenas — provavelmente caetés já rendidos e transformado-os em súditos. Os potiguaras foram matando os portugueses até a entrada do arraial. Ao todo, esse exército colonial que seguiu na batalha campal era formado por cinquenta arcabuzeiros portugueses, noventa homens a cavalo e mais de 140 a pé, além de um contingente não contabilizado de guerreiros ameríndios. Era um número expressivo, descrito por um cronista jesuíta anônimo, com certo exagero, como o maior exército que havia se juntado até então no Brasil. Essa derrota imposta pelos potiguaras deixou mais de quatrocentos índios aliados dos portugueses e mais de cinquenta homens brancos mortos, "a maior perda que estas capitanias até ora receberam".

Com seguidas vitórias, os potiguaras passaram a ser temidos pelos portugueses. Um povo que antes era descrito pelos cronistas como o mais organizado e "civilizado", agora, com a hegemonia frente às guerras de conquista, era uma nação de "gentios vitoriosos, porque são esforçados de sua pessoa mais do que todos os outros e tão ousados que não temem morrer, por tudo entre eles é opinião de valentes".[10] Aprenderam com os franceses técnicas para atacar fortes e construir trincheiras. E assim, em um novo assalto, cercaram o forte de São Filipe até os portugueses e os espanhóis começarem a passar fome e terem de comer seus cavalos. Em vez de atacar, como em outras oportunidades, dessa vez decidiram cortar os suprimentos do forte. Nesse momento, uma das mais fortes aldeias dos tabajaras, inimigos tradicionais dos potiguaras e até então aliados dos portugueses, chefiados pelo cacique Pirajiba (Braço de Peixe), formou uma aliança anticolonial entre os povos — como aquela de 1561, que aproximou os tupiniquins dos tamoios, com Piquerobi e Jaguaranho, e resultou no ataque contra a vila de São Paulo e o domínio jesuíta de José de Anchieta, quando o cacique tupiniquim Tibiriçá matou os próprios parentes para proteger a vila (ver capítulo 5).

Ainda no tempo das capitanias, antes de o governo-geral ser instalado no Brasil, os tabajaras se constituíram como aliados dos portugueses em negociação selada pelo casamento de Jerônimo de Albuquerque, português que veio ao Brasil com seu cunhado Duarte Coelho, com Muyrã-Ubi, filha do cacique tabajara Arcoverde. Essa aliança durou muitos anos e impediu a destruição total de Olinda, que, por muito tempo, resistiu sitiada pelos caetés, por um lado, e pelos potiguaras, por outro. Também permitiu fundar a capitania da Paraíba, ainda que sob permanente pressão potiguara. A região era justamente uma fronteira de territórios em disputa entre ao menos três poderosos povos tupis: potiguaras, tabajaras e caetés.

Não tardou que os portugueses traíssem seus aliados tabajaras e quebrassem a colaboração — o que deu ensejo à aliança entre os inimigos tradicionais tabajaras e potiguaras justamente contra os portugueses. E a quebra se deu pela sanha dos colonos predadores de índios na incessante caça de pessoas para escravizar. Em meio à guerra contra os potiguaras, Francisco de Caldas e Gaspar Dias de Ataíde, fazendeiros e notórios caçadores da população ameríndia, organizaram, em 1584, uma grande expedição com o objetivo de escravizar nativos. Com o apoio dos fiéis tabajaras, junto do cacique Pirajiba e seus guerreiros, subiram o rio São Francisco, "matando os que resistiam e cativando os mais". Fizeram mais de 7 mil cativos. Os colonos, então, articularam prender, amarrados, o cacique tabajara e seus guerreiros, em vez de pagar o que lhes deviam. Percebendo a trama, Pirajiba organizou a emboscada: proveu os colonos de comida das roças e caça, deixando-os dormir sossegados, enquanto combinava a ação com seus duzentos guerreiros e a ajuda do cacique Guirajibe (Assento, ou Poleiro, de Passarinho), que traria os guerreiros de sua aldeia. Avisou aos caçadores ameríndios que estavam no meio dos brancos que ficassem alertas, porque dariam o sinal de madrugada. O relato que segue é de frei Vicente do Salvador:

> *E assim foi que, achando-os dormindo mui descuidados, subitamente os cometeram com tanto ímpeto, que não lhes deram lugar, a tomar armas, nem a fugir, e os mataram todos; e, soltos os outros gentios cativos, depois que ajudaram a festejar a sua liberdade, comendo a carne de seus senhores, os deixaram tornar para suas terras, ou para onde quiseram. Só escapou dos nossos um mameluco que uma moça, irmã do principal Assento de Pássaro, escondeu.*[11]

Mataram todos os brancos e colonos, inclusive os fazendeiros Ataíde e Caldas, e o único sobrevivente foi um mameluco, que contou a notícia em Olinda. A cidade ficou de luto. Sabendo que haveria represália dos portugueses, Pirajiba se articulou com os potiguaras. Tabajaras e potiguaras, dois povos tupis inimigos, portanto, se reconciliaram diante do mal maior: o colonizador português.

Cientes dessa aliança anticolonial, os portugueses organizaram um exército ainda maior em Olinda, liderado pelo general Martim Leitão, com mais de quinhentos brancos, descrito como "a mais formosa coisa, que nunca Pernambuco viu".[12] Marcharam em linha, com batedores na frente e a cavalaria atrás, mamelucos e os chamados índios "descobridores", ou rastreadores, na frente, buscando os inimigos, com gastadores abrindo caminho da tropa a foice. No fim do dia 5 de março de 1585, a coluna liderada pelo mestre de campo Francisco Barreto encontrou uma enorme paliçada que protegia uma aldeia do povo tabajara com mais de 3 mil habitantes, nas margens do rio Tibiri. A fúria da ofensiva colonial é descrita pelo franciscano: "Como uns leões remeteram, e entraram nela, matando muitos dos inimigos, e pondo os mais em fugida".[13] A tropa descobriu, nesse grande acampamento, preparativos para um ataque ao forte português de São Filipe, com pólvora e mantimentos.

Esse massacre dos tabajaras foi determinante para enfraquecê-los a ponto de dissuadir a aliança anticolonial entre eles e os potiguaras. Com o enorme exército, Martim Leitão marchou, então, para o forte São Filipe, que ainda estava sitiado. Mas os soldados chegaram "em estado lastimável, doentes, moribundos e ainda por cima havia rivalidades entre portugueses e espanhóis".[14] Haviam sido atingidos pela disenteria. Nesse mesmo ano, após o massacre perpetrado pelos portugueses da aldeia tabajara, os potiguaras levantaram o cerco que faziam ao forte e que havia exaurido os ocupantes, e o comandante espanhol decidiu abandonar o local, jogar os canhões no mar e voltar ao Recife.

Leitão refez as alianças dos colonos com os tabajaras, que pediram proteção contra os potiguaras, e tentou construir outro forte no rio Jaguaribe. Na volta desse encontro, os colonos caíram em uma emboscada dos potiguaras, saíram perseguindo os nativos e entraram num labirinto de paliçadas — uma paliçada muito forte, com sete grandes torres, linhas de trincheiras e obstáculos de árvores, cuja construção pode ter sido orientada pelos franceses. Durante todos esses anos de guerra, os franceses seguiram comerciando com os potiguaras, apoiando sua resistência. Para isso, enviaram navios para a baía da Traição no fim de 1585. E, em 1586, um novo carregamento da França se juntou aos potiguaras, trazido em sete naus, com armas, pólvora, pessoal e ainda muita munição para arcabuzes. Atacaram uma aldeia de tabajaras aliados dos portugueses, do cacique Guirajibe, e fizeram mais de cinquenta vítimas.

Martim Leitão rearmou o Exército português e decidiu invadir a serra da Copaoba, onde havia dezenas de aldeias potiguaras. Eram 140 portugueses e mais de quinhentos aliados tabajaras, liderados pelo cacique Pirajiba. Entraram e massacraram uma aldeia, com setenta a oitenta cativos — que o ouvidor Leitão insistia que fossem mortos, não capturados —, e os guerreiros tabajaras comemoraram a matança com bebedeira. Moonen analisa essa crueldade, lendo além do que o cronista disse, "que nas aldeias se encontravam apenas crianças, mulheres e velhos (o que o cronista, evidentemente, não diz) e que os homens guerreiros estavam ausentes, provavelmente cortando pau-brasil".[15] No retorno dos guerreiros, eles cercaram os portugueses e seus aliados, e "começou a entrar um medo espantoso em todos". Ao redor deles, à noite, eram 5 mil fogueiras acesas dos potiguaras. Os portugueses se armaram, conseguiram romper o cerco e destruir ainda três ou quatro aldeias — sempre queimando tudo.

Os portugueses seguiram à procura do grande chefe Tejucupapo, tido como o principal dos potiguaras, descendo em direção ao litoral. Chegando lá, encontraram uma imensa aldeia cercada de paliçadas e foram recebidos a tiros — evidenciando um carregamento de pólvora da aliança com os franceses. Os cavalos foram atingidos com flechas e chumbo, e, não fossem os arcabuzes dos portugueses, os franceses e os potiguaras teriam partido para cima no campo aberto. Eram "muitos feridos que a cada passo caíam",[16] relatam os cronistas. Martim Leitão abriu caminho pela mata com sua espada e entrou na aldeia, ao que foi atingido por um golpe de borduna. O impacto amassou seus dedos, e ele recebeu uma saraivada de flechas no peito e no braço, que ficaram presas na armadura, a mesma saraivada que matou Manuel da Costa, seu companheiro do exército. Conta um cronista anônimo, citado por Hemming, que Martim Leitão foi tentar arrancar as flechas de Manuel da Costa, o que fez com que fosse atacado em combate físico pelos potiguaras. Mas os indígenas tinham ido com a intenção de capturá-lo, não de o matar. Como queriam capturar os prisioneiros vivos para os rituais antropofágicos de vingança, golpearam com a borduna sua costela, em vez da cabeça. Nesse instante, os portugueses conseguiram invadir a aldeia, atacar e dominar, matando e incendiando. Chamas, fumaça, fogo. Sem conseguirem matar o maior inimigo, Martim Leitão, nem o capturar, os potiguaras se colocaram em rota de fuga. Os portugueses gritaram "vitória", e Martim Leitão foi tido como o conquistador da Paraíba. Os potiguaras se retiraram para além do Rio Grande.

Dominada pelas armas, a Coroa se apoiou na Igreja para estruturar a dominação dos novos súditos. Foram instalados aldeamentos jesuítas para a conversão dos tabajaras, enquanto franciscanos foram tentar converter os potiguaras sobreviventes. Em 1591, os jesuítas foram substituídos pelos carmelitas, que se conformavam melhor aos interesses dos colonos na região.[17]

Desde que assumiu o governo da capitania da Paraíba, em 1591, o fidalgo Feliciano Coelho de Carvalho teve como um dos objetivos principais de sua gestão a conquista do território dos potiguaras e a sua dominação. Criado nas colônias portuguesas na África, o governador queria pôr fim aos ataques contínuos que os potiguaras faziam aos engenhos e às roças. Em um capítulo não concluído de sua obra, frei Vicente do Salvador conta que, nesse mesmo ano, Coelho de Carvalho organizou uma armada com cinquenta brancos, em parceria com Pero Lopes, governador de Itamaracá, e mais de trezentos tabajaras. Segundo o cronista:

> *mataram tantos, que era piedade ver depois tantos corpos mortos [...] até que chegou o capitão Martim Lopes Lobo, filho de Pero Lopes, com dois homens mais de cavalo, e vinte arcabuzeiros, e alguns negros, com que os nossos cobrando ânimo remeteram com fúria. E os contrários com medo se espalharam pelos matos, dando-lhes lugar que entrassem na aldeia, e fizessem tal matança nas mulheres, meninos e velhos, que nela ficaram, que só um foi tomado vivo, por se meter debaixo do cavalo do capitão.*[18]

Ao longo da década de 1590, os franceses continuaram comercializando pau-brasil com as aldeias potiguaras resistentes no Rio Grande do Norte, enquanto corsários atacavam navios portugueses. Havia ainda a ameaça de outros países europeus, como os piratas ingleses que passaram a frequentar a costa, a exemplo do famoso corsário Francis Drake, que esteve no Brasil a caminho de sua famosa circum-navegação, e do corsário James Lancaster, que, em 1595, tomou o porto de Olinda por alguns dias — corsários atuavam financiados pelos reis, ao contrário de piratas, que agiam de forma independente.

Era um dano à Coroa, que decidiu reagir. O rei Filipe, então, determinou a construção de um forte no Rio Grande, liberando a Real Fazenda a gastar "tudo o que lhe fosse necessário".[19] Em 1597, foi articulado um duplo ataque contra os potiguaras resistentes: por mar, velejou o capitão-mor Manuel de Mascarenhas Homem, com uma armada de seis navios e cinco caravelões, que esperaria no rio Paraíba; por terra, Feliciano Coelho era acompanhado por três companhias a pé, com os capitães Jorge de Albuquerque Coelho (seu irmão), Jerônimo de Albuquerque (filho de Jerônimo de Albuquerque e Muyrã-Ubi) e Antônio Leitão Mirim, e uma a cavalo, guiada por Manuel Leitão. Somavam 188 homens nos quatro grupos, com aliados ameríndios das aldeias de Pernambuco, dos quais noventa eram flecheiros, e 730 homens da Paraíba, quase todos tabajaras, guiados pelos caciques Braço de Peixe, Assento de Pássaro, Pedra Verde, Mangue e Cardo Grande. Levaram um padre engenheiro para traçar a fortaleza. Marcharam em dezembro de 1597, precedidos por espiões que queimavam as aldeias que encontravam após os limites da Paraíba.

Não importava o número de homens, arcabuzes, cavalos, canhões e navios: a arma mais mortífera, mais uma vez, foi a varíola. Após duas décadas de guerra em que a tenacidade bélica dos potiguaras impediu o domínio europeu, a varíola foi disseminada pela expedição de Feliciano Coelho. Conta o cronista frei Vicente do Salvador:

> *Mas aos que fugiam os inimigos não fugiu a doença das bexigas, que é a peste do Brasil, antes deu tão fortemente em os nossos índios e brancos naturais da terra que cada dia morriam de dez a doze, pelo que foi forçado ao governador Feliciano Coelho fazer volta à Paraíba para se curarem.*[20]

Os caravelões de Mascarenhas Homem tentaram entrar em um rio e foram surpreendidos por uma emboscada no mangue. Viram potiguaras acompanhados de cinquenta franceses e levaram uma saraivada de flechas e pelouros, isto é, balas de armas de fogo, e o capitão foi ferido no pescoço. Tantos tripulantes dos barcos morriam de varíola que pediram socorro aos capitães em Pernambuco para manter a construção do forte. Feliciano Coelho retornou da Paraíba em 30 de março de 1598, "só com uma companhia de 24 homens de cavalo, e duas de pé, de 30 arcabuzeiros cada uma [...] e 350 índios flecheiros com seus principais".[21] Ele havia se retirado do palco da guerra, mas seus homens deixaram a varíola. Enquanto construíam o forte, grupos de batedores saíam para atacar e massacrar aldeias. Numa dessas expedições, em 1598,

> *foram dar em uma aldeia, onde mataram mais de quatrocentos potiguares [sic], e cativaram oitenta, pelos quais souberam que estava muita gente junta, assim potiguares [sic] como franceses, em seis cercas muito fortes, para virem dar sobre os nossos, e os matarem, e se já o não tinham feito era porque adoeciam, e morriam muitos do mal de bexigas.[22]*

Assim como na guerra contra os tamoios, a vitória europeia chegou apenas após a epidemia. Com a varíola, a organizada sociedade potiguara se desestruturou, com mortes, fome, falta de abastecimento de alimentos e pânico generalizado. Aproveitando-se da tragédia, o Exército português passou a massacrar doentes e famintos. A varíola é mortal de duas formas: tanto pelos efeitos do vírus quanto pela força com que se espalha e derruba toda a comunidade.

Com a vitória em curso, os portugueses seguiram com a construção do forte, que foi concluído em 1598, e as equipes responsáveis retornaram à Paraíba. No caminho, realizaram mais um massacre: atacaram uma aldeia potiguara em que o tabajara de nome Tavira, convertido e tornado súdito, foi o herói da batalha ao lado dos portugueses, por ter conseguido furar a paliçada e desestabilizar a proteção. No entorno, tiros de arcabuzes e de flechas provocavam gritos de mulheres e crianças potiguaras. No interior da paliçada, os potiguaras reagiram e mataram muitos portugueses na luta corpo a corpo, mas o terrível saldo estimado foi de 1.500 indígenas mortos.

Apenas em 1598, de acordo com os relatos existentes dos sucessivos massacres e ataques a aldeias, foram mais de 2 mil mortos. Com a terra arrasada por tiros, espadas e varíola, estava aberta a possibilidade de um acordo de "paz". Para tanto, Jerônimo de Albuquerque, que comandava o forte dos Reis Magos, na região de Natal, se aconselhou com um padre jesuíta e decidiu libertar o poderoso pajé Ilha Grande, que era mantido refém, para que fosse falar com os seus. Os jesuítas sabiam que, sem a voz da autoridade espiritual, não haveria possibilidade de paz, mesmo com o povo massacrado por armas e varíola. Assim, a paz foi aceita, e um grupo de grandes chefes, entre os quais Zorobabé, foi até o forte. Em 11 de junho de 1599, o acordo de paz foi selado.

Mas os potiguaras eram tupis, uma sociedade fragmentada, guerreira, difícil de se submeter a ordens e desmandos de poder. Algumas aldeias seguiram rebeladas, mantendo a resistência. Em 1601, uma nova tentativa de libertação emergiu com o cerco da vila no Rio Grande. Fala-se em 40 mil potiguaras — um número talvez exagerado, pois, segundo os relatos, eles enfrentaram quatrocentos portugueses e trezentos tabajaras liderados por Mascarenhas Homem. Diante da superioridade numérica e das já conhecidas estratégias de guerra, não haveria como perder. Mas 5 mil foram mortos e 3 mil, feitos prisioneiros: uma derrota até então inédita para os potiguaras. Devido à desproporção das forças, John Hemming sugere que talvez já não tivessem mais o apoio francês para arcabuzes e pólvora;[23] outra explicação é que o desfecho da guerra tenha se dado em função dos efeitos da varíola, pois a população indígena encontrava-se debilitada, enfraquecida, faminta e sem reserva de alimentos.

O CONSENSO IMPOSTO E O EXÍLIO DO GRANDE CHEFE

Feita a paz imposta aos potiguaras e tabajaras, a máquina de guerra de conquista portuguesa continuou. Decidiram usar os potiguaras, que, de inimigos, passaram a súditos, para outras conquistas. Os "índios" e os "gentios" ou eram hostis e inimigos, ou súditos e aliados, portanto deveriam ir à guerra ao lado da Coroa. Em 1603, levaram 1.300 guerreiros potiguaras e tabajaras — agora lutando lado a lado, junto dos colonizadores, sob o comando de Zorobabé — para o sul da Bahia em seis caravelas. Depois de quarenta anos de resistência dos aimorés, inclusive a Mem de Sá, entre Ilhéus e Porto Seguro, os potiguaras foram levados para guerrear contra eles. Após o massacre dos aimorés, segundo relatam os cronistas da época, Álvaro Rodrigues, um senhor de engenho de Cachoeira, teria capturado uma "fêmea aimoré", ensinado a ela a língua tupinambá, batizado-a de Margarida, providenciado vestimentas e enviado-a para encontrar outros de seu povo, que teriam vindo em "paz".

Após lutar contra os aimorés, Zorobabé, retornando à Paraíba, passou pela capital, Salvador, onde foi usado para combater um quilombo — descrito pelo frei Vicente do Salvador como uma comunidade "de negros da Guiné fugidos". É uma passagem importante da história das guerras da conquista, pois não se trata de um episódio isolado em que guerreiros indígenas foram mobilizados pelos invasores coloniais para atacar e reprimir mucambos e quilombos de escravizados africanos. Zorobabé e seus guerreiros mataram vários e fizeram alguns cativos, que foram vendendo pelo caminho. O chefe teria comprado uma bandeira de campo, um cavalo, um tambor e vestidos. Queria estar triunfante no retorno glorioso a sua terra — e aparentemente provocar e humilhar o líder dos tabajaras, seu inimigo fiel. Sua intenção, especificamente, era passar pela aldeia chefiada por Braço de Peixe para desafiá-lo com seu poder guerreiro diante das vitórias que conduzira.

Zorobabé também mandou um recado aos religiosos: queria uma dança dos jovens da igreja e que as portas do local estivessem abertas quando ele passasse. Em um domingo, mandou dizer sua vontade de pregar: como devia dizer a verdade na pregação, falou que iria guerrear, no sertão, contra o cacique Milho Verde, que tinha matado um sobrinho seu, e "seu irmão Pau Seco havia mandado a dar-lhe guerra".[24] Zorobabé estava "pacificado", isto é, formalmente rendido súdito ao rei de Portugal, mas, a seu modo, ele seguia um chefe guerreiro em busca de batalhas e de vingança, e, para ele, o ímpeto da guerra e seus sentidos existiam independentemente da vontade dos portugueses e de suas guerras por conquista de territórios e escravos. Zorobabé manteve suas características de rebelde e insubordinado, muito provocativo diante das autoridades coloniais, pois era um morubixaba, o chefe com voz para mobilizar seu povo para a guerra.

Esses fatores provocavam temor entre os burocratas coloniais e religiosos, fazendo crescer nos portugueses o medo de uma revolta, pois já estavam cientes da fragilidade política da paz entre os tupis. Diante desse temor, mandaram prendê-lo, levaram-no ao presídio em Salvador e, lá, tentaram envenená-lo. Mas Zorobabé percebeu o plano e recusou a água com veneno que lhe serviram. Também não quis se alimentar para não ser envenenado. Por alguma razão, os portugueses não tiveram coragem de matá-lo. Decidiram exilá-lo em Lisboa. Ainda assim, temeram que ele voltasse ao Brasil e, em 1608, o transferiram para a cidade de Évora, no interior do Alentejo. Lá, em 1609, Zorobabé morreu, no calabouço da prisão. Segundo o frei Vicente do Salvador, "acabou a vida, e com ela as suspeitas da sua rebelião".[25]

Em paralelo a isso, os portugueses avançavam na direção oeste pela costa, rumo ao Ceará. Pero Coelho de Sousa organizou, em 1603, uma expedição com 65 mercenários sertanistas e mais de duzentos guerreiros tabajaras e potiguaras, inimigos que passaram a lutar lado a lado, para conquistar um povo que vivia nas margens do rio Jaguaribe. No ano seguinte, conduziu uma multidão de 5 mil pessoas até Camocim, numa expedição em que reinava a fome. Atacaram mais três aldeias, todas fortificadas — segundo os relatos de frei Vicente do Salvador, algumas delas eram muito fortes, com redes de paliçadas de madeira e guaritas. Vitoriosos, impuseram a "paz" aos caciques Irapuã, Ubaúna e Juripari-guaçu e submeteram mais de trinta aldeias ao controle colonial português. No ano seguinte, 1605, o conquistador levou centenas de ameríndios escravizados para serem vendidos no Rio Grande do Norte, um movimento de escravização de pessoas nativas que acontecia no Nordeste e a partir de São Paulo, motor da formação da colônia. Em 1606, o cacique Poti, conhecido como Camarão, recebeu missionários católicos no Rio Grande do Norte. Partes de suas terras foram entregues a colonos que desejavam montar engenhos. Essa negociação fortaleceu a hegemonia territorial portuguesa na região.

No entanto, o controle português era tênue e instável. Em 1608, uma expedição com dois franciscanos foi atacada pelos tacarijus, que mataram o padre Francisco Pinto com um golpe de borduna. Essa arma manchada de sangue foi exposta no Colégio dos Jesuítas da Bahia e servia como amuleto para fomentar a aliança entre Igreja e Coroa na conquista dos povos indígenas.

Na grande expedição de 1605-06 liderada por Pero Coelho, em que foram submetidas mais de trinta aldeias e foram escravizadas centenas de pessoas, estava Martim Soares Moreno, que foi tenente do forte dos Reis Magos, em Natal, e que, em 1609, passou a conduzir as guerras de conquista do Ceará. Sua experiência acumulada nessas guerras mostrava que não havia como vencer nenhuma batalha no Brasil sem apoio nativo, e Moreno procurou estabelecer boas relações com os chefes potiguaras, como Jacaúna. No percurso de conquista que se estende ao longo do território de potiguaras, tremembés e tabajaras, o que corresponde a Paraíba, Rio Grande do Norte e Ceará, os chefes formariam a estrutura guerreira fundamental para derrotar a França Equinocial, na segunda tentativa francesa de constituir uma colônia na América do Sul, com a construção de um forte em São Luís, no Maranhão, em 1612. A partir do Maranhão, os portugueses iniciariam a invasão da Amazônia, o que trataremos no próximo capítulo.

Um dos povos tupis mais pujantes da costa, os potiguaras tiveram de servir às conquistas portuguesas e lutar contra os franceses. Entre 1630 e 1654, quando o Nordeste foi ocupado pelos holandeses, viram ali uma possibilidade de se livrar dos portugueses e tentar reconstruir a autonomia. Aliaram-se com uma grande esquadra holandesa que chegou à baía da Traição em 1625. A partir de então, com os holandeses derrotados, foram escravizados e aldeados. Os aldeamentos tornaram-se vilas, e as informações sobre os potiguaras desapareceram paulatinamente dos relatos nos séculos subsequentes em um projeto político-colonial de assimilação.

No poema "Invasão", a escritora Eliane Potiguara denuncia a violência da invasão e da conquista que atingiu não apenas seu povo, mas todos os povos originários. Novamente, como no capítulo anterior, vemos que as vozes silenciadas da história, as visões dos vencidos, ainda hoje gritam para recobrar o seu lugar no mundo e para fugir de um "cenário macabro [que] te é reservado", como ela descreve as intenções dos colonizadores:

Quem diria que a gente tão guerreira
Fosse acabar um dia assim na vida.

Quem diria que viriam de longe
E transformariam teu homem
Em ração para as rapinas[26]

Em que pese toda a tragédia dos 450 anos de violência colonial — e de tenaz resistência anticolonial e anticonquista —, os potiguaras nunca deixaram de ocupar a região da baía da Traição. Em todos os séculos, há provas desse comportamento, como em 1859, quando escreveram uma carta a dom Pedro II pedindo a expulsão dos invasores de suas terras. Reorganizaram-se politicamente nos anos 1970, enquanto a ditadura civil-militar de 1964–85 tentava exterminar os últimos sobreviventes, e, liderados por grandes chefes, como Daniel Santana, Domingos Barbosa, Seu Vado, Vicente José da Silva, Domingos Henrique, Caboquinho Potiguara, Dedé, Capitão, Josesi e Anibal, conseguiram expulsar os fazendeiros invasores e obtiveram a demarcação da Terra Indígena Potiguara em 1983, da Terra Indígena Jacaré de São Domingos em 1988 e da Terra Indígena Potiguara de Monte-Mór em 2004 — e ainda aguardam a demarcação de Mundo Novo/Viração. Atualmente, liderados por caciques e professores e professoras indígenas, reaprendem nas escolas a se comunicar em tupi-guarani.

NOTAS

1 | Salvador, 1982, pp. 184-5.
2 | Ibid., p. 66.
3 | Ibid., p. 185.
4 | Ibid., p. 67.
5 | Ibid., p. 68.
6 | Ibid., p. 70.
7 | "Chancelaria de D. Sebastião e D. Henrique I (1557-1580): Doações, Ofícios e Mercês: Livro 42, Folha 382v". Portugal: Biblioteca do Tombo, 1579.
8 | Salvador, 1982, p. 75.
9 | Ibid., p. 76.
10 | Anônimo, citado em Hemming, 2007, p. 249.
11 | Salvador, 1982, p. 182.
12 | Ibid., p. 227.
13 | Ibid., p. 228.
14 | Hemming, 2007, p. 250.
15 | Moonen, 2008, pp. 4-5.
16 | Citado por Hemming, 2007, p. 253.
17 | Hemming, 2007, p. 255.
18 | Salvador, 1982, p. 265.
19 | Ibid., p. 267.
20 | Ibid., p. 268.
21 | Ibid., p. 269.
22 | Ibid., p. 270.
23 | Hemming, 2007, p. 259.
24 | Salvador, 1982, p. 291.
25 | Ibid., p. 292.
26 | Potiguara, 2018, p. 30.

7.
PRIMEIRA INVASÃO DA AMAZÔNIA

Se os europeus haviam estabelecido bases mais sólidas na costa Atlântica do Sul ao Nordeste, a Amazônia era cada vez mais seu objeto desejado de invasão. Não apenas os ventos e as correntes dificultavam a navegação como também não havia nenhuma vila portuguesa nessa vasta área de terra "grilada" pelo Tratado de Tordesilhas. E os reinos europeus protestantes tentaram "invadir a invasão" portuguesa: ingleses, holandeses e irlandeses entraram rio Amazonas adentro, enquanto a França, meio século depois da expulsão da Guanabara, achou outro paraíso para tentar chamar de seu: a ilha de São Luís, que marca a entrada da Amazônia pelo litoral. Nessa conquista da Amazônia, que se iniciou na disputa pela capital maranhense, as guerras vencidas no Nordeste foram decisivas para os portugueses conseguirem expulsar os franceses. E, nesses anos todos, os portugueses aprenderam, melhor do que os outros europeus, a forçar os povos indígenas subjugados a ir para a guerra a seu lado: com o uso da violência colonial em vez de presentes ou promessas. A conquista de potiguaras, tabajaras, tremembés e outros povos da costa nordestina, passando por

Paraíba, Rio Grande do Norte, Ceará e Piauí, sucedeu como uma marcha de conquista ininterrupta até encontrar novamente os tupinambás em São Luís e, de lá, em Belém, entrando pela calha do rio Amazonas. Essa sequência ininterrupta de guerras durou mais de cem anos. Alguns tupinambás, como revelam testemunhos de cronistas, já haviam conhecido o passado perverso dos portugueses em guerras anteriores e tinham boas razões para se aliar a seus inimigos europeus: os franceses.

São Luís fica em uma linda ilha no delta onde o rio Mearim chega ao Atlântico, cercada por duas baías, a de São Marcos e a do Arraial, com o estreito dos Coqueiros ao fundo e o mar adiante. O Mearim é um extraordinário divisor ecológico: a oeste se estende a Amazônia, enquanto a leste está a árida e maravilhosa área dos Lençóis Maranhenses, que se alonga pela costa repleta de dunas e vento até Natal. No interior, o estado do Maranhão é igualmente diverso, com floresta amazônica beirando o cerrado e a caatinga. Tal diversidade ecológica foi habitada e coproduzida por diferentes sociedades ameríndias ao longo de mais de 10 mil anos de ocupação, como mostram os vestígios estudados atualmente pela arqueologia. Os franceses tentaram tomar a região até o Tocantins, uma grande área que estava destinada a Portugal segundo o Tratado de Tordesilhas.

A disputa pela Amazônia entre os reinos europeus reflete o problema da legitimidade de Tordesilhas, uma grilagem acordada entre o papa e os reis católicos espanhóis e portugueses, mas contestada pelos protestantes do norte da Europa e por países excluídos dessa divisão, como Inglaterra, Irlanda, Holanda (Províncias Unidas dos Países Baixos) e França; esta, por sua vez, dividida entre huguenotes e a monarquia católica.

São Luís foi fundada pelos franceses em 1612, depois conquistada pelos portugueses em 1615. Entre 1641 e 1644, foi ocupada por holandeses, os quais foram expulsos pelos portugueses, que a reocuparam. Essa guerra contra a Holanda não acontecia apenas no Brasil, mas constituía um conflito mais amplo entre as nações ibéricas e as Províncias Unidas dos Países Baixos, também presente na Ásia e no continente africano. A expansão da Europa se ampliava violentamente por todo o mundo e, em seus tentáculos, promovia discórdia e inimizade entre povos nativos, mobilizados para guerras que serviam aos interesses dos impérios.

Foram os espanhóis os primeiros a enxergar o rio Amazonas. Posteriormente, também foram eles os primeiros europeus que desceram o Amazonas desde suas cabeceiras, nos Andes, até a foz, no Atlântico, em uma expedição extraordinária relatada pelo frei Gaspar de Carvajal e liderada pelo irmão de Francisco Pizarro, Gonzalo Pizarro, com o explorador Francisco de Orellana, entre 1541 e 1542. Carvajal e Orellana atravessaram o Amazonas de Quito até a ilha de Marajó. Em seu texto, Carvajal relata visões fantásticas que tiveram ao longo do rio Marañon — o Amazonas. Saíram de Quito em busca da terra onde deveria haver muita canela. Quito, uma das principais cidades do Império Tawantinsuyu, era governada pelo conquistador espanhol Gonzalo Pizarro após ter assassinado o inca Atahualpa — quando Pizarro chegou até Atahualpa, ele já estava definhando pela varíola, doença que devastou os incas, facilitando a conquista espanhola.

Encontraram imensas populações ameríndias vivendo na calha dos grandes rios, algumas formando uma continuidade de ocupação ininterrupta ao longo de 240 quilômetros do rio Amazonas. Foram atacados por grupos de guerreiros em mais de duzentas canoas, cada uma com cerca de trinta combatentes. Os espanhóis começaram a expedição com mais de 3 mil pessoas, municiados de varíola e outras pestes que foram espalhando pelo caminho, e terminaram com pouco mais de vinte. Foi uma catástrofe violentíssima e, ao mesmo tempo, extraordinária. Durante anos, muitos dos relatos foram tidos como fantasias, exageros e delírios — Carvajal anunciava ter visto elefantes, as amazonas (mulheres guerreiras) e grandes populações indígenas, uma ocupação quase ininterrupta em vastas várzeas do Amazonas. Recentemente, pesquisas arqueológicas têm revelado que muito do que Carvajal descreveu nessa primeira expedição europeia na Amazônia tinha fundamento e não era fantasia, delírio nem imaginação — sobretudo no que se refere à grande população indígena que encontraram, à sofisticação das sociedades com as quais cruzaram, às dimensões das aldeias e das construções urbanísticas, à organização política, às lideranças de mulheres, à amplitude e à estrutura das aldeias. Hoje, sabemos que não faltam relatos de sociedades indígenas contemporâneas com mulheres guerreiras, como os caiapós, uma organização social matrilinear na qual mulheres ocupam posições nas aldeias como chefas e cacicas. E o próprio movimento indígena nacional tem sido, nas primeiras décadas do século XXI, liderado por mulheres, como Nara Baré, da Coordenação das Organizações Indígenas da Amazônia Brasileira (Coiab), e Sonia Guajajara, secretária-executiva da Articulação dos Povos Indígenas do Brasil (Apib). Ambas reivindicam a ancestralidade da luta das mulheres indígenas amazônicas.

Poucos anos após Carvajal e Orellana cruzarem o Amazonas, em 1549, outro grupo fez o percurso no sentido inverso: uma fantástica migração tupi saiu da costa brasileira em direção aos Andes, inicialmente acompanhada de dois espanhóis ou portugueses, não se sabe ao certo. Chegaram ao povo chachapoya, localizado na encosta dos Andes com a Amazônia, a 7 mil quilômetros de Recife, uma das sociedades mais ocidentais conquistadas pelo Império Inca (Tawantinsuyu). Um povo que construía casas em rochedos, nas encostas da floresta, sobre a Amazônia, com uma visão extraordinária da planície que se estendia por essas muralhas. Os chachapoyas são uma das populações ameríndias, assim como os ashaninka, que historicamente fizeram a ligação entre as sociedades das terras baixas, das planícies, e as andinas — por todo o continente, lembra o antropólogo Carlos Fausto, esses povos circulavam em diversas rotas e direções, sem uma Roma que unificasse os caminhos. Pois esse grupo tupi fugiu da barbárie que os portugueses promoviam na costa em busca de refúgio no interior. Um relato da época conta:

> *uns trezentos índios que afirmavam ser do Brasil e que haviam deixado em grande número, liderados por dois espanhóis que morreram no caminho, que estavam fugindo das vexações que padeciam dos conquistadores portugueses daquela província.*

Deram grandes notícias de sua jornada rio acima, na qual haviam despendido dez anos.[1]

Uma grande migração tupi, que andou milhares de quilômetros ao longo de dez anos, fugindo das guerras de conquista dos portugueses na costa, dá uma pequena dimensão da gigante desorganização territorial provocada pela invasão lusitana na costa Atlântica. Hemming também aponta que outra grande migração tupinambá, relatada por Cristóbal de Acuña, teria partido, nos anos 1530, com quase 60 mil pessoas de 84 aldeias do litoral de Pernambuco para se estabelecer a 5.600 quilômetros de distância, no rio Madeira. Lá encontraram o sertanista Pedro Teixeira em uma expedição para escravizar indígenas.

Entre a costa Atlântica do Brasil, já sob hegemonia territorial portuguesa nos anos 1600, o Pacífico e os Andes, pilhados dos incas pelos espanhóis, junto da varíola e em meio a uma guerra civil, a Amazônia era a vastidão dividida por Tordesilhas, cobiçada pelas monarquias europeias e motivo de empenho do domínio luso-espanhol sob a União Ibérica, que durou até 1640. Não era fácil navegar de Pernambuco ou da Bahia rumo à Amazônia, em razão das correntes que desciam do Caribe e dos ventos alísios. Ainda não haviam sido encontrados metais, e lá nem havia o pau-brasil endêmico da Floresta Atlântica. Era cada vez mais intensa a presença de franceses, ingleses, holandeses e até irlandeses, entre corsários, piratas e negociantes que comercializavam diretamente com os nativos. Holandeses exploraram o Amazonas em 1598 e, em 1616, teriam erguido um forte em Gurupá, no atual Pará.[2]

Nessa rota, São Luís era um porto estratégico, e a França decidiu tomá-lo para si e formar uma colônia. As informações iniciais da região vieram de um corsário, Jacques Riffault, que naufragou em 1594, deixando alguns homens da tripulação com os tupinambás que viviam na ilha, entre os quais Charles des Vaux. Em 1604, eles participaram de uma expedição para explorar o Oiapoque com o huguenote Daniel de La Touche, o senhor de La Ravardière, que conseguiu apoio do rei Henrique VI para uma nova expedição, em 1609, em direção ao Maranhão. Retornaram à França em 1610, decididos a implantar um projeto colonial, mas o rei foi assassinado, e a rainha regente, a católica Maria de Médici, apoiou o projeto, mas sem nenhuma ajuda financeira. La Ravardière conseguiu apoio de um mecenas e partiu em 1612 em três naus com cerca de quinhentos colonos.

Na comitiva, vieram dois excelentes cronistas entre doze padres capuchinhos: Claude d'Abbeville, que publicou, em 1614, *História da missão dos padres capuchinhos na ilha do Maranhão*, e Yves d'Évreux, que publicou, em 1615, *Viagem no norte do Brasil*. Trazer católicos em uma expedição liderada por um protestante calvinista era uma estratégia da França diante de Tordesilhas. Argumentavam, conforme relatou o frei Vicente do Salvador, que "Adão não deixara em testamento mais a uns que a outros".

Chegando aqui, então, os franceses se aproveitaram da boa relação com os tupinambás para se estabelecer em São Luís e da força desses nativos para construir o forte — "apenas chegavam estes selvagens e entregavam-se ao trabalho com incomparável dedicação", descreveu Yves d'Évreux,[3] fazendo alusão também ao trabalho das mulheres e das crianças. Os colonizadores, por sua vez, ofereciam utensílios (machados, foices, facões, espadas, roupas) e se aproximavam com uma atitude que aparentava a de padrinhos e compadres, nas palavras de Yves d'Évreux. Os dois cronistas, d'Évreux e d'Abbeville, fizeram descrições simpáticas dos tupinambás, algumas bonitas transcrições das conferências de chefes, falaram de xamãs e tentaram explicar aos franceses quem eram e como viviam os aliados. Foram desmascarados por um pajé que tentou se converter cristão, mas, quando quis usar as mesmas roupas do padre, o que lhe foi negado, percebeu que a magia cristã era uma ilusão. Passou a caminhar pelas aldeias informando a intenção dos franceses de escravizar os tupinambás. Em um relato de d'Évreux, o pajé dizia: "Reconheci que nada sabiam em comparação com nós, pajés, nós, feiticeiros. Assim sendo, não deveríamos temê-los".[4] Os pajés, como evidencia esse relato, foram os primeiros a perceber as intenções verdadeiras de dominação que os europeus escondiam. Nem sempre, no entanto, foram ouvidos em suas comunidades, ou foram rapidamente silenciados pelos europeus.

Mobilizados com os tupinambás, os franceses passaram a guerrear com os povos vizinhos para conquistar outros grupos, escravizá-los e colonizar a região. Em julho de 1613, fizeram uma expedição de guerra ao Amazonas e atacaram os camarapins durante três horas de tiroteio (com mais de mil tiros), o que resultou na morte de mais de sessenta pessoas e em três grandes casas incendiadas. Demorou para que os franceses percebessem que os camarapins os instigavam a gastar munição à toa: penduravam os corpos dos mortos na frente das casas, fazendo com que se mexessem como espantalhos. Yves d'Évreux relata que, durante o confronto, uma mulher saiu com um pano branco e começou a falar:

> *Então ela gritou: "Coragem das mulheres 'Vuac, Vuac.' Por que trouxeste estas bocas-de-fogo (falava dos franceses por causa da luz, que saía das caçoletas de suas armas) para arruinar-nos, e apagar-nos da Terra? Pensas contar-nos no número dos teus escravos? Pois aqui estão os ossos dos teus amigos e aliados, cuja carne comi, e ainda espero comer a tua e a dos teus".*[5]

Perguntaram se ela queria se entregar, e ela disse que não e que alguns chefes já haviam sido mortos pelas bocas de fogo: "Jamais nos entregaremos aos tupinambás; eles são traiçoeiros. Eis aqui os nossos principais, que morreram vítimas dessas bocas de fogo de gente que nunca vimos. Se for necessário, morreremos todos, voluntariamente, como fizeram nossos grandes guerreiros. Nossa nação é grande, e vingará a nossa morte".[6] Um dos chefes foi até os franceses com um maço de flechas, disse que não se entregaria e tomou um tiro na testa. Em represália, a população local lançou suas próprias flechas, ferindo muitos franceses e tupinambás.

Em São Luís, os franceses organizaram marchas em que caciques carregavam o estandarte real francês — e seis tupinambás foram levados a Paris entre 1613 e 1614 numa missão diplomática, em que visitaram o rei Luís XIII no Palácio do Louvre. Três deles morreram de gripe, entre os quais Carypira. Os três sobreviventes trouxeram esposas francesas para o Maranhão, quando retornaram, em 1614.

Nesse tempo de convívio, Yves d'Évreux e Claude d'Abbeville fizeram preciosas descrições das guerras entre os tupinambás, dos sentidos e da maneira como lutavam. Yves d'Évreux comenta, em suas crônicas, a participação das mulheres na feitura da farinha de munição, alimento à base de mandioca e carne-seca que poderia durar dias e fornecer a subsistência necessária para os combates. Esse alimento era uma vantagem importante para as condições de guerra na época, pois aguentava a umidade da Mata Atlântica e tinha alta durabilidade. D'Abbeville apresenta, em seus escritos, uma rica visão do que chama de "razões das guerras", como se vê a seguir:

> *É preciso primeiramente que se saiba que não fazem a guerra para conservar ou estender os limites de seu país, nem para enriquecer-se com os despojos de seus inimigos, mas unicamente pela honra e pela vingança. Sempre que julgam ter sido ofendidos pelas nações vizinhas ou não, sempre que se recordam de seus antepassados ou amigos aprisionados e comidos pelos seus inimigos, excitam-se mutuamente à guerra, a fim, dizem, de tirar desforra, de vingar a morte de seus semelhantes.*
>
> *Em todos os seus empreendimentos guiam-se pelos conselhos dos antigos que em seu tempo se mostraram valentes na guerra. Antes, porém, de deliberar, preparam um cauim e fumam e bebem à vontade. Depois de bebidos, aceitam sem discussão tudo o que os antigos resolvem a favor da paz ou da guerra.*[7]

Não longe dali, os potiguaras estavam junto dos portugueses, com o domínio do Ceará nas mãos de Martim Soares Moreno. Ele construiu um forte em Camocim, perto da foz do rio Parnaíba, em 1613, e navegou pelo litoral do Maranhão recolhendo informações sobre a presença francesa — Yves d'Évreux relata essa expedição, assim como frei Vicente do Salvador: "Martim Soares seguindo sua viagem, descobrindo e reconhecendo a baía, rios e portos do Maranhão, e por via de índias levou recado ao reino que estavam ali franceses em comércio".[8] A colônia estava novamente unificada em um governo-geral, na Bahia, liderado por Gaspar de Sousa, após alguns anos com governo também no Rio de Janeiro. Informado dos planos dos franceses, o rei Felipe III ordenou a Jerônimo de Albuquerque, o capitão-mor, que liderasse a expulsão dos franceses e conquistasse o Maranhão.

Jerônimo de Albuquerque articulou uma poderosa força indígena, com alianças com tremembés, potiguaras e tabajaras. Conta-se que ele não recrutou os guerreiros à força, mas com argumentos relativos às "razões da guerra" para arregimentar apoiadores — as estratégias pelas quais os portugueses conseguiam mover os guerreiros indígenas a lutar a seu lado eram diversas e foram eficazes e determinantes para a conquista. Em agosto de 1614, os portugueses e o exército de guerreiros indígenas partiram para o Maranhão a fim de combater os franceses e os tupinambás. Frei Vicente do Salvador descreve essa expedição como uma caravela, dois patachos e cinco caravelões. Na caravela, iam o capitão-mor e seu filho Antônio de Albuquerque com cinquenta arcabuzeiros, tendo Cristóvão Vaz Moniz como alferes e João Gonçalves Baracho como sargento; em um dos patachos, iam o sargento-mor do Estado Diogo de Campos Moreno e mais quarenta homens; no outro, o capitão Gregório Fragoso de Albuquerque, como almirante, com cinquenta soldados também arcabuzeiros, o alferes Conrado Lino e o sargento Francisco de Navaes. Nos caravelões, iam capitães: Martim Callado, com 25 homens; o sargento Antônio de Albuquerque, com doze; Luis Machado, com quinze; Luis de Andrade, com doze; e Manuel Vaz de Oliveira, com outros doze; além dessa gente branca, iam mais duzentos índios de peleja, escolhidos por Jerônimo de Albuquerque nas aldeias da Paraíba.

Construíram uma fortaleza em Guaxenduba, o forte de Santa Maria, e lá estabeleceram a base, a leste do forte dos franceses, mas em frente à ilha onde estavam antes, em uma jogada ousada e corajosa de Albuquerque. Do lado francês, chegaram 46 canoas, com 3 mil flecheiros e quatrocentos franceses equipados. Tentaram fazer cerco aos portugueses, que reagiram com oitenta arcabuzeiros e cem flecheiros acompanhando Jerônimo de Albuquerque por um lado, enquanto Diogo de Campos ia pela praia com o restante, tendo permanecido no forte sessenta soldados. La Ravardière deu uma chance para que se rendessem, mandando uma carta por um francês numa canoa remada por quatro indígenas.

Na manhã do dia 19 de novembro de 1614, em menos de uma hora, num ataque fulminante da Batalha de Guaxenduba, os portugueses mataram noventa franceses e mais de quatrocentos indígenas — muitos por afogamento —, fizeram nove reféns e conseguiram apreender duzentos mosquetes e arcabuzes. Do lado português, foram quatro mortos, e o capitão Antônio de Albuquerque foi ferido com dois tiros de arcabuz na coxa. Após essa batalha, negociaram uma trégua. O forte francês continuava bem equipado, e do lado português vieram reforços de Pernambuco. Foram enviados negociadores para França e Portugal, mas o rei Felipe III, que odiava protestantes, recusou-se a fazer qualquer negociação e determinou a expulsão. Quando os reforços vindos de Pernambuco estavam prestes a atacar, em 1615, La Ravardière correu.

A derrota foi o inferno para os tupinambás, e vários já haviam fugido dos domínios portugueses. Havia na ilha 27 aldeias populosas, num total de 12 mil habitantes. Essa população passava, então, a ser súdita e deveria ser aldeada, concentrada e reduzida. Os portugueses seguiram explorando a região, construindo fortes militares e aldeamentos para fortalecer o controle da Amazônia. Em 1616, fundaram o forte em Belém e, em 1623, a fortaleza de Santo Antônio de Gurupá. Dois soldados, Pedro Teixeira e Bento Maciel Parente, se tornariam, nos anos seguintes, os maiores matadores de índios da Amazônia.

As revoltas dos tupinambás foram rápidas. Em 1617, foram mobilizados pelo líder tupinambá Amaro, que denunciou, em uma sofisticada carta, a escravidão a que estavam submetidos, dando início à Revolta de Cumã, em Alcântara. Nesse movimento insurgente, assaltaram o forte de Tapuitapera e mataram trinta brancos, além de outros catorze em um barco no Pará. Foram massacrados na represália organizada pelo governador Matias de Albuquerque, também filho de Jerônimo, com cinquenta soldados brancos e duzentos índios. Apesar de reprimida violentamente, a revolta ainda se estendeu para o interior até 1621. Esse episódio foi decisivo para a história regional, pois a revolta foi seguida por diversos ataques determinados pela União Ibérica, a associação das Coroas portuguesa e espanhola, cuja repressão, como mostra o historiador Pablo Ibáñez Bonillo, da Universidade de Sevilha, permitiu consolidar novas conquistas portuguesas. Em um estudo específico sobre a participação de Amaro, o historiador espanhol mostra que, enquanto a Coroa considerava os tupinambás vassalos que deviam obediência à monarquia ibérica, essa opinião não era compartilhada pelos próprios tupinambás. "Ao atacar a guarnição de Cumã, aqueles tupinambás simplesmente prolongam a sua resistência frente a uma ocupação portuguesa da qual não reconheciam legitimidade, sendo a rebelião uma variante de curto prazo do largo processo de resistência e acomodação à autoridade."[9]

No Pará, houve mais um ataque tupinambá, organizado em conjunto com outros povos que viviam no rio Guamá. A guerra durou mais três anos. Em janeiro de 1619, liderados pelo chefe Cabelo de Velha, os tupinambás atacaram a fortaleza de Belém. O chefe morreu e o grupo se dispersou e seguiu em guerrilhas pela floresta por mais uma década. Em 1621, uma nova epidemia de varíola assolou aquelas 27 aldeias onde viviam cerca de 12 mil pessoas em São Luís. As epidemias, quando não vinham antes das guerras para enfraquecer os povos, grassavam após os acordos de paz, sobretudo em razão das condições sanitárias dos aldeamentos e da aglomeração de pessoas, facilitando o contágio. Serviam, portanto, para consolidar o poder dos invasores, e assim eram usadas politicamente.

A partir de então, os portugueses promoveram uma série de massacres, liderados principalmente por Bento Maciel e Pedro

Teixeira, para submeter a população à condição de escrava. Em 1626, o matador Maciel tornou-se governador do Pará.

O SANGUE INDÍGENA NA CALHA DO AMAZONAS

Os franceses foram expulsos de São Luís, mas nunca desistiram de tentar estabelecer uma colônia na Amazônia — como prova a condição da Guiana Francesa até hoje. Fundaram Caiena em 1643, logo após a ocupação holandesa de São Luís, em 1642. Como eles, também a Holanda e a Inglaterra conseguiram formar colônias no escudo das guianas, com o Suriname e a Guiana Inglesa, uma divisão que remonta ao Tratado de Breda, de 1667, e ao fim da guerra Anglo-Holandesa. No século XVII, no entanto, Portugal conseguiu estabelecer hegemonia ao longo da calha do rio Amazonas, a principal via de acesso, sobretudo entre 1615 e 1640, ano em que os holandeses chegaram ao Brasil. Nessa primeira metade do século, Portugal passou por diversos combates contra as tentativas inglesas, irlandesas e holandesas de montar fortes e fazendas na Amazônia, estabelecendo a perseguição aberta contra a população ameríndia que vivia de forma soberana. Em todos os casos de guerras, fosse disputa entre reinos europeus pelo controle das colônias, fosse a tomada dos territórios da população nativa, os portugueses violentavam os indígenas. Os índios subjugados eram levados à linha de frente para a guerra contra os europeus e contra os povos independentes.

Ao longo dessas décadas, os soldados que venciam as guerras seguiam em novos embates. Era uma maratona ininterrupta de matança. Em 1626, Pedro Teixeira atacou aldeias no rio Tapajós, comandando uma tropa de resgate. No ano seguinte, em 1627, Teixeira comandou uma guerra contra os indígenas que viviam no rio Pacajás, afluente do Tocantins. Seguiram subindo o Amazonas e atacando, e, em 1628, Pedro Teixeira e Bento Rodrigues de Oliveira comandaram novas "tropas de resgate", eufemismo para as milícias de guerra, atacando aldeias.

Entre 1625 e 1629, os portugueses expulsaram holandeses, ingleses e irlandeses da região de Gurupá. Em uma das guerras transcorridas em 1625, Pedro Teixeira juntou cinquenta portugueses e quinhentos índios para expulsar holandeses e irlandeses do forte Madiutuba. Em perseguição, Teixeira atacou e matou setenta holandeses, ingleses e irlandeses, e, entre setenta outros irlandeses que se entregaram, ele matou mais 54.

Apesar das derrotas para os lusos, os ingleses seguiam investindo em ter sua própria colônia no continente. Para isso, fundaram uma empresa de colonização juntando aventureiros para enviar ao Novo Mundo chamada Companhia da Guiana, pela qual Bernard O'Brien, primeiro irlandês a ter escravos nas Américas, tentou estabelecer uma fazenda na Amazônia em 1629. Houve uma nova guerra entre 42 brancos e um contingente hipotético de 10 mil índios ao lado do irlandês contra duzentos brancos e 7 mil nativos do lado dos portugueses enviados pelo governador do Maranhão. Novamente, Pedro Teixeira, com 120 portugueses e 1.600 índios em 98 canoas, atacou o forte irlandês e conseguiu render O'Brien. Nos relatos, o governador do Maranhão até teria liberado holandeses e ingleses para retornarem para casa, mas não os irlandeses, que ficaram presos no Maranhão até 1634.

Em 1631, uma nova tentativa dos ingleses de se estabelecer em Macapá foi combatida por Jácome Raimundo de Noronha, com poucos brancos liderando 36 canoas de guerreiros cametás. Nessas guerras entre os países europeus, o fator decisivo não era a força de suas estratégias militares nem seu aparato bélico, mas a presença indígena. Eram conflitos entre países europeus tendo como contingente mais guerreiros ameríndios, e não combates entre exércitos profissionais ou mercenários. Quando ingleses e holandeses ofereciam presentes para atrair os ameríndios para seu lado nas guerras, os portugueses já estavam mais avançados na construção forçada das alianças, pois tinham acumulado conhecimento, ao longo de 130 anos, a respeito do sentido das guerras para as populações nativas e falavam os idiomas originais, além de que muitos capitães eram mamelucos. E sabiam, sobretudo, como forçar, intimidar e exercer poder para obrigar a participação nos combates. Como explica Noronha, que conseguiu expulsar os ingleses em uma expedição quase que exclusivamente com guerreiros indígenas, "todo o gentio se sujeita por temor".[10] Essa expansão portuguesa em direção à Amazônia após a conquista de São Luís ocorreu durante o período da União Ibérica e permitiu avançar por Tordesilhas, com a construção do forte de Belém.

Como a escravidão indígena era formalmente proibida pela Igreja desde a bula *Veritas ipsa*, de 1537, as exceções das guerras justas e dos "resgates" foram amplamente utilizadas na Amazônia seiscentista para a conquista. É até surpreendente que, diante de tanta violência, se fizesse um esforço para regularizar os massacres diante da lei religiosa. E isso não era fácil. Eram necessárias boas relações políticas, como mostram alguns casos específicos na Amazônia, e essa burocracia conseguia ser vencida apenas com articulações políticas na administração. E se a Igreja, nas aparências, coibia a escravidão, na prática os europeus contavam também, além das brechas já descritas, com a complacência dos padres capuchinhos, que cooperavam com as autoridades da Coroa nas buscas por escravos.[11]

Em 1632, houve mais uma guerra, dessa vez contra os nheengaíbas, que viviam na foz do Amazonas, na região de Marajó, comandada por Feliciano Coelho. É provável que esse fosse o mesmo povo que os franceses atacaram com os tupinambás, conforme o relato de Yves d'Évreux. Agora, os nheengaíbas resistiam ao estabelecimento da colonização atacando aldeamentos. Tinham feito aliança com os ingleses, percebendo o controle que os portugueses tentavam impor à região.

Em 1635, houve um duplo massacre: o dos aruans, sob o comando de João B. Muniz, e mais um extermínio dos tupinambás, em Belém, que vinham sofrendo sucessivas perdas provocadas por seus principais algozes: Pedro Teixeira, Bento Maciel Parente, Jerônimo de Albuquerque e Antônio de Albuquerque. Controlado o baixo Amazonas, começaram as guerras de conquista sobre as calhas dos grandes rios.

Mais ciclos de epidemias aconteceram na Amazônia entre as décadas de 1660 e 1690, devastando a população (outra grande onda violenta de epidemias invadiria a Amazônia alguns anos mais tarde, entre as décadas de 1720 e 1740). Parecia, um século depois, repetir a tragédia que atingira os povos tupis da costa na década de 1560. Em meio à conquista na Amazônia, a estabilidade da colônia estava também em jogo, sobretudo na tensão entre a proibição religiosa da escravidão e a sanha escravagista dos colonos. Essa tensão levou aos protestos conhecidos do jesuíta padre Antônio Vieira (1608-97), denunciando a escravização do Maranhão, e a uma revolta de colonos contra ele e a presença dos jesuítas, em 1661. São Luís era a maior base portuguesa na entrada da Amazônia, e o protesto começou com um grupo de moradores indignados que se dirigiu ao colégio jesuíta de Nossa Senhora da Luz e expulsou os religiosos. Segundo o historiador Rafael Chambouleyron, os colonos queriam que os padres assinassem um documento no qual aceitavam abandonar o domínio sobre as aldeias de índios livres, e, "encurralados pela pressão dos vereadores e pelos representantes do 'povo' — na verdade os setores da população que tinham direito à participação política, como proprietários e comerciantes, e também os homens livres brancos —, os padres não tiveram alternativa a não ser firmar o documento".[12]

Expulsos do Maranhão, alguns jesuítas partiram em fuga para Belém e, consigo, carregaram o vírus da varíola que estava devastando o Maranhão. Os relatos da época dizem que a epidemia começou na casa de uma moradora do Pará, onde morreu um filho seu, e de lá se espalhou pela vila e pelo interior, "com tanto estrago dos índios que acabou a maior parte deles, morrendo também alguns filhos da terra, que tinham alguma mistura".[13] A "peste de bexigas" tinha se espalhado por toda a costa em 1563, dizimando aldeias de tamoios que nem sequer tinham contato com os portugueses e abrindo o caminho para a conquista, algo que se repetiu na Amazônia um século depois.

O historiador Francisco Jorge dos Santos, professor da Universidade Federal do Amazonas, compilou ano a ano as expedições de resgate e os massacres, de 1616 até as guerras contra os manaos (1723-57), contra os muras (1738-39) e contra os mundurucus (1768-95). Diversos massacres e resgates aconteceram contra os aruaques e os carapitanas (1688), como o dos iorimãs, que, em 1670, foram alcançados por uma tropa e se retiraram para o mato — as fugas para o interior que os povos vencidos empreitavam para escapar da violência colonial foram recorrentes em todas as situações de conquista e dominação colonial. Davi Sweet, em tese de doutorado defendida em 1974 na Universidade de Wisconsin, nos Estados Unidos, estudou a destruição da população indígena no vale amazônico entre 1640 e 1750, listando os nomes de cem grandes tuxauas do norte amazônico que resistiram à conquista dos portugueses. Carlos Araújo Moreira Neto, historiador e indigenista, pesquisou como a população indígena da Amazônia deixou de ser maioria para ser minoria, entre 1750 e 1850, em guerras de resgate, guerras justas, aldeamentos, epidemias e escravidão.

O REBELDE AJURICABA

Uma das guerras anticonquista mais heroicas da história da Amazônia foi a federação formada por Ajuricaba, o líder dos manaos, um tuxaua valente e guerreiro, entre 1723 e 1727. Os manaos formavam um poderoso povo que falava a língua aruaque, que é ainda hoje uma das principais famílias linguísticas da Amazônia, falada pelos seguintes povos: baniwa e baré, que vivem no rio Negro e são prováveis descendentes dos manaos; wapishana, em Roraima; yawalapiti, wauja e meinaco, que vivem no alto Xingu; enawene nawe e paresi, em Mato Grosso; terena, em Mato Grosso do Sul; entre outros, todos com grandes aldeias, agricultura sofisticada e tecnologias aprimoradas de pesca.

Os manaos viviam no vale do rio Negro até a confluência com o Amazonas e resistiram ao "descimento", como chamavam as expedições de captura de indígenas para formar os aldeamentos, e às expedições de resgate para escravização. Detinham controle do território e, de forma contraditória, também colaboravam com as tropas portuguesas, negociando cativos indígenas em troca de armas e ferramentas, às vezes agindo nas expedições. Tanto portugueses quanto holandeses e ingleses negociavam com os manaos, ainda que estivessem em guerra entre si. Essas negociações eram lideradas pelo tuxaua Huiuebene, que foi morto pelos portugueses por causa de desentendimentos comerciais. Essa morte injusta foi o estopim da guerra dos manaos contra os portugueses: em 1723, os manaos decidiram vingar seu líder.[14] Ajuricaba aproximou-se dos holandeses, como estratégia de guerra, e assim conseguiu suporte e armas para resistir aos portugueses.

Sob pressão dos holandeses que tentavam se estabelecer nas Guianas, em 1669, os portugueses construíram o forte São José da Barra, na foz do rio Negro. Nessa época, segundo relatou o padre Antônio Vieira no período em que esteve em Belém e São Luís, ao menos 2 milhões de indígenas já haviam sido mortos nas guerras de conquista. Os jesuítas intervinham ao lado do Estado, e o padre José de Souza, conforme relata a antropóloga e historiadora Nádia Farage, tentou cooptar Ajuricaba, mas não conseguiu.[15] Diante disso, informou à Coroa que não havia outra solução a não ser as armas — o que remete à definição da época de Bluteau de que o desacordo das vontades se resolvia nas armas (ver p. 18). Ajuricaba carregava em sua canoa uma bandeira holandesa, algo ofensivo e provocativo à soberania portuguesa. Essa subversão poderia incentivar outros povos a se unir contra os portugueses. E, como os manaos também atacavam os aldeamentos, não contavam com a simpatia dos jesuítas.

Em 1723, João da Maia da Gama, governador do Maranhão e do Pará, autorizou tropas de resgate e solicitou a autorização de guerra justa contra os manaos. Segundo o historiador Francisco Jorge dos Santos, a autorização demorou a chegar, e, enquanto isso, Ajuricaba conseguia combater e derrotar as tropas de resgate, o que motivou as autoridades em Belém a decidir, mesmo sem a ordem da Coroa, declarar a "guerra justa" contra os manaos e a confederação liderada por Ajuricaba, que incluía os mayapenas.[16] Para isso, era preciso seguir a lei de 28 de abril de 1688, de acordo com a qual seriam justas as guerras contra os inimigos da fé católica e contra os povos que não reconhecessem os domínios da Coroa e ameaçassem o Estado português. Como Ajuricaba combatia as tropas de resgate, não queria fazer aliança com os portugueses e resistia à invasão colonial e à conquista, seu povo foi, então, considerado inimigo. Foi a alternativa jurídica diante da demora na autorização da Coroa — chama a atenção como, ao longo da história, os portugueses fizeram uso aberto e explícito da violência e procuraram, sempre que possível, se resguardar juridicamente da violência que praticavam. Ou seja, foi de plena consciência que o holocausto aconteceu. Se a guerra defensiva, tal como a legítima defesa, poderia ser declarada diante de ataques, como as expedições punitivas, as "guerras ofensivas", que garantiam o direito de matar e prender de forma generalizada, sem distinção, guerreiros, velhos, crianças e mulheres, precisariam de autorização régia, conforme explica o historiador João Renôr Ferreira de Carvalho, que estudou as "guerras justas" na Amazônia colonial.[17]

O governador pediu autorização e auxílio para a guerra, pois, segundo ele, a colônia não disporia de tropa e armamentos suficientes para a empreitada. Nádia Farage encontrou documentos que mostram que o rei era favorável à guerra, mas alegou falta de fundos e deixou o custeio a cargo dos moradores do Pará, "pois são tão interessados nos lucros dos Certões, contribuão para a sua defença [sic]".[18] Essa solução da Coroa mostra como a violência constava entre os interesses compartilhados entre o Estado português e a Igreja; conquistar era um projeto político amplo.

Em 1727, foi organizada uma expedição liderada pelo cabo João Paes do Amaral. No caminho, ele encontrou as tropas do capitão Belchior Mendes de Morais, que já estavam em guerra na região com forte artilharia para bombardear as aldeias. Unidas as forças, partiram para os confrontos com os manaos liderados por Ajuricaba. Muitos guerreiros indígenas morreram e milhares foram presos, inclusive Ajuricaba. Segundo as fontes oficiais, foram mais de 40 mil índios mortos,[19] além do extermínio do povo manao. Esse episódio é narrado pelo ouvidor Ribeiro de Sampaio: "Prisionaram [sic] Ajuricaba com mais 2 mil índios, e sendo remetido o mesmo Ajuricaba para o Pará, teve a intrepidez de causar na canoa sublevação e conjurado com os mais prisioneiros que nela iam". Após provocar a rebelião na canoa, o ouvidor conta que o chefe Ajuricaba "se lança com os mesmos ferros que levava ao rio aonde acabou na sua opinião morte mais heroica, do que a que alcançaria no patíbulo, que o esperava".[20]

Ajuricaba estava conseguindo impedir a invasão portuguesa no rio Negro. Segundo o historiador Décio Guzmán, professor da Universidade Federal do Pará, dois fatores teriam desencadeado a "guerra justa" contra os manaos e os mayapenas, de acordo com as fontes: o assassinato do principal Carunamá, que era vassalo do rei e amigo dos portugueses, morto pelos principais Jarau, Beijári e Jariapú, da nação manao, que teriam agido incentivados por Ajuricaba; e o comércio que Ajuricaba fazia com os holandeses, pondo em risco a soberania portuguesa. Guzmán explica:

> *O envio de tropas de guerras e resgates para o rio Negro, junto à derrota de Ajuricaba e de todos que o seguiam, cumpria a tarefa de bloquear o contato holandês com os índios dessa área, como também abria uma área de reserva de mão de obra escrava indígena localizada nos vales dos rios Solimões e Japurá e, ao norte, os rios Negro e Branco, necessária para suprir a falta de índios para trabalhar nas áreas próximas de Belém, que apresentavam crescente esgotamento de seu contingente de trabalhadores, em razão das grandes baixas sofridas com a epidemia de varíola na década de 20 de século XVIII.*[21]

Mas a morte heroica de Ajuricaba não pôs fim à ideia de rebelião indígena na Amazônia. Se, por um lado, a vitória sobre os manaos consolidou a hegemonia portuguesa e permitiu o avanço nas calhas dos grandes rios amazônicos, por outro, novas guerras viriam, como contra os muras, que viviam do Madeira ao Solimões, e os mundurucus, que viviam no vale do Tapajós. A conquista dos manaos foi seguida por uma série de outras guerras de conquista, massacres, descimentos, aldeamentos e opressões, que iriam, um século depois, emergir no levante da grande revolta da Cabanagem, a Guerra dos Cabanos, na qual a figura de Ajuricaba iria inspirar a resistência. E, a partir da repressão à Cabanagem, estariam fortalecidos a hegemonia colonial do Brasil independente e o caminho para a exploração da seringa, com o ciclo da borracha de 1879 a 1912 e, decorrentes dele, novos massacres, conquistas e genocídios e, em alguns casos, atitudes de resistência a partir do isolamento de populações que ainda seguiam livres.

Os muras eram um povo imenso, guerreiro, forte e nômade. Falantes de uma língua isolada, portanto incompreensível para os jesuítas e colonos que dominavam o tupi, os muras tinham uma estratégia fulminante de guerra baseada sobretudo em enfrentamentos de emboscadas, guerrilhas, fugas e ataques. Um tipo de guerra dificílimo para os invasores europeus enfrentarem. Atacaram todas as tentativas dos jesuítas de estabelecer missões nos rios Madeira e Solimões, Negro e Japurá, e, por isso, por "terem ameaçado o empreendimento colonial",[22] estariam sujeitos à guerra justa, como estudou a antropóloga Marta Amoroso. O rio Madeira estava em litígio entre Portugal e Espanha, depois da assinatura do Tratado de Madri (1750), e era a principal rota navegável para se chegar à Vila Bela, em Mato Grosso, onde havia ouro — um caminho descoberto em 1722 por uma expedição de Francisco de Melo Palheta. Os muras eram acusados de sequestros, saques, pirataria, chamados de "perigo mura", identificados como inimigos, "gentio de corso",[23] dotados de enfurecida belicosidade. Para legalizar a "pacificação" e a redução — em outras palavras, o massacre —, os jesuítas moveram um processo criminal contra os muras, pois os padres acreditavam que tinham o direito de controle das aldeias desde o alvará régio de 1638. Os "Autos da devassa contra os índios Mura do rio Madeira e nações do rio Tocantins", de 1738-39, não foram considerados pelo rei dom João V, que decidiu não declarar a guerra justa contra os muras nem contra os povos do Tocantins. A razão era que a presença desse povo, índios bravos, tinha função estratégica para impedir a construção de um caminho alternativo para traficar ouro extraído onde hoje é Mato Grosso, nos garimpos de Vila Bela da Santíssima Trindade, pelo rio Madeira até o Amazonas, sem que fosse franqueado pela Coroa.

Sem a declaração da guerra justa, as tropas de guerra ficariam de fora do Madeira e, depois de 1747, também do rio Negro. No entanto, permaneciam pequenas trocas com comerciantes de cacau e a circulação de missionários. Sem a guerra, realizavam-se os descimentos para os aldeamentos jesuítas. E foi por ali que chegou a bomba química: os muras acabaram sendo atingidos pelo ciclo de varíola que grassou a Amazônia entre 1720 e 1740, principalmente no fim dos anos 1730. Um relato conta que uma aldeia que abrigava 24 nações ficou com apenas seiscentos habitantes depois da varíola.[24] A varíola atingia os povos depois de cada descimento. E era acompanhada de ataques de colonos e comerciantes às aldeias.

A dizimação dos muras por varíola e descimento foi acompanhada da guerra contra os mundurucus, no Tapajós, outro povo poderoso e numeroso que fala, ainda hoje, uma língua tupi e que controlava um amplo território na Amazônia, chamado de Mundurucania. Eram famosos guerreiros que colecionavam cabeças de inimigos e guerreavam na região do Madeira até o Tocantins. Pedro Teixeira havia passado pela região em 1626, realizado outra viagem em 1639, e havia missões na foz do Tapajós com o Amazonas, região estratégica de circulação no Amazonas. Mas o rio Tapajós continuava pouco acessado, e em 1724 o rei de Portugal ordenou uma expedição para analisar o potencial de exploração da região, o que foi feito, de forma mais profunda, apenas vinte anos depois, em expedição descendo de Mato Grosso pelos rios Sumidouro e Arinos.[25] Em 1733, uma expedição de resgate portuguesa tentou guerrear com os mundurucus, mas foi repelida. Os portugueses saíram em fuga e, no caminho, os mundurucus ainda atacaram e destruíram as aldeias de outros povos que encontraram pelo caminho. Os mundurucus foram até Santarém, na foz do Tapajós, e lá negociaram uma breve paz e um retorno. Voltaram a atacar Santarém e Gurupa em 1780 e 1784, assim como também atacaram os muras, no Madeira, e os parintintins.[26] Segundo relatos dos naturalistas Spix e Martius, os mundurucus impuseram derrotas, "espalhando guerra e devastação" até o Maranhão, onde foram derrotados pelos apinajés na margem do Araguaia Tocantins.[27]

Conforme os mesmos autores, tropas militares foram enviadas contra os mundurucus após 1770, as quais esse povo enfrentou com "audácia". Em 1793, os mundurucus fizeram mais uma grande campanha de guerra contra instalações coloniais, ao longo dos principais rios da margem sul do Amazonas: Madeira, Tapajós, Xingu, Pacajás, Jacundá e Tocantins, chegando até próximo a Belém. Se já haviam sitiado Santarém, nesse ano conseguiram atacar Portel, Melgaço, Oeiras, e só não dizimaram completamente os colonos em razão de um reforço de tropas enviado pelo governador do Grão-Pará.[28] Enquanto a Coroa preparava, no ano seguinte, um revide com uma força maior, formada em Santarém, de quinhentos soldados e milicianos, chegou a notícia de um acordo de paz entre os mundurucus que habitavam a região do rio Madeira e os colonos da capitania do rio Negro.[29]

Essas descrições da beligerância dos mundurucus não contemplam os sentidos que eles atribuíam à guerra, já que, apesar de serem tupis, como os povos do litoral, não realizavam rituais antropofágicos. Sobretudo, atribuíam a violência ao outro, enquanto os invasores colocavam-se em um lugar civilizacional. Mas, se não praticavam os rituais antropofágicos, tinham a caça de cabeças de inimigos em expedições guerreiras, das quais traziam crânios de inimigos mortos como troféus, como um elemento de suma importância, imbuído de valor social e do prestígio do guerreiro na comunidade. Algumas cabeças vistas na entrada das aldeias foram descritas por cronistas como dispostas tanto para proteger quanto para amedrontar, e passaram a ser objeto valioso da conquista colonial, indo parar em coleções de museus europeus como tesouro de saque.

Descimentos, escravização, grandes extrações de drogas do sertão,[30] como cacau e canela, e a intensidade de conflitos violentos na Amazônia permaneceram compondo o quadro de tensões até quando explodiu uma rebelião em grandes proporções territoriais sobre toda a colônia. Ao lado de negros escravizados, mestiços e brancos independentistas, os indígenas levantaram-se na Cabanagem (com maior intensidade entre 1835–40). E, nessa grande revolução popular, que envolveu os muras, ao lado dos cabanos, e diversos outros povos indígenas na Amazônia, o nome de Ajuricaba foi lembrado como um mártir da liberdade. Um documento encontrado pelo historiador escocês Mark Harris transcreve um discurso do revolucionário cabano Eduardo Angelim, em que ele fala para os rebeldes cabanos, logo após a vitória na sangrenta batalha que retirou as forças imperiais da capital, que rebeldes eram os outros que usurpavam o poder. No fim do discurso, ele discorre sobre a boa liderança e evoca duas figuras do passado: "Vivam os descendentes dos ajuricabas e anagaíbas! Vivam os paraenses livres! Viva o Pará!".[31] Mais de cem anos depois, a luta de Ajuricaba era lembrada por amazônicos rebeldes em busca de liberdade após a Independência do Brasil — uma guerra contra a conquista que pode ter esfriado, mas não terminado nas ideias da população dominada.

Em janeiro de 1835, dois guerreiros indígenas com nomes brancos e de sua própria cultura, o tapuio Filipe, chamado de Mãe da Chuva, e Domingos, conhecido por Onça, mataram a tiros José Joaquim da Silva Santiago, comandante de armas, e Bernardo Lobo de Sousa, presidente da província do Pará, deflagrando o início da Cabanagem. Essa é a explicação hegemônica da rebelião, difundida pela historiografia como uma revolta que se passa em Belém. No entanto, o movimento já havia sido deflagrado alguns anos antes no interior do Grão-Pará, desde a prisão, em 1831, de um dos principais líderes intelectuais do movimento da Cabanagem, João Batista Campos Gonçalves, crítico público do governador da província Bernardo Lobo de Sousa. No interior, acontecia a tomada de Monte Alegre, cidade natal de um dos líderes da revolta, o militar Félix Antonio Clemente Malcher, e os efeitos perduraram depois dos massacres finais. Clemente Malcher foi preso, mas, em 7 de janeiro de 1835, o presidente Lobo de Sousa, seu vice e mercenários ingleses foram mortos em um ataque de 65 rebeldes a Belém, o que ocasionou que Malcher fosse solto e logo em seguida assumisse a presidência da província por um mês. No entanto, declarou fidelidade a dom Pedro II e, acusado de traição, foi deposto pelo movimento e morto por um dos cabanos. No interior, de forma ainda mais longa do que na capital, a revolta se espalhou e contagiou todas as comunidades que tinham relação estabelecida com a colonização. Essa grande revolução popular de base indígena expôs a relação entre o racismo e a desigualdade de classes no período regencial, unindo povos diferentes com uma conotação anticolonial.

Quase duzentos anos depois, a Cabanagem ainda é lembrada pelo movimento indígena contemporâneo como exemplo heroico de luta por liberdade — sobretudo no interior da Amazônia, onde as comunidades indígenas guardam com cuidado o seu passado de resistência por meio da memória oral. É por isso que, todo ano, indígenas, ribeirinhos e extrativistas se reúnem na praia de Cuipiranga, no rio Tapajós, próximo do ponto em que deságua no Amazonas, região conhecida como Lago Grande (hoje um assentamento agroextrativista para uso da população tradicional). É um lugar de memória da luta anticolonial, onde ocorreu uma das batalhas decisivas e onde os cabanos resistiram até a morte — dizem que as areias dessa bela praia de rio são vermelhas por causa do sangue dos cabanos ali enterrados em valas comuns e dos corpos que simplesmente foram abandonados. Ali, os cabanos teriam se reunido e montado um dos principais quartéis da resistência, mencionado nos escritos da época como Ecuipiranga, de onde era possível controlar o fluxo de barcos que passavam no rio Amazonas e a entrada para subir o Tapajós, bem como vigiar as vilas de Santarém e Óbidos. Ao longo do vale do belíssimo Tapajós, um rio de águas verdes e cristalinas, grandes batalhas opuseram monarquistas e mercenários ingleses aos rebeldes, que chegaram a controlar o vale do Tapajós por cinco anos até a sangrenta batalha de Ecuipiranga, em 1837. Cerca de 40 mil pessoas, a grande maioria indígenas, morreram na rebelião — mais ou menos um quinto da população do Grão-Pará na época.

Conforme explica Florêncio Almeida Vaz Filho, indígena do povo maytapu, antropólogo, frade franciscano, professor na Universidade Federal do Oeste do Pará (Ufopa) e ativista do movimento indígena contemporâneo da região, essa memória oral faz com que os espíritos dos antepassados dali inspirem as lutas indígenas decoloniais do presente.[32] Nessa área, atualmente fervilha um movimento indígena que reúne etnias no baixo Tapajós e no rio Arapiuns, demandando o reconhecimento de sua identidade e de seu território. Anualmente, em janeiro, no período das chuvas, comunidades indígenas e ribeirinhas moradoras de Cuipiranga se reúnem para uma procissão e debates no evento Encontro da Cabanagem, cujo tema se repete anualmente como um mantra de resistência: "A Cabanagem não acabou".

Já os mundurucus, nos últimos anos, uniram-se a ribeirinhos e beiradeiros contra a construção de usinas hidrelétricas que destruiriam o ecossistema comum. Formam um dos povos mais aguerridos na defesa de seu território na Amazônia, lutando contra a construção de usinas hidrelétricas e a invasão de grileiros, madeireiros e garimpeiros. Organizam-se por cacicados, com um cacique geral, e em diversas associações e organizações de base. A representação pública tem tido mulheres como porta-vozes. Por isso, mais uma vez, as descrições do frei dominicano Gaspar de Carvajal sobre as mulheres guerreiras vistas na expedição de Francisco de Orellana em 1540, que eles chamaram de amazonas, não surpreendem quem hoje acompanha a luta política de mulheres do povo mundurucu, como Alessandra Korap, chefa das guerreiras do Médio Tapajós, que também liderou a Associação Indígena Pariri antes de se mudar para Santarém para estudar direito na Ufopa, e Maria Leusa Kaba, chefa das guerreiras do Alto Tapajós e porta-voz do Movimento Ipereg Ayu.

NOTAS

1 | Hemming, 2007, p. 352.
2 | Cardoso, 2011.
3 | D'Évreux, 1985, p. 82.
4 | Citado em Hemming, 2007.
5 | D'Évreux, 2007, p. 31.
6 | Ibid.
7 | D'Abbeville, 2008, pp. 308-9.
8 | Salvador, 1982, pp. 336-7.
9 | Bonillo, 2015, p. 469.
10 | Citado em Hemming, 2007, p. 341.
11 | Ibid., p. 325.
12 | Chambouleyron, 2013.
13 | Chambouleyron et al., 2011, p. 988.
14 | Oliveira; Freire, 2005, p. 56.
15 | Farage, 1986.
16 | Santos, 2002.
17 | Carvalho, 2000.
18 | Carta régia ao governador Gama, 17 fev. 1724, em Farage, 1986, p. 96.
19 | Oliveira; Freire, 2006, p. 57.
20 | Santos, 2002, pp. 30-1.
21 | Guzmán, 2008, p. 118.
22 | Amoroso, 1991, p. 4.
23 | Grupos indígenas que enfrentavam os portugueses e outros inimigos por meio de investidas inesperadas e assaltos intermitentes, infringindo derrotas militares e prejuízos econômicos. Por não viverem em aldeias fixas, era muito difícil localizá-los e guerrear com eles.
24 | Ibid., p. 49.
25 | Arnaud, 1974, p. 6.
26 | Ibid., p. 16.
27 | Ibid., p. 16; Spix; Martius, 1938, p. 409.
28 | Leopoldi, 2007, p. 178.
29 | Ibid., p. 179.
30 | O termo era usado para se referir às cobiçadas especiarias nativas ou aclimatadas na Amazônia, usadas para a fabricação de remédios, temperos e tinturas ou consumidas como alimento.
31 | Harris, 2018.
32 | Depoimento colhido em conversa com autores.

8.
GUERRAS DE EXTERMÍNIO NO SERTÃO

A costa Atlântica caiu. De São Paulo a Belém, os portugueses conseguiram dominar o litoral e o acesso a portos e bacias hidrográficas, impuseram seu predomínio territorial frente a franceses, ingleses e holandeses, venceram guerras com base na construção de alianças com os povos indígenas, subjugando os sobreviventes e entrando em acordos de "paz" com os súditos, espalharam epidemias que contaminaram todo o continente e promoveram um intercâmbio biológico que transformou para sempre os ecossistemas. Mas esses efeitos ainda estavam reduzidos à costa, no máximo com algumas entradas no interior. Em 1627, o cronista frei Vicente do Salvador ridicularizava os portugueses por viverem "como caranguejos", arranhando a costa marítima sem esboçar uma penetração efetiva no continente.[1] A verdadeira conquista dependia do controle sobre o chamado "sertão", o interior do continente, a retaguarda da ocupação litorânea.

As guerras não cessariam enquanto cada fazenda e engenho, cada povoação, vila e cidade não estivesse livre da ameaça de ser retomada pelos habitantes nativos, que se reconheciam nesse direito após terem sobrevivido à conquista e à escravização. Os conflitos transcorridos entre a maior parte do século XVII e as primeiras décadas do XVIII caracterizam a consolidação da conquista litorânea e a expansão continental da formação do Brasil por meio da ocupação colonial sertaneja e arregimentam a resistência tapuia.

No entanto, além da conquista territorial, entravam em cena outros planos de dominação política, com a ampliação dos aldeamentos, diferentes formas de trabalho compulsório — como resgates, cativeiros, descimento —, legislações e decisões políticas que afetavam a vida indígena — e com as quais os povos originários também aprenderam a negociar, a lutar com essas armas e a intervir para que essas leis fossem menos desfavoráveis ou articular alianças em defesa de garantias mínimas. As dinâmicas de negociação e conflito que garantiram a conquista europeia no litoral se ampliaram e se ajustaram ao novo contexto. Além disso, a busca por produtos de origem mineral — ouro, prata e salitre — intensificaram o processo de interiorização da conquista, embora nenhuma riqueza tivesse movido mais intensamente os conquistadores lusitanos do que as terras, o corpo e o sangue indígenas.

Se, em quase um século, os europeus conseguiram derrotar os tupis, o novo desafio que eles não sabiam como enfrentar era o estilo de guerra de guerrilhas dos povos jê, genericamente chamados *tapuia*, contatados à medida que avançavam para o interior do continente. Os estrangeiros tinham plena consciência de que suas armas e táticas não eram suficientes, muito menos o parco conhecimento que tinham da ecologia e da geografia locais. Sabiam de seus limites, reconheciam suas fragilidades nas invasões que lideravam para a expansão europeia nas Américas; os portugueses, em especial, temiam os indígenas e os escravizados que traficavam da África.

Enquanto a expansão liderada pelos colonos estabelecidos no planalto paulista tinha o objetivo de arregimentar e escravizar índios para as lavouras de subsistência que caracterizavam a economia local, a interiorização colonial na lucrativa zona açucareira tinha como propósito garantir a ocupação e liberar espaço para a criação de gado. Foi quando, abertamente, pensaram em exterminar uma parte da população originária local. As guerras na região do sertão, no interior do Nordeste, "longe de serem guerras de conquista e submissão de novos trabalhadores aptos ao manejo do gado, eram tendencialmente guerras de extermínio, de *limpeza do território*", descreve o historiador Pedro Puntoni.[2] Limpar da infestação de gentios. Para os invasores, os povos originários contaminavam o território.

Do lado indígena, a presença ostensiva dos engenhos e das fazendas pecuárias e as reiteradas expedições pelo interior do continente surgiram como ameaças à sobrevivência e à integridade de seus territórios tradicionais, exigindo uma reação.

Descrito nas fontes do período colonial de forma genérica como "sertão", o espaço continental contraposto ao litoral abrigava também uma incrível diversidade de povos e culturas — inumeráveis, até. O cronista jesuíta Fernão Cardim, no final do século XVI, chegou a enumerar 76 "nações de tapuyas [sic]", ou seja, povos que não falavam a "língua geral" da costa brasílica.[3]

O predomínio linguístico macro-jê ficou registrado pela existência de uma gramática e dois catecismos na língua cariri (ou kiriri), redigidos por um jesuíta italiano e um capuchinho francês que atuaram no sertão do rio São Francisco, entre os territórios da Bahia e de Pernambuco, entre o século XVII e o início do XVIII. Diversos outros idiomas se perderam ou se fragmentaram com a colonização. É possível que mais de mil línguas tenham sido apagadas, exterminadas ou esquecidas ao longo da conquista e da colonização.

O processo de ocupação do sertão pelos colonizadores passou pela abertura de estradas, pelo contato militar mediado pela presença de missionários e pela guerra definida como "justa" — segundo o direito vigente e os interesses em jogo — em função dos ataques sofridos pelos portugueses nas povoações próximas ao litoral e no Recôncavo Baiano ou da simples recusa dos povos indígenas em reconhecer a soberania lusitana e aceitar a conversão ao cristianismo.[4] A guerra propiciava a limpeza do território, permitindo sua posterior ocupação e a articulação com a economia colonial, e favorecia o acúmulo de honras e mercês para aqueles que a comandavam, além da captura dos sobreviventes para o trabalho escravo.[5]

Os ataques indígenas aos assentamentos portugueses se sucederam, sobretudo na região de Camamu, no baixo sul da Bahia, que abastecia de farinha a cidade de Salvador, e no Recôncavo, que garantia as exportações de açúcar e fumo. Expedições sucessivas foram organizadas e lideradas por capitães portugueses com tropas compostas basicamente de índios aldeados, num misto de ação governamental (com o apoio dos missionários) e empresa particular.

A cessão dos aldeados para as referidas tropas era parte do acordo que garantia aos religiosos proteção régia mediante seu esforço salvacionista. Almas para Deus e soldados para o rei. Sem a presença desses hábeis guerreiros em suas tropas, os portugueses teriam sucumbido facilmente às armadilhas do terreno e às artimanhas do inimigo "tapuia". A organização militar portuguesa forjada nas guerras europeias e adaptada aos combates travados no litoral africano e no brasileiro ia aos poucos se adequando aos desafios impostos pelo sertão dos tapuias.

O modo de guerrear sertanejo envolvia ataques rápidos e sorrateiros e tiros precisos de flechas, eliminando qualquer vantagem que o uso da pólvora ou a disciplina militar europeia pudessem representar. Como teria afirmado o governador Afonso Furtado de Mendonça, de acordo com o autor de um *elogio fúnebre* redigido logo após sua morte, em 1675, "esta não é guerra de concertados batalhões, mas de desconcertados e intempestivos assaltos".[6]

PREDADORES DE ÍNDIOS

O ciclo de ataques indígenas e repressão oficial se prolongou sem solução dos anos 1640 ao início da década de 1660. A sequência de expedições denominadas "jornadas do sertão", organizadas entre 1651 e 1656, redundou no mais absoluto fracasso, cujas causas foram diagnosticadas pelo governador Francisco Barreto ao tomar como tarefa prioritária do seu governo a guerra contra os índios. Faltava aos portugueses o domínio sobre o "modo de guerra do gentio".

Tendo de se deslocar durante dias ou semanas no sertão em busca do confronto direto com os indígenas, as tropas chegavam cansadas e sem mantimentos, sendo facilmente abatidas. Como remédio, Barreto propôs a construção de uma estrada do Recôncavo até a serra do Orobó, subindo o curso do rio Paraguaçu (cuja nascente fica na região conhecida como Chapada Diamantina). No Orobó, seria construída uma casa forte para assegurar o fornecimento de munição e mantimentos às tropas que ingressassem posteriormente no sertão.

Barreto enviou também uma expedição para contatar as aldeias da região de Jacobina, entre as quais estava a dos paiaiás, aliados dos portugueses, visando convencê-las a se deslocar para a região do Orobó e ajudar no combate aos povos também tidos por eles como inimigos. Como medida adicional, Barreto escreveu uma carta para o capitão-mor da capitania de São Vicente pedindo o envio de tropas lideradas por pessoas experimentadas na guerra sertaneja, uma vez que os colonos da vila de São Paulo haviam se especializado no sertanismo, como mostra o trabalho do historiador John Manuel Monteiro, um marco no estudo dos povos indígenas do Brasil como protagonistas da história do país.

Os moradores da vila de São Paulo eram conhecidos por suas atividades de interiorização da conquista colonial. Nessa época, o termo "paulista" era praticamente sinônimo de sertanista, designando aqueles que entravam nos sertões a fim de capturar índios livres para escravizar. No entanto, o discurso oficial e os livros didáticos consagraram o termo "bandeirante", usado para revestir de heroísmo aqueles que teriam atuado no sentido de ampliar as fronteiras brasileiras.

No dicionário de Antônio de Moraes Silva (1798), a definição do termo "bandeira", de expressiva conotação militar, diz respeito, especificamente, ao Brasil e à região das Minas: "São associações de homens, que vão pelos Sertões debaixo de um cabeça, descobrir terras minerais. Dantes chamavam assim os que iam descobrir índios gentios, e conduzi-los, cativá-los ou resgatá-los".[7]

Descobrir terras minerais. Descobrir índios gentios, conduzi-los e cativá-los. Resgatá-los, isto é, torná-los mercadorias. Segundo o cronista Juan Lopes Sierra:

> *quando estes paulistas saem para conquistar os bárbaros, fazem a um cabeça, e este com título de governador das armas. Este forma, por onde vai, seu arraial e despacha suas tropas, que chamam bandeiras, com gente branca e armas de fogo, e seu gentio manso, com arcos. [...] Logo que alguma destas bandeiras topam com gentio bravo [...] o intimam que seu maior está cerca [isto é, perto, próximo] com muitas bandeiras de gente, que se rendam ou serão mortos com as armas de fogo, o que lhes dão a entender disparando alguns tiros em animais que morrem logo, coisa com que eles muito se assombram.*[8]

Assustados, os ameríndios acabavam se rendendo, confiantes na promessa de paz, quase nunca cumprida. Acusados de traiçoeiros, inconstantes e pouco confiáveis, eram vítimas permanentes das trapaças dos colonos que participavam das expedições e recebiam como pagamento o direito de se apropriar dos despojos da guerra e distribuí-los — homens, mulheres e crianças sobreviventes. Logo, o que os moradores da vila de São Paulo faziam melhor até fins do século XVII era perseguir e cativar povos indígenas, sem nutrir nenhum tipo de apreço pela expansão das fronteiras ou pela ocupação efetiva dos territórios.

Os sobreviventes dos povos derrotados eram conduzidos para a vila e distribuídos entre os participantes das expedições. As aldeias em que antes viviam tornavam-se terra arrasada. Isso só mudou após a descoberta das minas, no fim do século XVII, sendo que o ouro vermelho (ou seja, o sangue indígena) foi o que efetivamente nutriu a sede dos que buscavam ouro e outras riquezas minerais.

O período em que a Coroa portuguesa ficou sob o domínio espanhol foi visto pelos moradores de São Paulo como um caminho aberto para as cobiçadas aldeias guaranis que ficavam além da linha imaginária de Tordesilhas. No entanto, não contavam que fosse ser tão difícil lidar com a presença dos jesuítas instalados na região a partir de 1609. Mesmo assim, realizaram várias incursões pelo território guarani e atacaram até mesmo os índios reunidos pelos jesuítas nos aldeamentos (reduções).

Em 1628, aconteceu a primeira invasão de uma redução jesuítica pelos sertanistas portugueses. A grande expedição organizada por Antônio Raposo Tavares, o famoso sertanista, estabeleceu a base para os contínuos assaltos às aldeias e reduções guaranis do Guairá (região entre os estados do Paraná e Mato Grosso do Sul e o Paraguai) até 1632, redundando no deslocamento de milhares de indígenas escravizados para São Paulo e um pequeno excedente negociado em outras capitanias, como aponta Monteiro.[9] Em seguida, foram atacados os guaranis das aldeias e reduções localizadas nas regiões do Tape e do Uruguai (no atual estado do Rio Grande do Sul). A partir de 1638, teve início a resistência guarani, com a morte de dezessete sertanistas paulistas. Em 1641, ocorreu a mais violenta batalha, às margens do rio M'Bororé, quando 130 canoas com trezentos paulistas e seiscentos índios foram rechaçadas pelos guaranis, e seus tripulantes tiveram que bater em retirada, praticamente dizimados pela fome e por doenças. Um missionário jesuíta testemunhou a batalha e narrou a derrota portuguesa como um merecido castigo. Segundo Monteiro, mesmo havendo expedições posteriores, essa derrota "marcou o fim de uma época".

Apesar de situada fora do espaço que, na ocasião, constituía o território luso-brasileiro, a guerra dos povos guaranis contra os sertanistas paulistas foi decisiva para os destinos de São Paulo, provocando modificações na economia local e redimensionando as práticas de sertanismo, captura e escravização de indígenas, que continuaram em voga até o século seguinte. Parte dessas atividades foi redirecionada para outras capitanias mediante requerimentos enviados pelo governador-geral e por outras autoridades, incapazes de enfrentar os povos que resistiam à expansão da ocupação colonial em direção ao interior do continente. Considerados especialistas na guerra sertaneja, os paulistas seriam decisivos durante a chamada "Guerra dos Bárbaros", uma "série heterogênea de conflitos entre índios e luso-brasileiros" que se estendeu durante mais de meio século (1651-1704), como pontua Pedro Puntoni.[10]

Antes da eclosão dessa guerra, as disputas entre portugueses e holandeses pela supremacia da produção de açúcar no Atlântico consumiram a atenção dos colonos. A principal motivação para essas disputas foi a desavença política existente no cenário europeu após o domínio de Portugal pela Espanha de 1580 até 1640. Os holandeses, aliados e parceiros comerciais dos portugueses e inimigos dos espanhóis, partiram primeiro para o ataque. Após a ocupação da capital da colônia, Salvador, entre 1624 e 1625, eles se apoderaram de Pernambuco em 1630. A partir de Olinda e Recife, dominaram praticamente todo o Nordeste açucareiro, à exceção da Bahia, chegando a conquistar brevemente o Maranhão.

Os holandeses buscaram se aproximar dos povos indígenas tanto para obter trabalhadores para os engenhos quanto para conseguir apoio militar perante as tentativas luso-brasileiras de expulsá-los da colônia. Os colonos tentavam reforçar as alianças estabelecidas com os indígenas mediante guerras e aldeamentos. Os potiguaras, vencidos no século anterior, se dividiram. As narrativas da época destacam as lideranças que assumiram grande protagonismo nos enfrentamentos militares que definiram o conflito: pelo lado holandês, os líderes Petro Poti e Antônio Paraupaba; pelo lado português, Antônio Camarão e Diogo Camarão. Os holandeses também se aliaram ao grande líder indígena Canindé, tido como "rei dos janduís", do povo tarairiú, identificado como um grupo tapuia do interior do Rio Grande do Norte e do Ceará. Essa aliança, segundo Hemming, partiu do interesse dos próprios indígenas.

Em apoio aos portugueses, Antônio Camarão tentou unificar os potiguaras por meio de cartas endereçadas a seu primo Pedro Poti, buscando convencê-lo a mudar de lado com argumentos tanto militares quanto religiosos, pois os holandeses eram protestantes, hereges do ponto de vista católico. Pedro Poti respondeu com uma única carta dizendo que os portugueses não eram confiáveis e que a verdadeira religião era a dos holandeses. Ambos haviam aderido ao cristianismo e incorporado a disputa religiosa que dividia a Europa. Essa troca de correspondências figura como um registro raro de escrita indígena na América portuguesa e um dos mais significativos episódios de apropriação da cultura europeia por lideranças ameríndias. Antônio Felipe Camarão chegou a ser condecorado pelo monarca espanhol com o hábito da Ordem de Cristo, mais importante honraria portuguesa, e, em sua homenagem, foi criado um terço do exército colonial luso-brasileiro voltado ao recrutamento de soldados indígenas leais aos colonizadores.

Os portugueses conseguiram retomar o domínio do território em 1654, beneficiando-se não apenas do apoio militar indígena como também de suas estratégias e técnicas de guerra, no que ficou conhecido como "guerra brasílica". Com isso, compensaram a vantagem militar holandesa e venceram as principais batalhas, como aponta Puntoni. De fato, a guerra contra os holandeses levou ao ápice a organização militar da colônia com suas tropas regulares, ou seja, remuneradas, e auxiliares, já previstas no regimento do primeiro governador-geral em 1548. A guerra indígena foi usada pelos índios contra os portugueses, pelos portugueses contra os holandeses e depois pelos portugueses contra os próprios índios, na sequência da ocupação sertaneja e da expansão das fazendas de gado no interior do continente.

A GUERRA TOTAL

Ao tomar posse, em 1669, o governador-geral Alexandre de Sousa Freire estabeleceu como prioridade o combate aos "gentios", propondo aos desembargadores do Tribunal da Relação da Bahia — instância máxima da justiça portuguesa na colônia, com sede na cidade de Salvador — que considerassem justa a guerra contra todos que atacavam e ameaçavam os colonos ao redor da cidade e de seu recôncavo. O governador argumentou que era necessário

> *castigar o Gentio Bárbaro, fazendo-lhe a Guerra que tanto convinha com o poder e brevidade, que sua importância estava pedindo; mandando degolar todos os que resistissem, declarando por cativos todos os que se aprisionassem, e assolando todas as Aldeias inimigas; para assim poderem ficar livres os moradores, e sossegadas as hostilidades do Gentio e que as terras conquistadas se repartissem pelas pessoas que melhor o merecessem na Jornada.*[11]

Degolar. Cativar. Dividir as terras conquistadas. A mesma linguagem usada — e posta em prática — por Mem de Sá no século anterior. O tribunal estabeleceu uma posição unânime, declarando que a guerra era justa e legitimando o extermínio. O governador deu início aos preparativos, retomando a ideia de seu antecessor, Francisco Barreto, de recorrer às tropas paulistas.[12]

Coube, no entanto, ao sucessor de Alexandre de Sousa Freire o papel de conquistador dos sertões nordestinos. Afonso Furtado Castro do Rio de Mendonça, o visconde de Barbacena, que governou entre 1671 e 1675, seria o grande executor da guerra justa contra o gentio, como foi celebrado em seu elogio fúnebre, composto por Juan Lopes Sierra no ano seguinte à sua morte, em 1676.

Mendonça contou com a ajuda dos paulistas enviados a pedido de seu antecessor, além dos soldados indígenas recrutados nas aldeias de particulares e religiosos. As tropas foram formadas por brancos, mestiços, índios das aldeias de João Peixoto Viegas e Gaspar Rodrigues Adorno, entre outros. O sertanista Estevão Ribeiro Baião Parente foi nomeado governador da conquista dos bárbaros. As tropas foram reunidas no Aporá (distrito de São José do Itaporã, no Recôncavo Baiano). Seguiram em direção ao Orobó perseguindo os chamados tapuias.

Em 1672, capturaram um grande líder indígena conhecido como Sacambuaçu. Com isso, conseguiram a rendição de três aldeias de índios topins, de uma região conhecida como Otinga, provavelmente origem da cidade de Utinga, na Chapada Diamantina. No mesmo ano, foi feita uma incursão à região dos maracás, entre os rios Paraguaçu e de Contas. As tropas coloniais capturaram 1.500 índios, dos quais a metade morreu antes de chegar a Salvador. No ano seguinte, foi feita uma segunda incursão aos maracás. O governador da conquista, Estevão Baião Parente, capturou mais de 1.200 índios.

Vivos, no entanto, os indígenas valiam mais do que mortos. Eram moeda corrente entre os paulistas e os sertanistas baianos. O governador havia se comprometido a remunerar os capitães da jornada com os índios capturados, além de soldos, armas e mantimentos.[13] Além disso, visando garantir a ocupação do território e evitar novas incursões indígenas, terras foram concedidas em sesmarias, dando origem a futuras povoações e vilas coloniais. Alguns dos envolvidos nas guerras alcançaram também honras e mercês por tão nobre serviço prestado à monarquia lusitana, reforçando os vínculos identitários e os interesses econômicos do rei e de seus vassalos.[14]

Em julho de 1673, o governador celebrou o fato de que o Recôncavo se encontrava "limpo de gentio", ou seja, de que a guerra havia conseguido instaurar novamente a tranquilidade entre os colonos e as autoridades naquela região,[15] embora as populações indígenas não tivessem simplesmente deixado de existir, pois ainda resistem nos dias atuais. A ideia de "limpeza" é recorrente nos documentos da época, mas é importante ressaltar que as populações indígenas não eram nem nunca foram extintas. Os sobreviventes podiam fugir, se juntar a outros grupos ou compor novas etnias, e até mesmo passar a viver com os colonos como escravos ou livres, deixando de se afirmar indígenas, mas não deixavam simplesmente de existir. Desse modo, compuseram parte significativa da população colonial.

O conflito se deslocou, então, para as margens do rio São Francisco, onde sesmeiros e missionários impulsionavam a ocupação em direção à nascente. Em 1674, os índios identificados como tapuios anaios, que ocupavam sete aldeias existentes nos currais de João Peixoto da Silva, na barra do rio Salitre, se revoltaram. O sesmeiro da Casa da Torre, Francisco Dias d'Ávila, foi nomeado capitão-mor da entrada, ou seja, a expedição militar punitiva. Entre agosto de 1674 e fevereiro de 1675, três expedições lideradas pelo capitão Domingos Rodrigues Carvalho infligiram várias derrotas aos índios da região. Em dezembro de 1675, morreu o governador-geral visconde de Barbacena.

No ano seguinte, foram realizadas novas expedições. Em junho, um novo confronto com os tapuias anaios levantados na barra do rio Salitre terminou em massacre. Os índios, já rendidos, foram mortos a sangue frio pelos portugueses. Meses depois, em um local chamado Canabrava, os cariris, aliados dos portugueses, foram atacados por moradores interessados em escravizá-los. O missionário capuchinho Martinho de Nantes, que acompanhou essas expedições, narrou o desfecho da seguinte maneira:

> *Depois de algumas escaramuças, renderam-se à discrição, e, tendo deposto as armas sob palavra dos portugueses, estes se apoderaram de suas pessoas e os mataram a sangue frio, em número de cerca de cento e oitenta homens de guerra, e tomaram suas mulheres e seus filhos, em número de cerca de quinhentos, que tornaram cativos. [...] Os portugueses entraram na Cidade da Bahia como triunfadores, apresentando-se ao governador, pedindo licença para a distribuição dos escravos que haviam feito.*[16]

Segundo Puntoni, "a guerra deixara de ameaçar o sistema produtivo do Recôncavo e passara a mover-se pelo interesse consolidado na captura, comércio e utilização da mão de obra indígena".[17] A alternância entre guerra de extermínio e guerra de conquista caracteriza a expansão colonial após consolidada a presença no território e acirra o debate entre a conquista militar e a espiritual.

Apesar dos contínuos massacres e capturas, o Conselho Ultramarino, órgão máximo da administração colonial junto à Coroa portuguesa, se manifestou por meio de uma consulta, datada de 2 de dezembro de 1679, a respeito da continuidade da guerra contra o gentio que ameaçava a presença portuguesa na região, atendendo a uma petição dos moradores da freguesia de São Bartolomeu de Maragogipe, "fronteira ao gentio bárbaro do Brasil", seguida de queixas de moradores de outras localidades a respeito das supostas violências praticadas pelos ameríndios (assaltos, mortes e roubos). Os moradores peticionaram em favor da continuidade da guerra "na conformidade que Afonso Furtado o tinha disposto, até que aquele gentio fosse extinguido de todo, e vivessem aqueles moradores com sossego".[18]

O novo governador do Estado do Brasil, Roque da Costa Barreto, manifestou opinião contrária, afirmando que "os índios daquela fronteira não faziam mais guerra que a defensiva, quando aqueles moradores os queriam cativar, e servir-se deles, como escravos". Para ele, a guerra nos sertões baianos não era mais necessária.

O Conselho Ultramarino, no entanto, entendeu que as queixas eram procedentes e que a guerra ao gentio era "matéria de grande consequência". Os conselheiros sugeriram ao monarca que determinasse a continuidade da guerra, por entenderem que "nunca para este gentio naquela guerra, pois a sua quietação é só fingimento, e ser aquele bárbaro de todo o Brasil de sua natureza inconstante, e não se obrigar do meio da paz". E mais: acuados pela guerra, os índios aceitariam "mais facilmente" a amizade portuguesa e o "lume da fé" cristã.[19]

Era importante ter a Igreja junto das expedições para facilitar a negociação com os indígenas. O experiente conselheiro ultramarino Salvador Corrêa de Sá, que havia lutado contra os holandeses na África durante a restauração portuguesa e ocupado o posto de governador tanto no Rio de Janeiro quanto em Angola, opinou, na mesma consulta, que primeiro fossem enviados os padres da Companhia de Jesus, para fundar aldeias e acompanhar as expedições militares a fim de convencer os índios de que eles não seriam escravizados, mas reduzidos "à fé e obediência de Vossa Alteza". Do contrário, "a terra do Brasil se não pode povoar que é muito grande com a gente que há de ir de Europa, e despovoado com a guerra também não serve de nada".[20]

Percebe-se o dilema entre a sobrevivência física do indígena — transformado pela fé e pela cultura europeia em colono luso-brasileiro — e o extermínio e a escravização. No primeiro caso, a Coroa seria beneficiada no longo prazo por meio do povoamento; no segundo, o benefício viria em curto prazo, por meio de territórios e mão de obra disponíveis para os engenhos e as fazendas do Recôncavo, gerando maiores tributos para o monarca. Esse dilema se reproduziu também naquele que foi o último grande conflito da guerra contra os povos tapuias nos sertões brasileiros durante a consolidação da colonização portuguesa: a Guerra do Açu.

Embora a conquista do Rio Grande do Norte tenha se dado no final do século XVI, tendo como marco a construção do forte dos Reis Magos em 1597, o aproveitamento econômico da região seguiu em ritmo lento nas primeiras décadas do século seguinte. Após a expulsão dos holandeses, a região voltaria a ocupar a atenção dos colonos por meio da expansão das fazendas de gado, com destaque para a região da ribeira do Açu, no norte da capitania. A colonização se intensificou a partir dos anos 1670 e 1680, tendo como contrapartida a resistência imposta pelos indígenas da região, identificados como janduís, bárbaros ou tapuias. Segundo o historiador Pedro Puntoni, apesar de não conhecermos uma data exata para o início da guerra, uma série de revoltas e levantes, iniciados ainda na década de 1660, transformou-se em conflito generalizado após 1687, devido à morte do filho de um principal após um desentendimento entre os índios e os portugueses.[21]

No ano anterior, uma epidemia de febre amarela eclodira na capital da colônia, alastrando-se por Pernambuco. Parece ter sido a primeira vez que uma epidemia acometeu mais os portugueses do que os índios, que, em pouco tempo, expandiram sua revolta pelo sertão. Após a derrota de uma expedição enviada em 1688, o governo-geral decidiu recorrer ao paulista Domingos Jorge Velho, que se preparava para organizar uma jornada contra os negros aquilombados em Palmares. O governador-geral Matias da Cunha (1687–88), em carta ao sertanista, prometeu, como de costume, não apenas "as glórias de degolarem os bárbaros", mas também os despojos do inimigo, "porque pôr a guerra ser justa resolvi em Conselho de Estado, que para isso se fez que fossem cativos todos os bárbaros que nela se aprisionassem na forma do Regimento de Sua Majestade".[22]

Receoso do sucesso da expedição, o governador recorreu a mais tropas, convocando, inclusive, outro paulista, Matias Cardoso, para que ajudasse na guerra. O combate se daria em várias frentes, visando à total extinção dos indígenas.

Em 1690, diante da resistência tapuia, o governo-geral deliberou pela reorganização das tropas e do estilo de combate, apostando todas as fichas em Matias Cardoso, nomeado mestre de campo e governador da guerra. Baseado em sua larga experiência como sertanista, Cardoso organizou um regimento com sete companhias e avançou em direção ao Rio Grande. No entanto, antes de deixar inteiramente o combate, Domingos Jorge Velho havia conseguido capturar o cacique Canindé, que acabou negociando em 1692 um acordo de paz com o novo governador-geral Antônio Luís Gonçalves da Câmara Coutinho (1690–94), algo inédito na história dos conflitos entre portugueses e tapuias. A resistência tapuia, no entanto, não foi completamente debelada, e alguns conflitos se seguiram a esse acordo. Em novembro de 1693, Cardoso teve um filho morto em combate e sofreu um grave ferimento, o que o incentivou a regressar dos sertões tapuias. Tornou-se criador de gado nas margens do São Francisco, acumulando imponente riqueza após uma vida de guerras e assassinatos. O novo governador, dom João de Lencastro (1694–1702), buscou dar fim aos conflitos promovendo o povoamento da região por meio de novas fazendas de gado e fixação de aldeias nos sertões de Açu, Jaguaripe e Piranhas, mas acabou cedendo à pressão de parte dos moradores que queriam reacender a guerra estabelecendo um novo contrato com os paulistas. Outra parte, tendo à frente o próprio capitão-mor do Rio Grande, apressou-se a contatar os índios, avançar nas negociações e evitar o reinício das hostilidades. Como afirmou o próprio monarca português em uma de suas cartas, "esta guerra contínua enfada até os mesmos bárbaros".[23]

Como regra, quase todos os indígenas sobreviventes das guerras sertanejas eram escravizados ou fugiam para partes mais remotas do território; os demais eram aldeados por missionários católicos ou inseridos nos aldeamentos já existentes. Diversos povos ou nações foram catequizados no sertão pelos frades capuchinhos e franciscanos e pelos missionários da ordem jesuítica, formando um verdadeiro exército suplementar de apoio à conquista, além de mão de obra para os empreendimentos coloniais. Em contrapartida, como aponta a historiadora Maria Regina Celestino de Almeida, o aldeamento favorecia a sobrevivência física daqueles povos, o acesso à terra e até mesmo uma relativa autonomia cultural, pois os olhos dos missionários não eram capazes de vigiá-los a cada minuto do dia e da noite.[24]

É evidente que o papel dos jesuítas foi central em praticamente todas as guerras desde a criação do governo-geral, em 1549. A ordem, fundada pelo espanhol Inácio de Loyola em 1534 e reconhecida pelo papa em 1540, encarnou desde o início o projeto expansionista português e se fez presente em quase todos os cantos do império lusitano, do Brasil ao Japão. Por serem religiosos, não pegavam em armas, mas acompanhavam as expedições como capelães e tradutores, registravam os acontecimentos por meio de cartas e crônicas e ajudavam nas negociações de paz.

A política de aldeamentos — prevista no regimento do primeiro governador-geral e estruturada pelos jesuítas — forneceu contingentes de soldados indígenas que foram fundamentais para as guerras travadas durante a conquista, além de trabalhadores para os engenhos e fazendas, para as expedições na mata em busca de alimentos e produtos comerciais da floresta, para a abertura de estradas etc. Havia também aldeamentos montados por particulares, como João Peixoto Viegas e Antônio Guedes de Brito, importantes sertanistas e criadores de gado da Bahia, que também cediam índios nas ocasiões de guerra.

Fé e lei andavam amarradas, o controle das terras e dos corpos era organizado pelo poder espiritual com o poder político e econômico. A ação missionária foi acompanhada desde o início por uma legislação que determinava o lugar social do indígena na conquista portuguesa. O "índio" ou "gentio" sempre foi reconhecido como possuidor da terra, mas não seu legítimo dono. Depois da emancipação do Brasil, o Império manteve a política de direcionar o problema indigenista para a Igreja — mesmo com vozes como a de José Bonifácio, que pensava a construção de uma nação liberal com igualdade de direitos entre índios, negros e brancos perante o Estado.

Sucessivas leis promulgadas em relação aos povos indígenas constituem, nas palavras do historiador Luiz Felipe de Alencastro, "o mais denso corpo normativo lusitano referente a uma única matéria colonial".[25] Em sua maioria, coibiam a escravização e defendiam o direito à terra mediante a aceitação da soberania lusitana e da catequese cristã. O batismo era a porta de entrada da sociedade colonial, e a guerra, a de saída. Durante a maior parte do tempo, os índios eram forçados a optar entre a cruz e o arco e flecha, a negociação e a luta. Revestidos de poderes semelhantes aos dos feiticeiros nativos (sobre a vida e a morte, a saúde e a doença) e munidos do dom da oratória, como grandes líderes guerreiros, os jesuítas pareciam poderosos demais para serem derrotados ou mesmo ignorados. Dedicaram-se com afinco à sua missão, reconhecendo a humanidade indígena, mas lhes negando o direito de escolha. Negociaram diversas vezes a paz, mas souberam reconhecer na guerra um importante aliado para a conversão.

Mesmo cumprindo um papel central no processo de pacificação das populações indígenas, os aldeamentos missionários não estavam isentos de conflitos e rebeliões. Pelo contrário. Os ameríndios aldeados impunham limites à ação missionária, pois não estavam dispostos a ceder a todas as exigências impostas pelos colonizadores. A tensão era constante em cada ritual e cada missa. Ao mesmo tempo que morubixabas e caraíbas eram manipulados por interesses coloniais, eles se apropriavam de símbolos, discursos, conhecimento, estratégias. Formavam uma maneira de estar e sobreviver, de autonomia e soberania, nesse novo mundo que surgia e que também construíram com suas formas de resistência. Aprenderam a ler e fizeram isso em um sentido subversivo. No Maranhão, em 1617, Amaro, líder tupinambá que os jesuítas achavam que era submisso e convertido, leu cartas dos portugueses para uma comitiva de chefes cujo conteúdo se resumia à orientação de tratar todos os tupinambás como escravos, sugerindo uma rebelião: de posse dessas informações, os chefes concordaram em matar todos os brancos. John Manuel Monteiro mostra que o cronista Bernardo Pereira de Berredo classificou essa sugestão, em documento de 1749, como "diabólica".[26]

Após uma revolta ocorrida por volta de 1744 num aldeamento jesuítico localizado na capitania do Espírito Santo, o vice-rei do Estado do Brasil (título correspondente ao cargo de governador-geral) alertou o monarca a respeito do perigo de uma possível rebelião. De acordo com ele, o que tornava possível a colonização eram as divisões existentes entre os vários povos mediante a repartição em aldeamentos. Se os povos indígenas se unissem contra o domínio português, haveria uma guerra "ainda mais arriscada do que foi a dos Palmares em Pernambuco".[27] Na visão do vice-rei, o temor de uma nova guerra palmarina — ápice da resistência negra no Brasil escravista — era argumento suficiente para convencer o monarca da importância da pacificação indígena. Os aldeamentos formavam "os antemurais do gentio bárbaro", ou seja, a principal linha de defesa dos portugueses contra os índios não aldeados, e apenas os missionários (hábeis na catequese e na doutrina) seriam capazes de mantê-los em sujeição, temor e obediência. Eram os muros de defesa.[28]

Relatos posteriores à expulsão dos jesuítas, decretada em 1759, dão conta da presença de traços culturais indígenas entre os aldeados, como na aldeia de Natuba, atual município de Nova Soure, na Bahia, localizado a cerca de 240 quilômetros da capital, Salvador, onde o juiz de fora da vila da Cachoeira, no Recôncavo Baiano, em diligência na aldeia, registrou a fabricação de cauim e o ritual da Jurema, ainda praticado entre os kiriris e outros povos da região Nordeste do Brasil.

> *Da maior parte das sobreditas frutas, e também de alguns entrecascos de paus, raízes de ervas de milho e mandioca, fazem vá-*

> rios vinhos e bebidas, com que se perturbam e desordenam de tal forma que chegam a fazer vários excessos sem que fosse bastante todo o cuidado, e castigo dos missionários para os proibir, e desterrar dentre eles semelhantes costumes, sendo de todos o mais pernicioso pela superstição a bebida que fazem do entrecasco do pau chamado Jurema.[29]

Perturbação e desordem. Excessos. De nada adiantaram o cuidado, o castigo e a proibição dos missionários que se revezaram na aldeia desde sua fundação, ocorrida em torno de 1666. A cultura indígena teimava em resistir e (re)existir.

Na ocasião, a tarefa do juiz era transformar a aldeia em vila, nos termos da legislação decretada entre 1755 e 1758, complementada pelo Diretório dos Índios, de 1757, lei que dispunha sobre os aldeamentos indígenas. Conhecida como "legislação pombalina" — devido à ascendência de Sebastião José de Carvalho e Melo, futuro Marquês de Pombal, na Corte portuguesa durante o reinado de dom José (1750–77) —, essa normatização jurídica propunha acabar com a influência das ordens religiosas sobre a questão indígena nos domínios portugueses na América (incluindo aqui uma distinção necessária entre o Estado do Brasil e o Estado do Maranhão ou do Grão-Pará e Maranhão).

Parecia até uma boa chance de mudança, de conseguir fazer parte dessa sociedade nova em construção. Os índios aldeados a receberam com a esperança de se verem igualados aos portugueses e prontamente reivindicaram as devidas prerrogativas, entre as quais o uso das antigas residências dos missionários para as audiências da Câmara.

Os kiriris da aldeia de Saco dos Morcegos (convertida em vila de Mirandela, atual núcleo da Terra Indígena Kiriri, na Bahia) foram além. Marcharam e enfrentaram corajosamente uma jornada de quinze dias a pé pelo sertão até Salvador para apresentar suas queixas contra os jesuítas. Denunciaram que os religiosos teriam se apropriado indevidamente de animais e ferramentas pertencentes à aldeia antes de a deixarem a cargo de um padre secular, nomeado pelo arcebispo.[30]

Em todas as capitanias, as antigas aldeias foram transformadas em vilas, mas a equiparação entre índios e portugueses não saiu do papel. A emancipação prometida na legislação serviu a interesses contrários — não à toa, quando a ditadura civil-militar (1964–85) prometeu, nos anos 1970, novamente essa suposta emancipação dos índios, as mobilizações indígenas combateram firmemente a iniciativa, cientes de que se tratava de uma velha artimanha colonial para emancipar, na verdade, suas terras para o mercado. Destituídas da designação de aldeias, as povoações indígenas foram invadidas pelos colonos e abandonadas pelos habitantes originários, os quais, dispersos pelos territórios adjacentes, tiveram — e continuam tendo — negada sua identidade indígena, como aconteceu — e continua acontecendo — com os tupinambás em Olivença, antiga aldeia de Nossa Senhora da Escada, no sul da Bahia, que ainda aguardam a homologação de suas terras enquanto as defendem de interesses turísticos e hoteleiros na região.

Apesar da direção apontada pela legislação pombalina e da expulsão dos jesuítas, nem todos os aldeamentos foram extintos de imediato. Alguns continuaram existindo no século seguinte e serviram de referência histórica, identitária e territorial nos processos de luta e afirmação daquelas comunidades. No alto Recôncavo Baiano, no aldeamento de Pedra Branca, atual município de Santa Terezinha, os cariris-sapuiás (ou kiriris-sapuiás) organizaram diversas rebeliões nos séculos XVII e XIX, a maior delas em 1834 — um ano antes da grande rebelião escrava conhecida como Revolta dos Malês, em Salvador. Antes de serem um grupo, eles faziam parte de duas populações diferentes que foram reunidas no aldeamento, os cariris da serra e os sapuiás do tabuleiro. Como muros de defesa, os cariris-sapuiás foram usados para combater os maracás e os payayás, assim como serviram de guias para descobrir minas de salitre em territórios desses povos invadidos pelas bandeiras, como mostrou a historiadora Maria Hilda Baqueiro Paraíso.[31]

Nos anos 1850, os líderes foram fichados pela polícia. A antropóloga Maria Rosário de Carvalho, professora da Universidade Federal da Bahia, encontrou documentos de rebeliões, insurgências e diferentes formas rebeldes de lutar por liberdade e autonomia dos kiriris-sapuiás que ocorreram até o fim do século.[32] Atacados e dispersos, os kiriris-sapuiás foram levados até a Terra Indígena Caramuru-Paraguaçu, onde sertanistas do Serviço de Proteção aos Índios (SPI), nos anos 1930, continuavam fazendo "contato" e "pacificação" com famílias que viviam isoladas nas matas, fugindo, em busca de autonomia, dessas guerras históricas de conquista. Após serem agrupados em uma terra indígena, seu território foi invadido por fazendeiros, e, também nos anos 1930, as terras foram distribuídas para os barões do cacau. Apenas nos anos 1980 conseguiram recuperar parte de seus territórios com os movimentos de retomada — estudados pela antropóloga Jurema Machado de Souza, que trabalhou com Maria Rosário. Em sua tese de doutoramento na Universidade de Brasília, Souza mostra que, depois da extinção dos aldeamentos com a Lei de Terras, os indígenas continuaram lutando para permanecer em seu território. Essa luta continua até hoje nos processos de retomada da Terra Indígena Caramuru-Paraguaçu das áreas irregularmente ocupadas por fazendeiros.[33]

Os kiriris seguiram resistindo nos séculos seguintes, tentando encontrar meios jurídicos e insurgentes de existir nas margens de um processo violento de colonização. Aliaram-se a Antônio Conselheiro na Revolta de Canudos, entre 1896 e 1897, auxiliando na produção agrícola e nas estratégias militares e de manutenção da saúde — os médicos do arraial de Antônio Conselheiro eram pajés kiriris e tuxás. Foram massacrados pelo Exército brasileiro, e mais de quatrocentos kiriris foram mortos.

No árido sertão, os sobreviventes refizeram seu mundo, como outros povos sobreviventes das guerras de conquista. Rearticularam-se politicamente e, nos anos 1970, reconquistaram o arraial de Mirandela. Na perspectiva dos kiriris, eles haviam negociado a paz mediante os aldeamentos, os quais, portanto, tinham sido uma conquista das lutas durante as terríveis guerras sertanejas. Mas as áreas foram invadidas por fazendeiros, e os indígenas perdiam espaço a cada ano depois que os aldeamentos foram transformados em vilas durante o período pombalino. Chefes contemporâneos do povo kiriri relatam que os brancos invadiram suas terras, mas os indígenas as "reconquistaram". Nesse processo de reconquista territorial, os kiriris também retomaram a cultura e o conhecimento da sua história. Todo ano, em 11 de novembro, celebram a reconquista da aldeia com uma grande festa em Mirandela (hoje Banzaê).

NOTAS

1 | Salvador, 1982, p. 59.
2 | Puntoni, 2002, pp. 45-6.
3 | Cardim, 1980, p. 106.
4 | Puntoni, 2002.
5 | Marques, 2014.
6 | Citado em Sierra, 2002, p. 135.
7 | Silva, 1813, vol. I, p. 258.
8 | Sierra, 2002, p. 147.
9 | Monteiro, 1994, p. 73.
10 | Puntoni, 2002, p. 13.
11 | *Documentos Históricos da Biblioteca Nacional*, vol. III, p. 215.
12 | Puntoni, 2002, pp. 108-9.
13 | Sierra, 2002, pp. 102-3.
14 | Marques, 2014.
15 | Puntoni, 2002, p. 115.
16 | Nantes, 1979, p. 55.
17 | Puntoni, 2002, p. 120.
18 | *Documentos Históricos da Biblioteca Nacional*, vol. 88, pp. 168-71.
19 | Ibid., pp. 168-71.
20 | Ibid., pp. 168-71.
21 | Puntoni, 2002.
22 | Citado em Puntoni, 2002, p. 134.
23 | Ibid., p. 160.
24 | Almeida, 2003.
25 | Alencastro, 2000, p. 120.
26 | Monteiro, 1994.
27 | Ibid., p. 120.
28 | Santos, 2014, p. 77.
29 | Citado em Santos, 2014, p. 115.
30 | Santos, 2014, p. 169.
31 | Paraíso, 2011.
32 | Carvalho, 1995.
33 | Souza, 2019.

9. A ERA DOS MASSACRES E AS RECONQUISTAS

Em meados do século XVIII, o Brasil havia se tornado a mais importante colônia portuguesa. Sua economia, já bastante diversificada e em franca expansão, dependia inteiramente do trabalho obtido pelo cativeiro e da exploração de uma expressiva população escravizada, estimada em quase 50% do total de habitantes contabilizados na época, a imensa maioria de origem africana e afrodescendente, ao lado de um contingente menor de indígenas capturados em guerras como as descritas no capítulo anterior. Imensas populações de incontáveis povos nativos subsistiam nos territórios aos quais os portugueses não conseguiam chegar ou onde não enxergavam vantagens econômicas imediatas, que correspondem hoje, *grosso modo*, ao extremo norte e ao centro-oeste do país. No entanto, nos mapas da época, o Brasil já assumia uma fisionomia muito parecida com a atual, reiterada pelo principal acordo estabelecido entre portugueses e espanhóis, o Tratado de Madri, de 1750, que atualizara os termos negociados em Tordesilhas em 1494.

Assinado para aplacar disputas entre as duas principais potências colonizadoras do continente, o tratado exacerbou conflitos com os indígenas que já viviam sob o domínio espanhol, catequizados e doutrinados pelos jesuítas. Desde a última invasão bandeirante, no século XVII, as missões floresceram de forma a causar espanto na Europa, graças à disciplina jesuítica e ao talento e à dedicação do povo guarani, que, em conjunto com outros povos, acabou se ajustando à vida nas reduções. Com o novo desenho da fronteira colonial luso-espanhola, os indígenas teriam que optar obrigatoriamente entre abandonar suas exuberantes aldeias e seu território ou permanecer ali, submetendo-se à Coroa lusitana, muito mais omissa na legislação em matéria de guerras e escravização — nas colônias espanholas da época, a escravização indígena não era permitida (no lugar, havia a *encomienda*). Opondo-se radicalmente a essa imposição arbitrária, os indígenas organizaram um dos maiores movimentos de resistência que se tem registro na história, o qual ficou conhecido como Guerra Guaranítica (1753-56). Estima-se que mais de 1.500 indígenas tenham sido mortos pela ação conjunta dos exércitos português e espanhol, que de rivais passaram a aliados, depois de cada lado ter se revelado incapaz de vencer, sozinho, a tenaz resistência movida pelos guaranis junto a outros povos que viviam nas missões. Liderados por Sepé Tiaraju, os indígenas conseguiram derrotar o exército luso-espanhol por duas vezes, em 1753 e 1754. Até que, em 7 de fevereiro de 1756, em uma emboscada, as forças europeias conseguiram matar o líder, abrindo caminho para a vitória, alcançada três dias depois na Batalha de Caiboaté. Enquanto Portugal e Espanha, pelo Tratado de Madri, tentavam redesenhar as fronteiras na bacia do Prata, visando definir o controle da prata extraída por indígenas nas montanhas de Potosí, na Bolívia, Sepé Tiaraju unia os povos originários com um lema que se tornou referência na resistência indígena do sul do país e ecoa ainda hoje nas lutas por retomadas: "Esta terra tem dono".

A guerra repercutiu na Europa, onde um amplo movimento de reformas provocou grandes erupções sociais no final do século XVIII. As ideias produzidas pelo Iluminismo aglutinaram a efervescência de um mundo em transformação, com crescentes críticas diante da violenta expansão europeia, das monarquias absolutistas e da Igreja obscurantista. Algumas dessas ideias libertárias se inspiraram no modo de vida igualitário dos povos indígenas das Américas e contribuíram para promover um debate emancipador sobre tolerância, como as cartas do filósofo inglês John Locke, e ideais de igualdade, como em *Discurso sobre a origem e os fundamentos da desigualdade entre os homens*, do francês Jean-Jacques Rousseau. Essa renovação do pensamento europeu promoveu as revoluções burguesas contra o Antigo Regime, as monarquias e a nobreza, com destaque para a Revolução Francesa (1789), que derrubou o absolutismo e elaborou a *Declaração dos direitos do homem e do cidadão*.

Em paralelo, no mundo colonial, por meio de uma guerra revolucionária, as treze colônias britânicas da América do Norte se unificaram e conquistaram a independência da Inglaterra, em 1776, autoproclamando-se Estados Unidos da América. Pouco tempo depois, a Revolução Haitiana (1791–1804) não apenas promoveu a independência da pequena colônia francesa como também proclamou a abolição da escravidão (que, no caso dos Estados Unidos, foi mantida após a independência) e estendeu os direitos humanos para os povos escravizados. Revoluções lideradas por povos indígenas se espalharam também pela América do Sul. Na Bolívia, o líder do povo aimará, Túpac Katari, que havia trabalhado na *mita*, o regime de trabalho forçado nas minas de prata em Potosí, organizou um levante contra as autoridades colonialistas espanholas no início da década de 1780. Na mesma época e em diálogo com o movimento aimará, o líder quéchua e descendente dos incas Túpac Amaru II liderou uma grande rebelião indígena contra a dominação espanhola no Peru. Caudilhos seguiram as rebeliões indígenas e insurgiram-se contra as autoridades espanholas em todo o continente, e uma onda de revoluções aproveitou a expansão napoleônica, com Simón Bolívar na liderança das guerras de independência na Bolívia, na Colômbia, no Equador, no Panamá, no Peru e na Venezuela, e José de San Martín liderando as independências da Argentina e do Chile, todas nas três primeiras décadas do século XIX.

No Brasil, essa onda de renovação e efervescência chegou não pela via emancipadora das revoluções, mas pela via conservadora da modernização do Estado, que teve início com a administração do Marquês de Pombal, durante as décadas de 1750 a 1770, e com o compromisso firmado pela elite colonial com os interesses da metrópole. Interessava manter vivas a escravidão e a ordem social e econômica, sem grandes abalos, e os primeiros ensaios de rebelião foram logo sufocados: a Inconfidência Mineira (1789) e a Conjuração Baiana (1798). Em seguida, fugindo da invasão francesa de Portugal por Napoleão Bonaparte, em 1808, a Corte portuguesa foi transferida para o Brasil numa verdadeira operação de guerra, tendo como destino a cidade do Rio de Janeiro, que tomara o lugar de Salvador como sede do governo-geral em 1763. A presença da rainha dona Maria I e do príncipe regente dom João, que seria sagrado monarca em 1816 com o título de dom João VI, ao lado de todo o seu aparato político e burocrático, acabaria por precipitar o processo de emancipação política do Brasil em relação a Portugal, por meio de uma transição marcada pela continuidade monárquica. Para os povos indígenas, abria-se um novo capítulo, não muito diferente dos anteriores.

Antes de chegar ao Rio de Janeiro, a comitiva régia passou pela antiga capital da colônia, Salvador. Tão logo desembarcou, dom João tomou uma série de medidas para atender aos colonos, entre as quais decretar a "guerra justa" contra os povos indígenas que seguiam resistindo em seus territórios. Com isso, o regente português impôs um retrocesso político de décadas em relação à legislação pombalina, autorizando a morte e a escravização de indígenas para liberar a expansão de fazendas na fronteira agrícola. Em duas cartas régias, povos falantes da língua macro-jê, sobreviventes das guerras dos séculos anteriores, foram atingidos. A primeira data de 13 de maio de 1808 e declara inimigos os botocudos, que viviam nas belas matas do vale do Rio Doce, entre Minas Gerais e o Espírito Santo. Em seguida, em 5 de novembro do mesmo ano, a guerra foi decretada contra os coroados, também conhecidos como caingangues, que viviam no vasto interior de São Paulo, naquele tempo abrangendo o Paraná, os campos gerais de Curitiba e Guarapuava. Essas cartas régias só seriam formalmente revogadas em 1831, quase uma década depois da Independência do Brasil e em meio a intensos debates parlamentares do período regencial. Não por acaso, é sintomático que essas duas últimas guerras de conquista decretadas por um soberano português contra os povos indígenas tenham atravessado o processo de separação do Brasil em relação a Portugal. Em contrapartida, não haveria, posteriormente, nenhuma outra guerra formalmente decretada contra os povos indígenas. Mas também, como questionou o chefe caiapó no Pará, mencionado no capítulo 1, em nenhum momento a paz foi declarada. A conquista continuou sendo uma máquina de expansão da sociedade nacional em formação. Ao longo dos séculos seguintes, até hoje, a guerra de conquista se burocratizou com a ascensão política e econômica dos colonos e a emergência de uma elite local violenta e racista, e o poder político de extermínio se transformou na guerra continuada por outros meios.

GUERRAS DAS FRENTES DE EXPANSÃO

O genocídio dos povos indígenas tornou-se um projeto civilizatório de longo prazo com a perspectiva de morte ou assimilação. A busca por terras e por minérios, desde os bandeirantes, nunca mais cessou. E massacres passaram a ser concretizados pelas frentes de expansão da sociedade colonial. Darcy Ribeiro classificou essas "fronteiras da civilização" em três tipos: a extrativista, que operava sobretudo na Amazônia, para extração de recursos naturais da floresta; a pastoril, no Nordeste e no Brasil central, com a expansão da pecuária; e a agrícola, na Mata Atlântica. Junto delas, ocorreu a expansão militar em direção a oeste e a Rondônia, após a Guerra do Paraguai (1864–70).

Entre 1822 e 1850, período de formação do Estado brasileiro, ocorreu a sistemática negação dos direitos aos povos indígenas e escravizados. Não houve independência para os indígenas, muito menos para os negros, que seguiram legalmente escravizados até 1888. José Bonifácio apresentou o projeto "Apontamentos para a civilização dos Índios do Brasil" na Assembleia Geral Constituinte em 1823. Ele havia estudado na Universidade de Coimbra e trazia as ideias do liberalismo e do Iluminismo europeu, recebidas com desconfiança no país recém-emancipado. Para seu tempo, era uma visão humanística que imaginava o desenvolvimento da nação brasileira, com a abolição da escravatura, a reforma agrária, a miscigenação e a civilização dos índios — uma proposta extremamente ousada para a época, já que ainda estava em vigor a guerra justa contra os povos indígenas. Bonifácio perdeu seus argumentos e foi para um exílio de seis anos na França após o fechamento da Assembleia Constituinte, em 1823. Como resultado desse ato arbitrário, a primeira Constituição do Brasil foi aprovada unilateralmente por dom Pedro I e outorgada em 25 de março de 1824, sem uma única linha sobre os povos indígenas.

Nos debates parlamentares que antecederam sua promulgação, os índios foram excluídos tanto da condição de cidadãos quanto da de brasileiros, como mostra o estudo da historiadora Fernanda Sposito.[1] As elites caudilhas avançaram sobre as terras e as pessoas ameríndias e africanas com ainda mais voracidade do que os colonialistas portugueses. E, após as intensas rebeliões e revoltas do período regencial, como a Cabanagem (ver capítulo 7), e a pressão pela abolição da escravidão, foi promulgada a Lei de Terras, de 1850, para garantir que a emancipação dos negros e a liberdade dos índios não colocassem em risco o latifúndio e o controle da propriedade fundiária nas mãos de poucos brancos. Essa lei transformou a terra em cativa, ou seja, ela não seria por direito de quem nela vivesse ou dela produzisse o sustento, mas de quem possuísse um documento que o atestasse, oriundo não se sabe de que instância, talvez de uma primeira invasão bem--sucedida. Era um prêmio para a grilagem e a especulação sobre a terra, um problema crônico que conduziu aos principais conflitos da história do país.

A partir de meados do século XIX, o racismo passou a ocupar um lugar central na construção de políticas de extermínio, integração e assimilação, organizando as tentativas colonialistas de fazer desaparecerem as sociedades indígenas. Era um arcabouço teórico que ajudava a implantar medidas como a da lei de terras. Dom Pedro II tinha como assessor e amigo um dos formuladores da teoria das raças e propagador do racismo científico, Joseph Arthur de Gobineau, que achava que o Brasil era um exemplo de degeneração racial decorrente da mestiçagem e da miscigenação — que havia sido apontada como a solução para o problema da ocupação e da formação da identidade nacional por alguns, como José Bonifácio. Foi Gobineau quem sugeriu ao imperador que a única saída para o desenvolvimento do país seria trazer imigrantes europeus brancos e segregar ou exterminar os "elementos daninhos" — ou seja, os indígenas e os negros. Durante a segunda metade do século XIX, começou a chegar uma grande leva de migrantes europeus para promover um branqueamento da "raça" nacional, com a vinda de alemães e italianos ao sul do país, eslavos e polacos ao Paraná etc. Em 1876, em um censo feito para a Exposição Universal na Filadélfia, o Império do Brasil dizia existirem cerca de 1 milhão de "selvagens que vagueiam pelos sertões, ou matas virgens do centro do Império".[2] Seriam 10% da população brasileira, estimada em 10 milhões de habitantes, dos quais 1,4 milhão eram pessoas escravizadas. Esse diagnóstico apontou para um problema populacional a ser enfrentado pelos descendentes dos portugueses diante do alerta de Gobineau. Se, no passado, a política de casamento com mulheres indígenas fora decisiva para a colonização, a partir do século XIX, com a emergência do racismo científico, a miscigenação passou a ser criticada devido ao risco de "degeneração" da raça. E, para esses casos de "selvagens", a política oficial era catequese e civilização, e, quando não fosse possível, o extermínio.

Não foi possível exterminar os caingangues e os coroados com a guerra justa de 1808, apesar de intensos massacres, escravização, caçadas e assassinatos cometidos contra essa população no interior de São Paulo e entre Minas Gerais e o Espírito Santo. Frente à "barbárie" que freava a "civilização", a marcha do progresso deveria avançar, nem que tivesse que exterminar todos os empecilhos — e os caingangues no interior de São Paulo e os botocudos em Minas passaram a ser empecilhos. Esse debate invadiu a proclamação da República, opondo militares positivistas, muitos dos quais se colocavam como descendentes das ideias de José Bonifácio, a latifundiários e à elite agrária. Na República, os militares positivistas conseguiram a separação entre Estado e Igreja, mas, entre 1889 e 1910, o destino das populações originárias foi a guerra civil, o massacre constante por bandos bugreiros e assassinatos em correrias de seringalistas. No Sul, avançava a colonização europeia que embranqueceria o país, em paralelo com a economia cafeeira e as ferrovias, enquanto na Amazônia o ciclo da borracha significava o holocausto da população indígena amazônica que havia sobrevivido a tantas guerras de conquista e de resgate. Eram os ciclos econômicos e a economia das frentes de expansão que se fortaleciam cada vez mais, como diagnosticou Darcy Ribeiro.[3]

Entre a morte, que promovia a rápida liberação do território, mas escassez de força do trabalho, e a assimilação, que trazia desgaste e problemas sociais, com risco de levantes, a elite cafeeira paulista ganhou apoio dos cientistas do Museu Paulista, sobretudo o naturalista e migrante alemão Hermann von Ihering, para encontrar uma solução "cientificamente sustentada". E essa solução, inspirada no racismo e no darwinismo social, apontava para o puro extermínio da população nativa e para a migração de europeus para recompor a força de trabalho. Em um famoso artigo que acompanhou a Exposição Universal de 1906, em Saint Louis, nos Estados Unidos, publicado no Brasil no ano seguinte com o título "A antropologia do Estado de São Paulo", o autor propõe:

> *Os atuais Índios do Estado de S. Paulo não representam um elemento de trabalho e de progresso. Como também nos outros Estados do Brasil, não se pode esperar trabalho sério e continuado dos Índios civilizados e como os Caingaugs [sic] selvagens são um empecilho para a colonização das regiões do sertão que habitam, parece que não ha [sic] outro meio, de que se possa lançar mão, senão o seu extermínio.*[4]

Não era uma proposta ingênua nem inovadora, mas justificava os massacres que estavam em andamento no interior do Brasil, como o dos xoclengues, em Santa Catarina; o dos xavantes, em Mato Grosso; e o dos caiapós, no Pará. Os índios estavam no caminho das ferrovias que entravam em São Paulo e cruzavam a Bahia ou o rio Madeira, em Rondônia — onde massacraram a população indígena caripuna, cujo território foi cortado pela Estrada de Ferro Madeira-Mamoré. Eram "os obstáculos do progresso", que, algumas décadas mais tarde, se tornariam obstáculos ao "desenvolvimento". Tampouco era algo que ocorria apenas no Brasil: justamente entre os anos 1904 e 1907, a Alemanha colocou em marcha na Namíbia, então sua colônia, o genocídio dos povos hereros e namaquas. Nessa região, o Exército alemão desenvolveu técnicas de extermínio em massa, matando mais de 100 mil pessoas, cerca de 50% da população namaqua e 70% dos hereros. Posteriormente, essas técnicas, como a câmara de gás e os campos de concentração, seriam utilizadas no Holocausto. Apenas em 2016 o governo alemão admitiu seu crime de genocídio.

O projeto higienista brasileiro provocou escândalo e intensos debates na época, com duras críticas dos militares positivistas e de cientistas, sobretudo do Museu Nacional, no Rio de Janeiro. Já emergiam na imprensa da época os feitos do militar Cândido Mariano da Silva Rondon, que liderava as comissões que estendiam linhas telegráficas em direção a Mato Grosso e até o Guaporé (Rondônia) e promovia o humanismo na relação com os povos indígenas, como na bem-sucedida campanha de pacificação dos nambiquaras e outros povos, além de ter como lema "morrer se preciso for, matar, jamais". Rondon saiu em contundente oposição, respondendo à crueldade de Ihering. Em uma palestra em São Paulo, em 1910, denunciou um massacre perpetrado por seringueiros contra os iranxes no norte de Mato Grosso. Após cercarem uma aldeia, cuja população vivia em uma grande casa, os seringueiros atiraram pelas frestas das palhas, ao que um indígena acertou um dos atiradores. Em seguida, atearam fogo na casa e atiraram em quem fugisse. Rondon foi informado do ataque por indígenas do povo parecis, que integrava a expedição telegráfica. Alguns poucos sobreviventes fugiram e se dividiram em dois povos, só se reencontrando setenta anos depois, no contato entre os povos menquis e manokis, os etnônimos desses coletivos que eram chamados de iranxe. Rondon, em sua palestra, apelou para a empatia entre brasileiros: "Onde haverá alma de brasileiro que não vibre uníssona com a nossa, ao saber que toda aquela população, de homens, mulheres e crianças, morreu queimada, dentro de suas palhoças incendiadas?!".[5]

No Paraná, em Santa Catarina e em São Paulo, bugreiros profissionais eram até oficializados para matar os caingangues e os xoclengues. Formavam uma espécie de milícia rural especializada em atacar indígenas. Ihering também defendeu o trabalho dos bugreiros, em alguns casos justificando suas ações em situações de vingança da morte de seus familiares por indígenas, em outros defendendo como "natural que os colonos, quando provocados por assaltos, persigam os índios e então necessitem de guias que sejam perfeitos conhecedores das mattas [sic]. São estes os chamados 'bugreiros' cujos serviços nem as autoridades nem os colonos podem dispensar".[6]

As ações dos bugreiros eram frias e calculistas. Saíam de madrugada para surpreender os indígenas durante o sono e não levavam cães; seguiam seus rastros na floresta, a "picada" na mata. Antes de o dia nascer, assaltavam as aldeias e tentavam cortar as cordas dos arcos que encontravam. Saíam atirando com revólveres e espingardas e cortando com facões quem alcançassem. Dividiam as crianças como troféus e cortavam as orelhas dos mortos, pelas quais recebiam pagamentos.[7] Essas ações se somavam às epidemias, mesmo antes do contato entre os povos indígenas e a sociedade colonizadora envolvente: os xoclengues teriam contraído gripe de duas crianças doentes que roubaram dos colonos. Ficaram apavorados diante de tantas mortes, o que os levou a matar as crianças.

O indigenismo oficial do Estado surgiu em 1910, liderado por marechal Cândido Rondon e os militares positivistas, com a criação do Serviço de Proteção aos Índios e Localização dos Trabalhadores Nacionais (SPILTN) — que, alguns anos depois, em 1918, tornou-se o Serviço de Proteção aos Índios (SPI).

As ações dos sertanistas tinham a intenção de proteger os indígenas dos colonos, embora fossem pautadas pela perspectiva da integração ou assimilação à população nacional. Muitos foram perseguidos pelos invasores das terras indígenas e mortos a mando de seringalistas e fazendeiros; por outro lado, também poderiam morrer pelas mãos dos próprios indígenas, uma vez que era difícil distinguir aliados de inimigos entre os brancos desconhecidos e diante da situação de tensão das fronteiras.

Assim ocorreram contatos arriscados, como no caso dos parintintins, que fugiam de massacres de seringueiros no sul do Amazonas, em uma frente de atração liderada por Curt Nimuendajú, etnólogo alemão que se tornou um grande sertanista. O tenente Pimentel Barbosa, inspetor do SPI, foi morto pelos xavantes, os quais, por sua vez, vinham sendo constantemente atacados por colonos em Mato Grosso e entenderam que a base do SPI também constituía uma invasão de seu território. No Pará, os caiapós foram massacrados em Riozinho do Anfrísio, perto de Altamira, e revidavam, quando podiam, atacando seringueiros nas matas. Os massacres dos invasores faziam com que o SPI e, posteriormente, após 1967, a Fundação Nacional do Índio (Funai) formassem equipes de contato para pacificar os indígenas que viviam em isolamento a fim de evitar agressões às frentes. Após esses "primeiros contatos", termo que se convencionou para o estabelecimento dessa relação política entre o Estado brasileiro e essas sociedades ameríndias que prefeririam a vida livre e soberana na floresta à submissão aos colonizadores, epidemias invariavelmente dizimavam a população.

As bem-sucedidas expedições de Rondon na construção das linhas telegráficas entravam em territórios indígenas sem atacar ou massacrar, mas pedindo licença para assimilar a população (o que é uma contradição violenta). Tratava-se de uma proposta alternativa ao extermínio defendido por grande parte dos empresários e fazendeiros e teria como principal função substituir o trabalho da Igreja na "pacificação das tribos arredias e hostis" e "proteger as que já estavam pacificadas". Rondon e Luiz Bueno Horta Barbosa procuraram intervir no debate público e contrapor, com outra proposta teórica, a relação com os indígenas além do "puro extermínio", como mostra o historiador Elias dos Santos Bigio.[8] Para isso, citam o exemplo dos parecis, em Mato Grosso. Mas, submetida ao controle do Ministério da Agricultura, não demorou para que fosse subvertida a proposta inicial de Rondon para o SPI. Em vez de defender os índios e promover "integração", ele passou cada vez mais a ser um verdadeiro agenciador da mão de obra indígena e organizador das invasões dos territórios indígenas.

DOENÇAS NAS FRENTES

Diante da tragédia da Segunda Guerra Mundial, a Europa havia perdido de vista a possibilidade de convívio entre as diferenças. Uma série de ações foi planejada em meio ao surgimento de organismos internacionais, como a Organização das Nações Unidas (ONU). Nesse momento, parecia que o Brasil era um modelo civilizatório. Tudo levava a crer que negros e índios conviviam harmoniosamente com os colonizadores brancos, que haviam sido integrados no Brasil moderno.

Assim, o antropólogo Darcy Ribeiro, que havia trabalhado no SPI, realizou um cuidadoso levantamento de massacres e extermínios de 1900 a 1957, em um estudo encomendado pela Organização das Nações Unidas para a Educação, a Ciência e a Cultura (Unesco) em 1952, após a Segunda Guerra Mundial, para pesquisar a relação entre índios e brancos na sociedade brasileira.

Inicialmente publicado no seminal artigo "Convívio e contaminação: efeitos dissociativos da depopulação provocada por epidemias em grupos indígenas" (apresentado na II Reunião Brasileira de Antropologia, em 1955) e posteriormente desenvolvido no livro *Os índios e a civilização* (publicado originalmente em 1970), o estudo revelou o impacto fulminante de vírus associados a ideias como as principais armas da conquista europeia, derrubando o mito da superioridade bélica.[9] Em paralelo, estava sendo realizada uma pesquisa coordenada sobre a integração do negro na sociedade brasileira, envolvendo, entre outros, Roger Bastide e Florestan Fernandes, que realizou um amplo inventário da discriminação racial. Com relação aos povos indígenas não foi diferente: o mito da democracia racial de Gilberto Freyre não resistiu aos levantamentos iniciais. O resultado da pesquisa de Darcy Ribeiro mostrou que não ocorrera assimilação da população indígena; ao contrário dessa expectativa, "a maioria deles foi exterminada, e os que sobreviveram permanecem indígenas".[10]

Ribeiro revelou os efeitos catastróficos das doenças (além da varíola, que serviu à conquista, a gripe e o sarampo, que continuavam matando). Cafeicultores em São Paulo espalharam sarampo entre os caingangues, em 1913, surto que foi presenciado por Horta Barbosa, do SPI: "É impossível de ser evocado por uma descrição qualquer; a mortandade dos doentes atingiu proporções enormes e a tribo ficou reduzida e ainda está se reduzindo a uns míseros restos do que era".[11] A população caingangue era de 1.200 pessoas em 1912 e, quatro anos após o contato, restavam duzentos indivíduos. Ao longo do século, e sobretudo durante a ditadura civil-militar (1964–85), diversos povos se tornariam "míseros restos" de poucos sobreviventes.

Em 1950, os caapores, no Maranhão, foram atingidos pelo primeiro surto de sarampo, espalhado em contatos com a população regional; Ribeiro contou 160 mortes:

Atacados pelo sarampo e por complicações como o terçol, a forma pneumônica e a intestinal, foram levados a tal grau de depauperamento orgânico que já não tinham forças para alcançar os extensos roçados que deixaram na aldeia, a fim de conseguir alimento, nem mesmo água podiam buscar.[12]

Em Rondônia, em 1954, uma epidemia de sarampo devastou vários povos, como tupari, macurape, aricapu, jabuti e outros isolados. Os grupos moribundos que Ribeiro encontrou morriam antes de fome do que da doença, em razão do abatimento físico agravado pela carência de alimentos e do desabastecimento provocado pela crise sanitária.

Ainda em 1954, o sarampo grassou no Alto Xingu. Os nativos foram infectados por funcionários públicos brasileiros que trabalhavam na Fundação Brasil Central, empresa criada durante a era Vargas para a marcha para o oeste. Doentes fugiam e levavam a epidemia para outras aldeias, carregando consigo o vírus altamente contagioso *Measles morbillivirus*, e assim a bomba epidemiológica seguia ativa, dizimando a população nativa. Na conclusão do levantamento de Ribeiro, dos 105 grupos indígenas isolados, que reuniam uma população estimada em 50 mil pessoas, no ano de 1900, teriam sobrevivido, em 1957, 13.320 pessoas. Ou seja, quase 75% da população nativa morreu em meio século. Darcy Ribeiro identificou ainda a extinção de catorze povos entre 1900 e 1967. Foram tantos massacres e tantas mortes provocadas por epidemias nos processos de "paz" que o estudo do etnólogo quase se tornou um "catálogo de casos".[13] Atualmente, sabe-se que alguns desses povos sobreviveram e não foram encontrados por Ribeiro. Importa que, desde 1500, com todas as guerras e moléstias, a população indígena decaiu ininterruptamente até contar com apenas 120 mil pessoas nos anos 1970, época que marca o auge da política assimilacionista e de extermínio em curso na ditadura civil-militar.

Entre as frentes de expansão colonial da sociedade brasileira e os povos indígenas, o SPI contribuiu para criar uma classe de agentes do Estado dedicada a proteger a integridade dos povos indígenas mesmo diante das agressões do próprio Estado. Essa ação humanística e desinteressada — ou seja, a proteção oferecida não por algum interesse, mas em razão de uma visão de mundo que prioriza o convívio entre as diferenças — foi inspirada pelo pacifismo de marechal Rondon. A visão progressista se materializou na ação de sertanistas do SPI que seguiam o legado de Rondon e em outros espaços de agência indigenista, como a Fundação Brasil Central. Sertanistas como os irmãos Villas-Bôas e o pernambucano Chico Meirelles ganharam proeminência na imprensa como defensores dos povos indígenas e porta-vozes de seus direitos, quando eles tinham pouco acesso aos canais de mídia e oficiais. Emergiu assim no Brasil uma ética de aliança, dedicação e trabalho de pessoas não indígenas, dentro e fora do Estado, em favor dos povos originários, diante de uma sociedade racista e anti-indígena. Esse movimento garantiu a criação e a proteção do Parque Indígena do Xingu, em 1961, um marco internacional de proteção a um território natural e cultural. Idealizado pelos irmãos Cláudio e Orlando Villas-Bôas, que conviveram com os povos do Xingu desde os anos 1940, teve apoio dos antropólogos Darcy Ribeiro e Eduardo Galvão e do médico sanitarista Noel Nutels, numa equipe interdisciplinar que influenciaria a formação de grupos de trabalho para a demarcação das terras indígenas no futuro. Até hoje preservadas, as nascentes ficaram de fora do Xingu, mesmo constando no projeto inicial apresentado a Vargas. Nas negociações que levaram à assinatura de Jânio Quadros, a elite colonial e os grileiros conseguiram diminuir a proposta inicial de 20 para 2 milhões de hectares.

Entre a era Vargas e a ditadura, o procurador Jader de Figueiredo Correia fez um relatório para a Comissão Parlamentar de Inquérito (CPI) que investigava o SPI e revelou ao mundo o genocídio em curso no Brasil, que acontecia à revelia do sistema de proteção, com casos estarrecedores, como o Massacre do Paralelo 11 — que pode ter matado até 3 mil indígenas do povo cinta-larga com ataques aéreos para jogar dinamite sobre as aldeias, envenenamentos e tiros de metralhadora — e os massacres contra os nambiquaras, ambos em Rondônia. Revelou também atrocidades cometidas por funcionários do SPI, que incluíam tortura e assassinato, além de estupro e escravização de indígenas. E isso aconteceu antes da ditadura civil-militar, ou seja, a situação ainda pioraria para os povos indígenas. Quando a ditadura decidiu pela integração da Amazônia, diversos povos indígenas que viviam em isolamento foram forçadamente contatados para que fossem construídas estradas, usinas hidrelétricas e mineradoras e estabelecidos grandes latifúndios. Foram espoliados de seus territórios, e, em todos os casos, grande parte das populações morreu, vítima de epidemias. Por todo o país, as terras indígenas foram invadidas com incentivo do governo militar. A Comissão Nacional da Verdade estudou o caso de apenas dez etnias, entre as 305 que vivem no Brasil, e identificou que o Estado brasileiro, por ação e omissão, foi responsável pela morte de ao menos 8.350 indígenas durante o período de 1964 a 1985.

Um dos casos relatados diz respeito às cerca de 2.500 mortes do povo kinja, também conhecido como waimiri atroari. Os kinjas resistiram em uma guerra que durou, ininterruptamente, mais de 150 anos, segundo relata o sertanista da Funai José Porfírio Fontenele de Carvalho, até que foram massacrados, em 1974, pela ditadura. Carvalho, falecido em 2017, participou das ações de proteção ao território dos kinjas no fim dos anos 1960 e no início da década de 1970, quando, integrando a equipe liderada pelo sertanista Gilberto Pinto, conseguiram estabelecer contatos pacíficos e esporádicos, até serem todos retirados da área pelos militares. Um censo da Funai apontou, em 1972, uma população de cerca de 3 mil pessoas. Carvalho apenas pôde retornar aos kinjas após a queda do regime militar, em 1986, quando encontrou somente 374 sobreviventes. Resistiram a guerras contra a polícia do Amazonas e milícias de seringalistas e castanheiros, até que, diante da violência da ditadura civil-militar, se entregaram. Um desses massacres foi um ataque do exército amazonense em 1926, que, além de matar inúmeras pessoas, ainda levou vinte indígenas capturados para Manaus. "Quando eles viram que não tinham mais chances de sobreviver, e eles usam essa expressão, que é: 'se entregaram aos brancos', se entregaram para tentar escapar. E escaparam."[14]

GENOCÍDIOS E A LUTA POR DIREITOS

Não é possível reduzir a dimensão do genocídio indígena a números absolutos. Não são os números, mas os efeitos das mortes em cadeia na comunidade e a intensidade da política de extermínio sobre os modos de existência das comunidades que impactam no sentido do extermínio de uma coletividade. Alguns casos trágicos, como os de Rondônia, provocaram um número elevado de mortes proporcionalmente à pequena dimensão do povo e deixaram pouquíssimos sobreviventes esparsos: em 2020, restam vivas apenas três pessoas dos akuntsus e três dos canoês, dois povos que vivem na Terra Indígena Rio Omerê, resultado de um genocídio conduzido por fazendeiros em Corumbiara, nos anos 1980, e documentado no filme de mesmo nome de Vincent Carelli.[15] Próximo do rio Omerê, em uma pequena terra indígena delimitada para seu uso exclusivo, vive uma pessoa identificada pela Funai como o "Índio do Buraco": trata-se do último remanescente de um povo desconhecido completamente dizimado, provavelmente no mesmo período, e com suspeita de ataque de pistoleiros e envenenamento. Ainda em Rondônia, o estado mais afetado pela política de invasão e devastação da ditadura civil-militar, vivem os últimos oito caripunas. O sofrimento deles teve início com a construção da Estrada de Ferro Madeira-Mamoré, quando muitos morreram assassinados por lutarem contra a construção que cortava seu território. Foram epidemias que sucederam a "paz", no entanto, que dizimaram o povo. No sul do Amazonas, vivem os últimos três sobreviventes dos jumas. No norte de Mato Grosso, vivem uma família descendente de um povo falante de uma língua tupi-kawahib e dois homens piripkura, sendo que a última mulher desse povo, que ganhou o nome de Rita após ser contatada pela Funai, vive entre os últimos caripunas. Pense um pouco sobre a sensação de ser contemporâneo dos últimos sobreviventes de povos que, em breve, não existirão mais, exterminados friamente no processo de colonização contemporâneo do Brasil.

Após a Segunda Guerra Mundial, os massacres e as guerras de extermínio ganharam outro nome: genocídio. Nesse meio século, ocorreram no Brasil diversos genocídios contra povos indígenas, praticamente todos abafados, sem nem serem investigados. De forma geral, todas as histórias de massacres e violência contra indígenas relatadas neste livro ficaram impunes. Na década de 1940, o fazendeiro Mundico Alves conduziu um ataque que matou 26 pessoas do povo craó, no norte de Goiás (atual Tocantins). Em 12 de fevereiro de 1987, quinze homens fortemente armados comandados por Francisco de Assis Amaro, conhecido grileiro de terras do norte de Minas Gerais, invadiram a aldeia Sapé e atacaram a casa de Rosalino Gomes de Oliveira, líder do povo xakriabá. Ele foi assassinado junto de seus parentes José Pereira Santana e Manoel Fiúza da Silva. Anizia Nunes de Oliveira, esposa de Rosalino, sobreviveu ao ataque, mas ficou gravemente ferida. Essa ação aconteceu quando a família dormia, sem chance de se defender, no episódio que ficou conhecido como o massacre xakriabá.

Outros três casos chegaram a ser julgados como crimes de genocídio. O Massacre na Boca do Capacete foi uma ação genocida contra os indígenas ticunas que aconteceu em 28 de março de 1988, em Benjamin Constant, no oeste do Amazonas, próximo da Tríplice Fronteira com a Colômbia e o Peru, em que madeireiros liderados por Oscar Almeida Castelo Branco mataram quatro indígenas e feriram outras 23 pessoas do povo ticuna, além de estarem ligados ao desaparecimento de mais dez. Pela intenção de extermínio desse povo, o caso foi caracterizado como crime de genocídio, com a condenação do mandante e de outros treze envolvidos. No entanto, o mandante foi absolvido em recurso pelo Tribunal Regional Federal, e apenas cinco acusados foram efetivamente condenados. Em Rondônia, em 1963, o seringalista Manoel Lucindo da Silva liderou o genocídio dos oro-uins, e os sobreviventes foram obrigados a trabalhar escravizados no seringal até os anos 1980. E, em 1993, dezesseis ianomâmis foram mortos por garimpeiros em uma ação que ficou conhecida como o Massacre de Haximu.

Esses três episódios tiveram repercussão internacional e foram formalmente investigados como crimes de genocídio, mas houve condenações apenas no caso dos ianomâmis e no dos ticunas. Ainda assim, condenações não significaram punições, e, livres, os garimpeiros voltaram inclusive a invadir a Terra Indígena Yanomami. Um dos condenados pelo genocídio de 1993 foi encontrado chefiando um garimpo em 2019, dentro da mesma terra indígena. Novas investigações de genocídio foram conduzidas pelo Ministério Público Federal, como o caso dos tupi-kawahib e dos piripkura, sem resultar em conclusão do inquérito. Com relação a assassinatos de lideranças, o Brasil foi condenado pela Comissão Interamericana de Direitos Humanos por facilitar a impunidade, como no assassinato do líder dos xucurus, Xicão Xukuru, em Pernambuco, por pistoleiros, em 20 de maio de 1998.

Diante dos violentos avanços das frentes de expansão da sociedade, alguns grupos decidiram buscar refúgio nas florestas, evitando essa aproximação. Antes chamados de "bravos" e "arredios", são classificados hoje como "isolados". Existem hoje 107 registros da possível presença autônoma de grupos indígenas no território brasileiro tentando manter soberania diante da violência histórica da colonização. Desde a implantação de uma política específica, em 1987, o Estado brasileiro não deve forçar a aproximação nem o contato com esses coletivos, mas proteger a integridade de seus territórios diante de invasões.

Após o Concílio Vaticano II, liderado pelo papa Paulo VI, e a Segunda Conferência Geral do Episcopado Latino-Americano, em Medellín, em 1968, a Igreja católica reviu sua posição histórica de conversão. Um dos grandes expoentes da teologia da libertação, dom Pedro Casaldáliga, publicou, em 1971, uma carta pastoral denunciando a violência do latifúndio e dos planos de desenvolvimento da ditadura com relação à Amazônia e aos povos indígenas. O documento, que denunciava ainda trabalho escravo contemporâneo, teve imensa repercussão internacional, e toda a equipe que o produziu sofreu dura repressão da ditadura. Entre os resultados, a carta impulsionou a criação, em 1972, do Conselho Indigenista Missionário (Cimi), que surgiu para defender a vida dos povos indígenas diante da opressão colonial, denunciando as estruturas de dominação, violência e injustiça e apoiando as alianças desses povos entre si e com os setores populares da sociedade. O Cimi ajudou na organização das primeiras assembleias indígenas, que contribuíram para a construção de uma consciência pan-indígena e para a emergência do movimento indígena e indigenista — assim como os movimentos sociais, em geral, que, durante a ditadura, surgiram junto de setores progressistas das igrejas. A União das Nações Indígenas (UNI), criada em 1980, foi um marco que levou à consagração dos direitos "dos índios", com os capítulos 231 e 232 da Constituição Federal de 1988.

Em 1982, ainda sob a vigência do regime militar, foi eleito o primeiro deputado federal indígena no Brasil, Mário Juruna, que concorreu pelo Partido Democrático Trabalhista (PDT). Durante seu mandato, ele costumava transitar pelos corredores do Congresso Nacional com um gravador portátil no bolso, porque, segundo ele, o "homem branco" tinha o costume de esquecer o que prometia. Seu mandato, marcado por fortes ataques da mídia e de outros parlamentares, abriu caminho para uma presença indígena maior na nova capital do país, Brasília. A forte mobilização indígena ganhou corpo durante as discussões da Assembleia Nacional Constituinte, em 1987, quando teve destaque no plenário do Congresso Nacional o discurso do ainda jovem intelectual indígena Ailton Krenak, que inquiriu os deputados ali presentes sobre as injustiças praticadas contra os diversos povos existentes no país. Ailton subiu à tribuna de terno branco e tingiu de preto o próprio rosto à medida que proferia seu discurso. A cena, registrada pelas câmeras de televisão, repercutiu profundamente naquele contexto e continua sendo um marco na luta pelos direitos indígenas até hoje.

A tentativa de extermínio total, como foi decidida em várias ocasiões ao longo da colonização portuguesa e após a emancipação política do Brasil, permeou o século XX. Foram massacres ininterruptos, ano após ano. A curva demográfica em direção à extinção física parecia irreversível, até que começou a virar no sentido contrário no fim dos anos 1970. A população indígena voltava a crescer e ocupar lugar de destaque nas estatísticas oficiais. Tiveram impacto a erradicação da varíola, o desenvolvimento de vacinas contra sarampo e gripe, mas, sobretudo, a articulação interna das comunidades, o avanço nas reivindicações e o fortalecimento da identidade indígena. A Constituição Federal de 1988 marcou o fim da transitoriedade da condição indígena — isto é, da ideia de que ser índio era um momento antes de "evoluir", ser "assimilado" pela "civilização" e virar um cidadão "integrado". E permitiu a formação de políticas públicas com a participação de representantes dos povos indígenas, vitórias da luta do movimento que se consolidou nas últimas décadas — ainda que a observância desses princípios, na prática, continue a piorar no Brasil. Com isso, a Constituição Cidadã estabeleceu como projeto de futuro um país baseado no direito à diferença e no respeito aos povos que o constituem. Cada povo e cada pessoa que se reconhece como indígena pode viver neste país sem precisar "virar branco", isto é, ser "assimilado" ou "integrado" a uma sociedade da qual já faz parte, tendo seus direitos respeitados e seu território demarcado para usufruto coletivo.

Em 2018, trinta anos após a promulgação da Constituição, foi possível celebrar a eleição da primeira deputada federal indígena do país, Joenia Wapichana, que concorreu pela Rede Sustentabilidade (Rede). Joenia é formada em Direito e atua como advogada e militante na luta em defesa dos direitos indígenas no Brasil, tendo marcado na história a sustentação oral que realizou no Supremo Tribunal Federal em defesa da demarcação da Terra Indígena Raposa Serra do Sol, em Roraima, onde vive o seu povo. Nesse mesmo pleito democrático, a população não indígena que segue alheia aos conflitos e às guerras em curso nas várias regiões do país teve a oportunidade de conhecer Sonia Guajajara, proeminente liderança indígena do Maranhão, que concorreu como candidata à vice-presidência ao lado de Guilherme Boulos pelo Partido Socialismo e Liberdade (Psol). Sonia é formada em Letras e Enfermagem e atua de maneira consistente junto a várias entidades de defesa dos povos indígenas, sendo destaque em campanhas e mobilizações nacionais e internacionais e tendo tido grande impacto ao assumir, em 2013, a coordenação executiva da Articulação dos Povos Indígenas do Brasil (Apib), que congrega diversas organizações e representa o maior movimento nacional dos povos indígenas. Lamentavelmente, foi a eleição presidencial com o pior resultado para os povos indígenas desde a redemocratização do país, em 1985, pois o candidato que se sagrou vencedor tem mantido, durante toda a sua carreira política, uma postura abertamente anti-indígena.

Em agosto de 2019, a capital federal foi cenário da primeira Marcha das Mulheres Indígenas no Brasil. Atualmente, cinco aldeias caiapós do Pará são chefiadas por mulheres: Ngrejkamoro, aldeia Aukre; Nhak-ê, aldeia Moikarako; Ojpra, aldeia Las Casas; Nhakaê, aldeia Kikretum; e Ôkamrek, aldeia Ronekore. Carolina Rewaptu lidera uma das aldeias da Terra Indígena Marãiwatsédé, uma das mais conflituosas do país, onde vive o povo xavante — que só conseguiu voltar para lá em 2005 depois de ter sido removido pela ditadura em 1966 e expulsar os invasores em 2012. Entre o retorno, em 2005, e a expulsão final, em 2012, foram anos de extrema tensão, ameaças e violência. Em posição semelhante estão Eunice Antunes Kerexu Yxapyry, cacica que chefia a aldeia Morro dos Cavalos, do povo guarani-mbya, sofrendo enorme pressão em Santa Catarina, e Juliana Kerexu, também cacica do povo guarani-mbya, que lidera a aldeia Tekoá Takuaty, na Ilha da Cotinga, no Paraná. No Ceará, a líder dos jenipapos-canindés, cacica Pequena, conduziu seu povo à demarcação da terra indígena numa luta de mais de duas décadas e foi sucedida por duas filhas que deram seguimento à linhagem matriarcal. No tradicional Alto Xingu, Mapulu lidera, com seu irmão Kotok, o povo camaiurá. São alguns exemplos de chefias femininas que ganham cada vez mais projeção ao liderar seus povos diante de intensos conflitos ambientais.

No movimento social indígena nacional, que surgiu nos anos 1980 com uma predominância de lideranças masculinas, há a presença cada vez maior das mulheres nas posições de liderança, como a já mencionada Sonia Guajajara e Nara Baré, que, em 2017, assumiu a liderança da Coordenação das Organizações Indígenas da Amazônia Brasileira (Coiab), posto ocupado também pela primeira vez por uma mulher indígena. Algumas outras organizações têm uma diretoria específica liderada por mulheres, como Elisa Pankararu, professora e liderança da Articulação dos Povos e Organizações Indígenas do Nordeste, Minas Gerais e Espírito Santo (Apoinme), feminista e intelectual indígena, mestra em Antropologia Social pela Universidade Federal de Pernambuco, com um trabalho em que mostra a luta histórica das mulheres indígenas por equidade de gênero. Ela se inspira na trajetória de mulheres de seu povo, como Quitéria Binga Pankararu, uma das mais proeminentes articuladoras dos direitos indígenas na Constituição Federal de 1988.

É praticamente irrelevante o número de não indígenas mortos no último século por indígenas nos conflitos existentes se comparado ao número exorbitante de massacres, genocídios e assassinatos de grupos e pessoas ameríndias, além de outras formas de política da morte que rondam a vida indígena no Brasil. Se resumirmos em uma expressão o último século no Brasil e a relação estabelecida com os primeiros habitantes daqui, os originários, os sequestrados e os que vieram dominar, com os quais poderíamos conviver, se outros pensamentos, outras ideias e outros sistemas vigorassem, seria a Era dos Massacres. Parece que os descendentes dos colonizadores que continuam com a mentalidade da conquista tentam dar uma solução final aos indígenas e a todas as diferenças no Brasil.

Muitos dos avanços e retrocessos das políticas indigenistas adotadas no Brasil ao longo do século XX e neste início do século XXI foram testemunhados por Raoni Metuktire, líder político e espiritual caiapó, conhecido mundialmente pela luta em defesa da Amazônia e dos povos indígenas. Com 90 anos, Raoni conheceu, ao longo da vida, diferentes chefes de Estado, artistas, pesquisadores e sertanistas e continua atuante na militância ambiental e indígena. Em texto publicado pelo jornal *The Guardian* em 2 de setembro de 2019, o quase centenário ancião faz um alerta:

> *Temos deixado de lado nossa história dividida para nos unirmos. Apenas uma geração atrás, muitos de nossos povos estavam lutando entre si, mas agora estamos juntos, lutando juntos contra nosso inimigo comum. E esse inimigo comum é você, os povos não indígenas que invadiram nossas terras e agora estão queimando até mesmo aquelas pequenas partes das florestas onde vivemos que você deixou para nós. [...] Pedimos que você pare o que está fazendo, pare a destruição, pare o seu ataque aos espíritos da Terra. Quando você corta as árvores, agride os espíritos de nossos ancestrais. Quando você procura minerais, empala o coração da Terra. E quando você derrama venenos na terra e nos rios — produtos químicos da agricultura e mercúrio das minas de ouro — você enfraquece os espíritos, as plantas, os animais e a própria terra. Quando você enfraquece a terra assim, ela começa a morrer. Se a terra morrer, se nossa Terra morrer, nenhum de nós será capaz de viver, e todos nós também morreremos.*[16]

GUERRA DIGITAL E AS NOVAS ALIANÇAS ANTICONQUISTA

Sempre houve reação, e nas pesquisas que realizamos não constam ataques em que as vítimas ameríndias tenham aceitado ou colaborado para a própria destruição física. Nos últimos anos, as guerras por território e os corpos para escravização ganharam dimensão digital. Hoje, nas mídias socais, discursos funcionam como máquinas de guerra, proferidas tanto por agentes do Estado quanto por representantes das frentes de expansão agrícola e de mineração que avançam sobre os territórios indígenas. Aquelas mesmas frentes descritas por Darcy Ribeiro continuam operando, mas em outras dimensões. Ocupando novos espaços digitais, porta-vozes indígenas geram repercussão na imprensa diante de cada *tao* de violência e constroem amplas redes de alianças para defender não apenas seus territórios, mas também a natureza e as florestas do Brasil.

O sistema capitalista passou por uma profunda transformação com a financeirização, a partir dos anos 1970, e, após cada crise econômica, investir em territórios passou a ser um porto seguro para o capital flutuante e especulativo. A busca por terras e bens naturais levou à financeirização da natureza e, com ela, veio a *refronteirização* das terras indígenas que já estavam demarcadas e protegidas. Diante das ameaças de invasão dos territórios feitas por mineradoras e fazendeiros, seja pelo arrendamento, seja pela concessão forçada, todas as terras indígenas e comunidades estão hoje ameaçadas por causa da extração massiva de recursos naturais.

Esses ataques territoriais têm uma dimensão da guerra que ocorre em um espaço virtual, seja na especulação financeira, seja mesmo no mundo digital. Configuram-se ataques digitais que produzem efeitos materiais nos territórios e na vida. E, diante desse novo espaço da guerra pela conquista de seus territórios, os povos indígenas construíram novas formas de resistência e atualmente são uma das principais forças políticas no país.

Em 2012, viralizou numa rede social um movimento em que internautas adicionavam o sobrenome "Guarani-Kaiowá" ao próprio nome. Essa ação massiva, com repercussão internacional, aconteceu após a comunidade da aldeia Pyelito Kue divulgar uma carta de protesto na qual, diante de uma ordem judicial de despejo, diziam que não sairiam de suas terras e desafiavam as autoridades, expondo o projeto de genocídio atado à expulsão de seus territórios. "Pedimos ao governo e à Justiça Federal para não decretar a ordem de despejo/expulsão, mas solicitamos para decretar a nossa morte coletiva e para enterrar nós todos aqui." Se fosse para expulsá-los, que os matassem e enviassem um trator para enterrar seus corpos. "Esse é nosso pedido aos juízes federais."[17]

Desde o assassinato de Marçal Tupã-í, primeiro grande líder dos caiowás de expressão internacional, em 1983, dezenas de lideranças caiowás e guaranis foram assassinadas em Mato Grosso do Sul. Os territórios desses povos começaram a ser invadidos após a Guerra da Tríplice Aliança (1864–70), como mostra o antropólogo Tonico Benites, cujo nome/alma é Ava Verá Arandu, liderança do movimento indígena Aty Guasu, que luta ainda hoje pela demarcação do *tekohá* (lugar sagrado) Jaguapiré, de onde sua família foi expulsa. Em sua tese de doutoramento em Antropologia Social defendida no Museu Nacional, em 2014, ele trouxe documentos históricos que mostram a invasão iniciada nos anos 1880, intensificada de forma violenta nas décadas de 1950 e 1960, com a retirada das famílias de suas habitações, e a onda de ataques e assassinatos de lideranças indígenas depois dos anos 1980, com a morte de Marçal Tupã-í. Antes de cada retomada de terras sagradas, explica Benites, os pajés e os mais velhos contam aos jovens guerreiros a história do *tekohá*, dos antepassados que estão enterrados lá, e dizem que tudo vai ficar bem e vão voltar a ter caça e a natureza para partilhar e defender. Se os kiriris falam em *reconquista* das terras (ver capítulo 8) e os tupinambás que vivem no sul da Bahia falam em *retomada*, a expressão mais comum entre os guaranis-kaiowás, segundo Benites, é *reocupação*.

A justiça não teve coragem de enfrentar os guaranis-kaiowás no desafio que lançaram na carta pública: a ordem de despejo foi suspensa e a repercussão internacional quebrou a internet. Desde então, cartas e manifestações indígenas circulam cada vez mais rápido, e coletivos indígenas de mídia, como a Rádio Yandê e a Mídia Índia, informam a sociedade de ataques iminentes.

Foi como uma guerrilha digital, por meio de um coletivo de jovens indígenas do povo pancararu, que uma ação genocida em campo ganhou dimensões de guerra digital nos últimos dias de 2018. Um conflito longo entre posseiros e indígenas se intensificou com a campanha de ódio do então candidato à presidência Jair Bolsonaro. Localmente, mensagens racistas circularam por aplicativos de mensagens e se intensificaram após a contagem de votos que indicou a vitória do candidato do Partido Social Liberal (PSL). A terra indígena, que fica entre os municípios de Jatobá e Tacaratu, no interior de Pernambuco, foi atacada por invasores que incendiaram sua escola e seu posto de saúde. Poucas semanas depois, a igreja da comunidade também foi incendiada.

Os pancararus reagiram nas redes sociais. Identificaram as postagens que haviam causado os ataques, imprimiram-nas, e jovens guerreiros mobilizaram as redes, com vídeos dos locais dos ataques, *cards* e *memes* que ajudaram a espalhar a notícia da comunidade atacada. Conseguiram apoio de artistas e influenciadores digitais, que, no verão pernambucano, realizaram uma grande mobilização em Recife em defesa dos pancararus. Em 2019, que se desenhava como um ano bastante violento, conseguiram unir o povo em torno de uma ação que repercutiu nas mídias sociais da comunidade e divulgaram que estavam mobilizados na Câmara dos Vereadores de Tacaratu para discutir o orçamento do ano seguinte, a fim cobrar o pagamento dos professores indígenas da rede municipal e cobrar do governo federal a reconstrução do posto de saúde. A escola, decidiram reconstruir por conta própria com vaquinhas on-line e doações.

Diante de um ambiente crescentemente hostil e um governo anti-indígena, as condições pioraram de forma desproporcional no trágico ano de 2020. Se o novo coronavírus acometeu de modo indiferenciado índios e brancos, os efeitos de letalidade e o acesso à infraestrutura de tratamento, sobretudo a respiradores e oxigênio, foram extremamente desiguais. Até o início de dezembro, a covid-19 havia atingido mais da metade dos povos indígenas brasileiros, resultando em um total superior a 27 mil indígenas contaminados, segundo dados da Apib.[18] Por se tratar de uma doença com maior incidência de mortes entre pessoas idosas, a covid-19 assume uma dimensão particularmente trágica entre os indígenas, que dependem dos mais velhos para a preservação das suas culturas e tradições. Além disso, a péssima gestão da agenda ambiental pelo governo federal mostrou-se quase tão ameaçadora quanto a pandemia, como ficou evidenciado no episódio em que o ministro responsável pela pasta do Meio Ambiente afirmou que a disseminação do vírus era uma boa "oportunidade" para "passar a boiada", ou seja, aprovar livremente medidas de desregulação das barreiras de proteção ambiental.[19] Por essa razão, a pandemia de 2020 "segue essa violenta estratégia de conquista"[20] de territórios indígenas descrita ao longo do livro. Há uma correlação entre racismo como ideologia e interesse econômico pela apropriação dos recursos naturais e dos corpos para a força de trabalho, descrita pelo teórico das guerras anticoloniais Frantz Fanon, que se aplica ao caso da violência contemporânea contra os povos indígenas.[21] A rápida disseminação do coronavírus nos territórios indígenas foi acompanhada de descaso e de omissão do governo federal, conforme denunciou o movimento indígena no relatório *Nossa luta é pela vida*.

Em contrapartida, a luta indígena tem alcançado cada vez mais visibilidade e apoio, resultando também em uma maior penetração na sociedade nacional. No que concerne à política institucional, o crescimento da participação indígena tem se ampliado de forma acentuada. Nas eleições para os cargos municipais de 15 de novembro de 2020, foram eleitos, em todo o país, nove prefeitos, uma prefeita, nove vice-prefeitos, três vice-prefeitas e 214 vereadores e vereadoras indígenas, totalizando 236 candidaturas vencedoras, de 71 povos diferentes — o maior número já registrado na história do país.[22] Ao mesmo tempo, as retomadas, reocupações e reconquistas dos territórios foram os mais intensos processos de mobilização no campo nos últimos anos, proporcionando aos povos indígenas um retorno a seus lugares sagrados, mas, diante da instabilidade do domínio pela falta de demarcação, também um aumento da violência física.

Durante a pandemia, por iniciativa própria, muitos povos criaram barreiras sanitárias e reforçaram a proteção contra os invasores, muitas vezes colocando suas jovens lideranças em risco. Os ianomâmis denunciaram a invasão de mais de 20 mil garimpeiros que, além de contaminar os rios com mercúrio e devastar as matas, espalharam o novo coronavírus pela terra indígena. Conseguiram uma ampla rede de apoio internacional, um abaixo-assinado com meio milhão de assinaturas, levar o caso da invasão a cortes internacionais e ainda projetar na sede do Congresso Nacional desenhos feitos por um artista. Em um vídeo que circulou nas redes sociais, o xamã Davi Kopenawa passou ao mundo a *Mensagem do xamã*:

Ei, olha para mim. Estamos vendo vocês. Nós tentamos te mostrar. Vocês só olham para baixo. Estamos avisando vocês desde o começo. Essa terra é viva. Essa terra nunca terá dono. Porque nós somos a terra. Todos nós. Mas vocês queriam as pedras, o ouro. Suas mercadorias, títulos, bandeiras, lucros, vocês chamam isso de progresso. Tentamos te ensinar, mas vocês são gananciosos demais, primitivos demais, selvagens demais para entender. Agora, vocês trazem outra doença para os ianomâmi. E de novo estamos morrendo por causa disso. E as terras indígenas virando cinzas e lama. Cinco séculos, e vocês nunca enxergaram o que estamos mantendo no lugar: o próprio céu. Suas cidades já podem ver, suas colheitas já podem ver, seus filhos já podem ver. Dá para ver nos seus pulmões. Ei, respira fundo, abra seus olhos e olha para cima. Você consegue ver?

Desde a aldeia Krenak, nas margens do rio Doce, o rio chamado de Watu pelos krenaks, Ailton Krenak participou de centenas de *lives*, lançou um livro em meio à pandemia (*A vida não é útil*) e ganhou reconhecimento popular como um dos maiores intelectuais do país. Outro reconhecimento importante nesse ano trágico foi dado a Alessandra Korap Munduruku, com o Prêmio Robert F. Kennedy de direitos humanos por sua luta em defesa de seu povo, da floresta e do rio Tapajós, igualmente invadido por garimpeiros, tal qual a terra dos ianomâmis.

Esses movimentos de resistência, frente tanto à covid-19 quanto ao enfrentamento de invasores, são sustentados pelos cantos sagrados dos pajés, como mostrou Tonico Benites em sua tese de doutoramento,[23] e pela força das mulheres na liderança da defesa coletiva dos povos e de seus territórios, como analisou Elisa Pankararu em sua dissertação de mestrado, defendida na Universidade Federal de Pernambuco em 2019. Na epígrafe de seu trabalho, Elisa apresenta um trecho da filosofia pancararu:

Na narrativa mítica, na orientação espiritual e cotidiana do Tronco Pankararu, há uma visão de uma figura feminina vista como mãe do criador e da criação, a mãe natureza, que compreende e protege os espaços onde há vidas. Todos os seres vivos humanos e não humanos, também as pedras, as águas e espíritos sagrados femininos e masculinos. O entendimento e conhecimentos deixados por nossos antepassados: os saberes tradicionais. (Filosofia Pankararu)[24]

Perder uma guerra não é o mesmo que se deixar ser dominado, pois as resistências podem reemergir em diferentes dimensões. E, diante da revolução digital, os indígenas têm conseguido lutar com novas armas em defesa de seus territórios e de suas identidades, e com isso desenhar a possibilidade de um futuro diferente, justo, democrático, em que sejam possíveis o convívio e a coabitação intercultural no planeta.

NOTAS

1 | Sposito, 2012.
2 | Commissão Representante do Império do Brazil na Exposição Universal, 1876.
3 | Ribeiro, 1996.
4 | Von Ihering, 1907, p. 215.
5 | Rondon, 1922, pp. 97-8.
6 | Citado em Bigio, 1996, p. 132.
7 | Arquivo do SPI citado em Ribeiro, 1970, p. 110.
8 | Bigio, 1996.
9 | Ribeiro, 1956.
10 | Ribeiro, 1970.
11 | Citado em Ribeiro, 1970, p. 276.
12 | Ribeiro, 1970, p. 277.
13 | Ribeiro, 1957, p. 47.
14 | Carvalho, 2015, p. 155.
15 | *Corumbiara*. Direção de Vincent Carelli. Documentário, 1h57 min, 2009.
16 | Disponível em: https://midianinja.org/news/nos-povos-da-amazonia-estamos-cheios-de-medo-em-breve-voces-tambem-terao-diz-cacique-raoni. Acesso em: maio 2020.
17 | Conselho Indígena Missionário, 2012.
18 | Disponível em: https://emergenciaindigena.apiboficial.org. Acesso em: 7 dez. 2020.
19 | Alessi, 2020.
20 | Milanez, 2020.
21 | Milanez; Vida, 2020.
22 | ELEIÇÕES 2020: Número de indígenas eleitos é o maior da história do Brasil. *Apib*. 17 nov. 2020. Disponível em: https://apiboficial.org/2020/11/17/eleicoes-2020-em-contagem-parcial-apib-mapeia-159-candidatos-indigenas-eleitos. Acesso em: 7 dez. 2020.
23 | Benites, 2014.
24 | Citado em Ramos, 2019, p. 5.

10.
OS VENCIDOS NÃO SE ENTREGARAM: ENTREVISTA COM AILTON KRENAK

A ilton Krenak foi um dos principais articuladores do movimento indígena do fim da ditadura (1964–85), que conquistou os direitos assegurados na Constituição Federal de 1988. Foi um dos fundadores da União dos Povos Indígenas, primeiro movimento pan-indígena no Brasil, que representou os interesses dos povos originários e a defesa de seus direitos no cenário nacional. Em uma luta ampla em defesa da ecologia e das condições ecológicas de existência, foi um dos criadores, ao lado de Chico Mendes, da Aliança dos Povos da Floresta, em 1989. Célebre escritor, intelectual, jornalista, comunicador, historiador e filósofo, professor *Honoris causa* pela Universidade Federal de Juiz de Fora, proferiu um discurso magistral no plenário do Congresso Constituinte, em 1988, em defesa do capítulo "Dos Índios", quando era o coordenador da campanha dos índios na Constituinte, e teve a palavra para falar da Emenda Popular n. 40, que versa sobre populações indígenas.

> *O povo indígena tem um jeito de pensar, tem um jeito de viver, tem condições fundamentais para sua existência e para a manifestação de sua tradição, sua vida, sua cultura, que não coloca em risco — e nunca colocou — a existência nem dos animais que vivem ao redor das áreas indígenas, nem de outros seres humanos. [...]*
> *Um povo que sempre viveu à revelia de todas as riquezas, que habita casas cobertas de palha e dorme em esteiras no chão não deve ser identificado de jeito nenhum como um povo inimigo dos interesses do Brasil, da nação, ou que coloca em risco qualquer desenvolvimento. O povo indígena tem regado com sangue cada hectare dos 8 milhões de km² do Brasil. Vossas Excelências são testemunhas disso.*

Encontramos Ailton Krenak em sua aldeia e perguntamos o que ele atualizaria nessa sua fala. Ele respondeu: "A gente não está mais dormindo em esteiras no chão e morando em casas cobertas de palha passando à margem da história. A gente invadiu a história".

A entrevista a seguir foi conduzida por Luiz Bolognesi, em São Paulo, em agosto de 2018.

Luiz Bolognesi: Como era a vida no Brasil antes da chegada dos europeus?
Ailton Krenak: A vida no Brasil antes da chegada dos europeus não existia. Quando essa pergunta é colocada, pressupõe-se que existia o Brasil. O Brasil não existia. O Brasil é uma invenção, e essa invenção nasce exatamente da invasão. Quando a Europa invade o continente, começa a configurar isso que a gente chama de Brasil e que as pessoas naturalizam como paisagem de Brasil, assim como, hoje, naturalizam uma paisagem que é, por exemplo, a Amazônia. Quando você fala Amazônia, um europeu ou um brasileiro configura um lugar que,

para mim, é imaginário, mas que, para ele, é onde tem floresta, povos e tudo. Principalmente tem floresta. Isso é uma Amazônia. O Brasil também é um lugar assim imaginado e foi configurado com a invasão: inicialmente, feita pelos portugueses, depois continuada pelos holandeses, e depois pelos franceses, num moto contínuo, onde as invasões nunca tiveram fim. Nós estamos sendo invadidos agora.

Esse lugar que a gente convencionou ser o Brasil é uma janela de invasão de um mundo possível. Esse mundo que há cinco séculos era o lugar de guerras domésticas entre povos que viviam aqui, e desses a maior quantidade de registros da dinâmica guerreira eram os tupinambás, que ocupavam toda a costa Atlântica e, por coincidência, foram também os caras que receberam a primeira canoa portuguesa na praia. Foram os tupinambás que receberam a primeira missa em monte Pascoal, que enfrentaram Tomé de Sousa, que enfrentaram João Ramalho, que enfrentaram os primeiros bandeirantes armados com o propósito de consolidar a presença portuguesa em terras indígenas. E essas guerras pequenas, guerras regionais, se davam na bacia de um rio, o Tietê, o rio Doce, que é um rio onde o povo krenak sobrou da grande guerra de ocupação daquela região travada contra os botocudos. Uma guerra declarada por dom João VI quando a família real portuguesa aportou no Brasil [em 1808].

Mas, lá nos séculos XVI e XVII, a ideia de uma guerra de ocupação, uma guerra de invasão, não existia, porque era muito dispersa. As entradas se davam às vezes lá pelo rio Negro, no Amazonas; podiam ser os espanhóis ou os portugueses tentando entrar por lá, no Maranhão ou no Sul, entrando pela bacia do Prata. É como se você estivesse habitando um lugar imaginário em que, de repente, uma penetração, uma invasão desse lugar começasse a ser forçada por vários lugares. E como a invasão, essa invasão europeia — portuguesa, francesa —, da qual às vezes as pessoas falam, os portugueses invadiram o Brasil... Os portugueses, em alguns momentos, nem estavam aqui. Outros também invadiam. Aqui foi uma área, um território, abordado em diferentes momentos por diferentes sujeitos invasores. Alguns vinham para fazer negócio e iam embora. Só muito tarde, cem anos depois de os estrangeiros começarem a circular nas nossas praias, foi que alguns começaram a tentar implantar alguma coisa para ficar aqui.

Nos primeiros cem anos do Brasil não acontecia uma invasão. Nos primeiros cem anos havia um bullying, os europeus quiseram fazer bullying com os nativos: sequestrar, roubar, estuprar mulheres, roubar crianças. Aquela prática cultural que os europeus já tinham entre eles mesmos, de se saquear, assaltar uns aos outros; eles vieram difundir essa cultura assaltante entre os povos que ainda não tinham esse escambo. O tipo de relação que os tupinambás tinham com a guerra era de ritual. Eles expandiram o território deles na costa Atlântica, confrontando outras tribos menores, incorporando aquelas tribos em sua constelação e fazendo a arte da guerra como uma reafirmação da cultura, da identidade daqueles tupinambás anteriores a um mundo que eles ainda estavam, digamos, descobrindo. Quer dizer, não foram só os portugueses que descobriram mundos.

Quando os europeus estavam descobrindo os mundos — e, para isso, saíam viajando pelos oceanos —, os nativos daqui dos Andes e da América Central também se moviam. Os guaranis da bacia do Prata se moviam, circulavam na Argentina, no que hoje é o Paraguai, a Bolívia, e tinham contato com os quéchuas, com os aimarás, tinham um caminho antigo, um caminho guarani, que subia a partir de onde é Paranaguá e atravessava dali para fazer contato com os Andes, para as pessoas não imaginarem que tinha uma ilha ignorante pairando aqui no Atlântico. E, de repente, os europeus acharam essa ilha flutuando. Tinha gente aqui com história; alguns desses povos com até 2 mil anos de história. Os guaranis, hoje se atesta, tinham 4 mil anos de compreensão de si como povos, se relacionavam com os povos andinos e reivindicavam diante dos andinos uma territorialidade e um respeito pelos povos andinos desse território, que é uma parábola dessa parte que vem lá do que seria o Pantanal, passando por parte do que é Mato Grosso, o noroeste paulista, atravessando Paraná, Santa Catarina e Rio Grande do Sul. Os povos desses territórios formam uma cosmogonia em que os guaranis circulam caminhando em busca de uma tal Terra sem Mal; uma cosmovisão guarani que busca um lugar que é um espelho da terra, mas sem os defeitos daqui; é um lugar melhor do que a terra, é a Terra sem Mal.

E os tupinambás também conseguiam entender que havia um lugar guarani e que eles não podiam invadir esse território. Os tupinambás faziam, de certa maneira, uma elipse, subiam pela costa do Atlântico, mas não se metiam nos territórios guaranis e não guerreavam com eles. Tinham uma espécie de política de convivência com esses povos cujas populações tinham mais de 5 mil, 10 mil pessoas. As pequenas tribos, com trezentos indivíduos, com uma centena de indivíduos, viviam como periferia desses mundos maiores, negociando seu trânsito entre os outros parentes.

A autora indígena Wilma Martins de Mendonça, da Universidade Federal da Paraíba, que é tabajara, um povo testemunha dessas guerras, escreveu uma obra interessante, sua tese de doutorado em literatura, *Memória de nós: o discurso possível e o silêncio tupinambá nos relatos de viagem do século XVI*. Os tabajaras, assim como os potiguaras, todos esses povos indígenas cuja presença no Nordeste, na costa Atlântica, ainda tem registro, integraram em algum momento essa unidade indígena, uma espécie de coalizão entre diferentes facções indígenas para enfrentar o homem branco por diferentes motivos. Alguns enfrentavam porque eram ofendidos pela presença dos jesuítas e pela tentativa de implantar as missões, alguns aderiram a esses projetos de missão e constituíram uma verdadeira força colonial que combatia seus parentes tapuias do sertão, que eram os índios, digamos assim, que estavam fora do acordo e invadiam as missões, as assaltavam e botavam os portugueses ou qualquer colono para correr.

A partir do século XVIII, havia muitas guerras, quase que guerras de guerrilha, acontecendo por uma grande extensão daquilo que seria o sertão, sem entrar no que é o coração desse território, que hoje é o Tocantins, o Araguaia, que é toda a Amazônia. Aquele lugar não foi palco, digamos assim, de grandes mobilizações guerreiras, a não ser entre os próprios povos nativos, disputando e consolidando territórios, configurando geografias, cartografias próprias, onde os brancos entravam, em alguns casos, só como parceiros, porque tinham interesse em entrar no meio daquela coisa para implantar algum projeto novo, algum projeto de extração, fosse de madeira, de pele de bicho ou de pena. Porque teve um tempo em que o grande barato da Europa era mesmo levar para lá tudo que havia aqui de exótico, as especiarias, e no meio disso, principalmente, peles de animais, plantas, árvores, madeira, essências. Havia uma lista muito mais diversificada do que hoje. Esse era o extrativismo da Europa com relação a esse mundo novo, esse lugar onde havia comprovadamente mais de oitocentas tribos; para não fazer nenhuma correção de linguagem, chamar de etnia, povo, eram tribos mesmo o que naquele momento o branco via quando chegava aqui. Não tinha nenhum antropólogo pra corrigir a linguagem, então eram tribos que eles tinham de enfrentar.

LB: E essas "tribos" falavam a mesma língua?
AK: Não, falavam centenas de dialetos e línguas tão diferentes umas das outras que, quando um sujeito era capturado, por exemplo, quando um caiapó era capturado pelos carijós de Ubatuba, pelos índios que estavam no litoral, aquela gente que o tinha capturado num combate, num enfrentamento, precisava ter "uma língua", um intérprete daquele povo guerreiro, para saber o que o sujeito capturado entendia e era capaz de falar da sua língua. No Planalto Paulista, havia povos que não falavam tupi, apesar de ter sido durante muito tempo um grande território de movimentação de povos falantes dessa língua, e os tupinambás estão entre eles. Mas imaginar que o povo tupinambá que ocupou essa costa do Atlântico desde o litoral de São Paulo, Paranaguá, até chegar ao Maranhão, falava a mesma língua é uma abstração, porque nem hoje as pessoas que habitam de Paranaguá ao Maranhão falam a mesma língua. Se vocês acham que essa gente fala português, vocês estão sendo bem flexíveis quando querem dizer que a fala do Piauí, do Ceará, do Maranhão, do Paraná e de São Paulo é uma língua só. São diferentes falas, e naquele tempo

as falas eram tão diferentes que pertenciam a diferentes troncos linguísticos classificados hoje.

Hoje, o Brasil conta ainda com uma diversidade de falantes de línguas que pertencem a cinco troncos linguísticos. O tupi é um. O povo que vive na fronteira do Acre com o Amazonas, subindo para a fronteira com o Peru, é uma mancha linguística cuja designação para os linguistas é pano. Eles são vizinhos de uma gente que é de língua caribe (eu já mencionei dois troncos linguísticos). Mais ao lado, você vai ter gente que fala a língua tupi mondé. Os tupis mondé, aqueles que estão na bacia Amazônica, no Madeira, no vale do Aripuanã, são tupi mondé, que já é uma língua da família tupi, mas não é tupi, não o que falavam aqui no século XVIII, de jeito nenhum. É uma língua evoluída a partir daquela matriz e com muitas variações. Os suruí, os cintas-largas, eles falam variações dessas línguas definidas como tupi. E os krenak, por exemplo, a minha família, eles são jê, são parentes dos xavantes, dos caiapós, dos krahôs, dos timbiras, que estão lá em cima, no Tocantins, essa gente fala línguas relacionadas com um tronco linguístico distinto também. É preciso entender que havia uma constelação de povos pensando o mundo de forma diferente, falando línguas diferentes, e daria até para considerar que queriam coisas diferentes. Não havia uma congregação de índios aqui imaginando um mundo comum. Se tem uma coisa que esses caras nunca imaginaram, é um mundo comum. Todo mundo pensava diferente um do outro.

LB: Criou-se uma visão de que os povos nativos seriam atrasados, sem ciência, sem tecnologia. Como era a questão do conhecimento entre os povos nativos que viviam onde hoje é o território brasileiro?
AK: A pergunta fica prejudicada quando você pensa isso como um coletivo que tinha uma unidade cultural, linguística, histórica. Havia gente com elaboração de processos construtivos de uma identidade, de uma cultura de 2 mil anos, de 3 mil anos, mas também povos que circulavam e podiam ter vindo dos Andes nos últimos duzentos, trezentos anos. Eles vinham fazer uma

adaptação ecológica à paisagem, a nova paisagem que encontrariam era do Cerrado, da Mata Atlântica. Tem um sujeito que conta a história natural da Mata Atlântica e diz que a formação desse bioma, quando os europeus chegaram aqui, fez os viajantes, os naturalistas pirarem; essa Mata Atlântica era o produto, o resultado, de alguns milhares de anos de interação com os seres humanos que fizeram esse jardim.

A Mata Atlântica é um jardim criado por culturas humanas, gente que os europeus achavam que não tinha cultura. Só que, quando os europeus chegaram aqui, todos poderiam ter morrido de inanição, escorbuto ou qualquer outra pereba nesse litoral, caso essa gente que diziam não ter cultura não os tivesse acolhido, os ensinado a andar aqui e dado comida a eles, porque os caras não sabiam nem pegar um caju. Eles não sabiam nem que caju era comida. E chegaram aqui famélicos, doentes. Darcy Ribeiro diz que eles fediam. Quer dizer, baixou uma turma na nossa praia que estava simplesmente podre. A gente podia tê-los matado afogados. Se uns duzentos índios fossem lá e afundassem as canoas em que eles estavam, matavam todos afogados. Esses camaradas não chegaram aqui com aparato bélico ou com uma estrutura para ocupar esse continente e dominar o povo local.

Durante muito mais do que cem anos, o que os índios fizeram foi socorrer brancos flagelados chegando à nossa praia. Querer configurar isso como uma conquista nos termos de uma guerra de conquista, como aconteceu no México, em algumas regiões do Peru, seria ignorar a extensão dessa costa Atlântica. Para ocupar, para chegar ao mesmo tempo em todas essas bacias que desembocam no Atlântico, você não tinha que ter uma canoa com 37 portugueses; você tinha que ter trezentas canoas com pelos menos uns 3 mil e tantos portugueses para chegar à nossa praia. Você devia fazer um desembarque aqui, e não teve um desembarque.

Se você olhar a história mesmo, inclusive aquela que está no cinema, vai ver como é contada a chegada do branco, a descoberta do Brasil, aquela coisa do grande cineasta Humberto Mauro. Quando Humberto Mauro filmou a descoberta do Brasil, aquilo era o que os brancos, filhos dos portugueses, pensavam que fosse a descoberta do Brasil. Como todo mundo precisa de um mito de origem, o mito do Brasil é aquela descoberta, com as caravelas, aquela missa no monte Pascoal, aquele registro de cartório do nascimento da cria Brasil. É um mito de origem, gente. Nós somos adultos, a gente não precisa ficar embalado com essa história de assustar criança. A gente pode buscar entender a nossa história com os diferentes matizes que ela tem e ser capaz de entender que não teve um evento fundador do Brasil. Esses eventos, se pensássemos neles nos termos dos conflitos, dos desentendimentos, das guerras, das insurreições, começaram bem depois de terem conseguido estabelecer os primeiros sítios coloniais de brancos, que não eram só portugueses, eu insisto nisso. Vamos dizer que se, em 1612, 1650, houvesse trinta fazendas aqui, provavelmente seis delas eram de holandeses, de franceses, de algum degredado de outro lugar da Europa, talvez até um alemão, porque não se esqueça de que o Hans Staden, o cara que diz que quase foi comido pelos índios e escreveu toda aquela história, inaugurou todo esse discurso da antropofagia. O Hans Staden diz que os tupinambás o pegaram, o capturaram e o levaram para Ubatuba, onde ele teria ficado refém, depois foi levado para a Guanabara, circulou ali no litoral no meio dos guerreiros a ponto de alimentar toda a historiografia com aquela narrativa de que estava sendo preparado para ser comido. Vocês já escutaram essa história. Todo mundo que lê essa fundação do Brasil colonial sabe que um alemão chamado Hans Staden contou uma primeira história para os brancos na Europa, de como os guerreiros daqui comiam seus inimigos e que ele, por ter sido capturado, estava sendo já cultivado no pátio das aldeias como o cara que ia ser comido num próximo ritual. Ora, interessante que o cara que contou essa história nunca foi comido, caso contrário não a teria escrito.

LB: Quando esses europeus chegaram, não houve um desembarque. Estavam famintos, flagelados, e os povos que estavam aqui os salvaram, os acolheram e os ensinaram a comer. O que aconteceu cem anos depois que esse litoral estava praticamente despovoado dos povos tupis?

AK: Em primeiro lugar, houve uma grande depopulação dos nativos, uma espécie de guerra bacteriológica. Aqueles doentes que chegaram aqui na praia disseminaram peste e doença, fazendo com que aldeias inteiras morressem. Morriam de diarreia, de febre, morriam, morriam como se tivesse passado um vento doente no meio daquela gente. Os tupis todos, os guaranis inclusive. Os guaranis morriam pelo simples contágio de um guarani que havia corrido na mata até uma aldeia para contar sobre um ponto onde os brancos estavam ajuntados. As doenças, os vírus que eram cultivados pelos brancos não os matavam, mas, quando entravam em contato com o pessoal daqui, sem anticorpos para esses males, centenas de pessoas morriam em duas, três semanas.

Hoje em dia, os biólogos, a medicina, os infectologistas sabem como são esses processos de contágio, eles entendem perfeitamente que, quando um sujeito chegava numa aldeia daquelas, encontrava aquela gente saudável — e ainda por cima nua — e dava um abraço suado e fedido nessas pessoas, ele matava metade daquela tribo só com a camisa podre que estava usando. E muitos desses estrangeiros davam roupas e objetos sujos e contaminados — alguns intencionalmente — que matavam mesmo, infectavam aldeias inteiras. Quando a gente fala em aldeias inteiras, precisa pensar qual é o tamanho de uma aldeia inteira. A maioria dessas aldeias inteiras tinha uma população de no máximo seiscentas, oitocentas pessoas. Então, era uma constelação de aldeias que reunia 6 mil, 8 mil parentes, afilhados uns dos outros. Se você infectasse uma vila daquelas, uma aldeia com trezentas, quatrocentas pessoas, alguns sujeitos infectados dali correriam para a próxima aldeia. Imagina um organismo multicelular. Esse sujeito espalharia a morte entre seus parentes todos. Então precisa muita elaboração para dizer que os portugueses mataram todos aqueles camaradas. Talvez o sujeito que foi e infectou a primeira comunidade nem soubesse, nem tivesse capacidade e informação naquele tempo para saber que era uma bomba bacteriológica, uma bomba biológica, uma bomba ambulante.

Alguns, desesperados e perdidos, correndo em alguns rios, pediam socorro quando já estavam totalmente infectados, à beira da morte mesmo. E esses brancos se espalhavam no meio de quem os acolhia. Quem os acolhia morria. Não vou afirmar assim, de cara, o motivo por que cem, 120 anos depois muitos deles estavam afiliados a missões jesuíticas ou aos engenhos, aos assentamentos coloniais. Não vou dizer que eles estavam fazendo isso para correr da mortandade que estava acontecendo nas aldeias deles. Mas você pode ter certeza de que uma boa parte deles foi mesmo, porque, como eles achavam que aquela doença era de branco — os pajés diziam que eles tinham pegado aquela doença dos brancos —, os sobreviventes naturalmente buscavam socorro no meio dos brancos, inclusive dos missionários.

Quando os jesuítas começaram a acolher os guaranis e foram constituir as missões do sul, não deixavam os índios que perambulavam no meio da colônia entrarem nos aldeamentos indígenas. Então, os índios que viviam nas missões não se misturavam com índios de fora, porque os índios de fora podiam estar doentes. Os jesuítas eram muito informados, naquela época deviam ser os caras mais informados do seu tempo. Sabiam muito bem que os índios que estavam fora podiam estar infectados e que levariam a doença para seus parentes dentro daquele território. Os jesuítas não deixavam os índios das missões confabularem com os caras de fora. E isso também foi criando animosidade, a ponto de, quando espanhóis e portugueses se desentenderam e tiveram que esmagar as missões, eles terem podido contar com um grande contingente de índios que foram ajudar a fazer essa guerra.

Os povos indígenas foram mobilizados em guerras internas contra os brancos, entre brancos e brancos, franceses contra portugueses, porque o que eles chamam de Confederação dos Tamoios foi exatamente quando Cunhambebe e seus guerreiros conseguiram criar uma força capaz de botar os portugueses para fora com apoio dos franceses. Eles se associaram com os franceses para expulsar os portugueses, depois se associaram com os portugueses para expulsar os holandeses, lá no caso do Maranhão, de Pernambuco, essa nossa memória que a professora Wilma Martins de Mendonça conta a partir da pesquisa que ela fez de toda a literatura colonial, os primeiros viajantes, desde a carta do Caminha, um trabalho em que ela lê esses documentos de maneira crítica e continuada, do que seria a mortandade desses povos quando o governo branco, a Coroa portuguesa, decidiu que ia ter uma burocracia, uma administração aqui na terra do Brasil.

E isso não foi no começo. Portugal só começou, só se interessou por botar uma administração aqui muito depois que já tinha experimentado fazer a doação das terras, as sesmarias, quando vieram os donatários, faliram, redistribuíram aquelas faixas de terra para fazer a ocupação, faliram de novo.

LB: Os ataques dos indígenas inviabilizaram as capitanias?
AK: Muitas delas foram inviabilizadas porque os caras não tinham tecnologia para desenvolver uma economia continuada naqueles lugares. Eles chegavam, o sujeito que recebia uma terra saqueava aquela terra, levava o que podia embora, se estabelecia em outro lugar, mas não aguentava, não tinha como criar um assentamento continuado com mão de obra e tudo. Porque tentava convencer os índios a colaborar no empreendimento dele, mas, na maioria das vezes, os índios que ficavam na abertura de uma mata para começar um empreendimento, abrir um engenho, uma coisa assim, enjoavam daquela mesmice e iam embora. Em alguns casos, o português, o fundador do empreendimento, mandava seus homens, seus jagunços armados, irem atrás dessas famílias de índios que desertavam para trazê-los de volta, não mais como associados, mas agora como escravos. E aí começou a haver muitos conflitos de mau entendimento, mau entendimento que, no começo, permitia que portugueses e índios até colaborassem.

O entendimento dos portugueses de que podiam escravizar os índios foi um dos principais motivos para que os índios começassem a queimar os engenhos, os novos sítios coloniais, e entendessem que os brancos eram invasores. Quer dizer, demorou para os índios interpretarem que os brancos estavam aqui para ficar e tomar a terra e, se possível, escravizar os donos da terra. Não porque os índios não tivessem cultura, mas porque esses povos tinham uma outra sociabilidade, outro jeito de conviver com a diferença. Eu já disse que, desde o começo, eles se relacionavam com os quéchuas, com os aimarás, com os povos andinos, com o império do Tawantinsuyu, que tinha em toda essa espinha que são os Andes. Eles não estavam aqui perdidos no espaço. Cada um desses povos relacionava o céu, a terra, as constelações, com suas diferentes leituras de mundo. Mas tinham uma complexa relação com o território e entre si.

Quando os brancos chegaram, eles foram admitidos como mais um na diferença. E, se os brancos tivessem educação, poderiam ter continuado a viver aqui no meio daqueles povos e produzido outro tipo de experiência. Mas eles chegaram com a má intenção de assaltar essa terra e escravizar o povo que vivia aqui, e foi isso que deu errado. Se a gente tivesse que contar como deu errado nosso desencontro ou nosso encontro, deu errado por causa do propósito que trouxe os brancos aqui. Eles entraram como ladrões. Então eu digo: qualquer pessoa que esteja lendo estas palavras e se sinta parte dessa continuidade colonialista que chegou aqui, você é um ladrão. O seu avô foi, seu bisavô foi. Vocês vieram aqui com o propósito de assaltar essa terra, e muitos dos danos que essa terra experimenta hoje se originaram no propósito do primeiro branco que veio roubar. Ele implantou aqui a semente do roubo. Ele não veio edificar nada, veio assaltar. Mas encontrou um povo que sabia conviver, tinha a arte da sociabilidade, a ponto de ter a guerra como uma das formas de organização social.

Vocês sabem que teve gente que estudou como a sociedade tupinambá se organizava, se difundia, se ampliava, se reproduzia a partir da arte da guerra. Então a arte da guerra era conhecida dos povos locais. Eles não foram invadidos como inocentes, que estavam caçando borboletas na floresta. Era um povo que conhecia a arte da guerra. Mas, quando os brancos chegaram, não chegaram com um emblema da guerra. Na verdade, dissimularam para roubar essa terra, e nisso foram muito eficientes. Até o fim do século XVIII, eles já tinham roubado a costa Atlântica inteira. Já tinham configurado o que é o Nordeste.

Uma das formas de se organizar e consolidar o poder dos governadores nomeados pela Coroa portuguesa do ano 1700 em diante era exatamente fazer campanhas pelo sertão matando o maior número de aldeias possível e fazendo escravos. É uma tremenda mentira que os empreendimentos portugueses tiveram que trazer negros da África para cá porque os índios não quiseram ser escravos.

Os índios foram escravizados à exaustão, foram mortos aos milhares, sendo explorados pelo trabalho escravo. Mas, como eles tinham a possibilidade de fuga, por conhecer o território, eram assassinados no ato da fuga. Então, muitos índios morreram porque estavam fugindo dos patrões, dos pretensos donos. Não configuravam, como no caso dos africanos, um patrimônio. A mão de obra escrava indígena não criou um registro patrimonial escravocrata que os brancos podiam depois historiar, aquele processo de aquisição, distribuição, venda de filhos de escravo. Porque teve um momento, também, em que o grande negócio dos novos era vender as crias dos escravos. Era uma mercadoria. Se uma família de índios carijó ou tupinambá estava controlada dentro de uma fazenda e tinha filhos, aquelas crianças já passavam a ser peças para serem vendidas.

Se você olhar a história do século XVII inteiro até entrar no século XVIII, o grande negócio que tinha aqui era vender gente. Eu fico vendo que, hoje, uma das coisas que mais se abomina é o tráfico de seres humanos, vender seres humanos. Ora, traficar seres humanos sempre foi um negócio muito lucrativo, desde a fundação do Brasil. Vender filhos dos índios, vender filhos dos negros, como peças. Registros mostram quantos mil réis valia um negrinho ou um indiozinho, para o que eles inclusive tinham a expressão de "negros da terra". Nos registros, os índios se distinguiam dos povos que vinham da África porque eram peças de "negros da terra". Se você fosse num armazém comprar alguma coisa, teria os negros da África, os escravos africanos, e os negros da terra, os escravos índios, que eram vendidos também às centenas. Era um grande negócio.

Vender gente, roubar terra e botar gente para trabalhar à força na extração de recursos da natureza, fosse caçando, pescando, derrubando mata, era mais dinâmico do que manter uma atividade de produção, por exemplo, de lavoura. Plantar e cultivar cana e manter um engenho demandava um empreendimento enorme, um investimento de tempo e de vigilância muito grande, porque, senão, ficava só o dono do engenho; os escravos índios e negros todos davam no pé. Talvez tenha sido por isso que começaram a nascer os quilombos. Foi quando os índios começaram a dar um toque para aqueles negros africanos de que havia muito lugar para onde fugir aqui neste continente, e eles não precisavam ficar presos nas senzalas. Que havia alimento na floresta, e que a floresta daqui era tão próspera quanto a que eles conheciam na terra deles. Que dava para fugir. Deve ter demorado um pouco de tempo para isso.

Por um bom tempo, quando os escravos chegavam aqui, se viam numa terra estranha e não tinham mesmo como escapar. As guerras, mesmo, foram aquelas que a Coroa comandou pra aniquilar os povos indígenas que viviam no Piauí, em Pernambuco, no sertão da Bahia, quando esses povos começaram a se negar a ser a mão de obra escrava do engenho, da mineração, da navegação no São Francisco. Tanto que tiveram que botar os mestiços, o que eles chamavam de mamelucos, caboclos, para abrir as fazendas de gado no São Francisco, porque os índios não aceitavam. Nem a abertura das fazendas, porque eles as sabotavam e não colaboravam como mão de obra para isso. Pelo contrário, sempre que podiam, atacavam as fazendas, matavam o gado e botavam fogo.

O empreendimento colonial, se não foi assegurado por uma guerra sistemática contra o povo indígena, foi feito no longo prazo com a captura do que podia ser simbólico nas relações entre esses povos, na animosidade que havia entre esses povos, os tupis, os chamado tapuias, os que não eram, digamos, amigos dos brancos, a ponto de chegar no começo do século XIX, em 1808, quando dom João VI chegou com a família real e se instalou no Rio de Janeiro. Onde hoje é Minas Gerais havia um imenso território de floresta, as chamadas florestas do rio Doce, onde ainda vivia uma assombração dos tempos do começo da invasão, que eles diziam que eram os botocudos.

Os terríveis botocudos apareciam no noticiário no começo do século XIX como comedores de gente e apavoravam os colonos. Os colonos não tinham coragem de entrar para ocupar aquelas terras e abrir fazendas por lá, porque temiam os botocudos, que matavam e comiam os brancos. A criação desse fantasma foi proposital, feita no século anterior, quando não interessava à Coroa portuguesa dizimar os botocudos, mas mantê-los dentro do mato, na floresta do rio Doce, com esse apelido difamante de botocudos e com a fama de serem irascíveis, impossíveis de pacificar, que capturavam, matavam e comiam os brancos que entravam em seu território. Essa assombração foi criada para assustar os carregadores do ouro, do diamante de Diamantina, do ouro de Mariana, Ouro Preto e arredores, que eram os lugares onde a Coroa se supria de ouro, diamantes e outras pedras preciosas. Essa riqueza saía por uma trilha chamada Estrada Real. A Estrada Real era a única rota admitida legalmente para a saída, para a circulação da riqueza que ia para o porto de Paraty, entregue no sistema de servidão com a Coroa.

Os contrabandistas, os possíveis transgressores dessa ordem, podiam querer fugir pela Serra do Espinhaço, descer para o médio rio Doce, para a bacia do rio Doce e escapar pelo resto do continente com ouro, diamante e outras riquezas. A única saída considerada de interesse para a colônia era essa que ia a Paraty, ao porto de Paraty, onde havia o controle fiscal, o Rio de Janeiro, aquela coisa toda. Essa rota foi mantida com a anuência de um povo que botava terror do lado de baixo da serra, que é o rio Doce. E o rio Doce só foi mesmo devastado pelas tropas, pelos quartéis que configuraram essa situação de guerra, uma guerra organizada, quando botaram quarenta postos militares — os quartéis, os regimentos militares que dom João VI patrocinou, que a Coroa patrocinou — em todas as nascentes de rio que podiam constituir um espaço de estabelecimento de vila, de comércio, como a foz do Mucuri, do rio Doce, do Jequitinhonha. Então, tem um mapa, hoje, que indica os endereços desses postos militares. Alguns, um pouco mais equipados, tinham um regimento fixo. Outros só eram base de apoio para a movimentação das tropas. Mas houve momentos em que todos esses quartéis eram ativos, todos tinham soldados, inclusive muitos soldados índios, porque os índios capturados e domesticados eram convencidos a vestir a farda e virar soldados. Era uma espécie de segunda escolha. A primeira era morrer; a segunda, virar soldado daqueles quartéis. Então, muitos desses quartéis tinham uns cinco, seis camaradas brancos ou meio brancos, filhos de paulistas, sergipanos ou baianos, porque era o tipo de brasileiro, a matéria com o que o Brasil estava sendo constituído. Esses cinco, seis caras que eram sargentos, um cabo, um capitão, eles comandavam vinte, trinta índios que não falavam a língua deles, mas que tinham farda e estavam armados.

Em muitos desses postos, de vez em quando, aconteciam revoltas. Os índios matavam os oficiais e tomavam conta do quartel, e aquele quartel, então, virava um centro organizado da rebelião e do crime local, onde eles podiam assaltar fazendas, subjugar os vizinhos, atacar outras aldeias e criar algumas bases interessantes do que viriam a ser, mais tarde, algumas dessas oligarquias que, no fim do Império, deram naqueles caras que o Guimarães Rosa achou no sertão, os jagunços.

De onde vocês acham que apareceram os jagunços do grande sertão? Eles não caíram do céu, eles foram construídos socialmente. Eles eram índios, índios que passaram por milícias, que foram capturados e feitos soldados, filhos de caras que decidiram que não iam mais voltar para São Paulo ou para o Rio de Janeiro, mas que iam viver, abrir uma fazenda pra eles, criar seus filhos. Se você olhar, alguns desses personagens da história profunda do sertão, seja nas narrativas do Graciliano Ramos, do José Lins do Rego ou do Guimarães Rosa, eles são os brasileiros. Eles foram cria de assaltos a aldeias, fugas de quartéis, rebeliões, sobreviventes de quilombos. São os próprios brasileiros. Só que os brasileiros negam isso. A maioria dos brasileiros nega isso como o diabo foge da cruz. Eles querem ser qualquer coisa, menos essa gente que nasceu dos assaltos a aldeias, vilas e quartéis no tempo do Império e que fundou a República. A República é uma criação dessa gente. Do dom Pedro II, dos filhos dele, do pessoal de Petrópolis, do pessoal do Nordeste mesmo, né, disso que é Salvador, Pernambuco.

LB: E quem eram esses botocudos?
AK: Como o botocudo era um apelido genérico, ele nomeava desde os maxacalis, que não são botocudos, até alguns grupos Camacã, alguns parentes desses pataxós que agora estão lá na Bahia, no litoral de Porto Seguro. Alguns antepassados de seus antepassados que circulavam nessa região eram chamados também de botocudos. Botocudo não é só aquele contingente de tribos, de grupos indígenas, que estava nos rios, nas bacias dos rios Mucuri, no Jequitinhonha, no rio Doce e naquelas outras sub-bacias de todos esses rios que formam esse corredor entre o São Mateus e o rio Doce. São quinhentos quilômetros. Você tem que imaginar uma faixa de quinhentos quilômetros saindo daqui dessas terras mineiras que divisavam com o caminho da Estrada Real, indo para o norte, para o nordeste, indo bater lá no rio Pardo, subindo até a Bahia. Esses quinhentos quilômetros quadrados que iam dar lá no litoral do Espírito Santo, para a Bahia e para o Espírito Santo, essa faixa de terra toda era o lugar que o dom João VI queria que fosse "desinfetada".

Era para acabar com os índios que estavam nessa faixa. Tinha um território que era para ser "desinfetado". E os comandantes, os oficiais, os comandantes dessa ocupação, dessa guerra, eles tinham uma instrução para matar. E, para comprovar que eram aqueles inimigos botocudos, era preciso cortar as orelhas e fazer uma fileira, como quando você carrega peixe, e apresentá-las nos quartéis. Os botocudos furavam a orelha e também adornavam o lábio com um botoque, por isso eram apelidados de botocudos. Aliás, dizem que foram os franceses que chamaram aquele adorno do lábio de botoque, porque é parecido com a rolha de tampar barril de vinho ou qualquer outro barril. Mas aquilo era o botoque ou batoque. E aí essa gente ficou com esse apelido. É um apelido externo essa coisa de botocudo, não é nome. E ele era aplicado a todos os grupos diferentes entre si que foram encurralados dentro da floresta do rio Doce.

Aquilo ali virou uma fornalha onde muitos inimigos se enfrentaram dentro da floresta do rio Doce antes dos quartéis; porque os índios foram encurralados lá, empurrados lá para dentro, muitos deles foram empurrados para onde hoje é Ilhéus. Esses mesmos botocudos teriam expulsado a primeira vila portuguesa que se estabeleceu em Ilhéus, a atacaram e destruíram em 1670, por aí. A primeira fundação de Ilhéus foi destruída pelos índios. Em represália, os portugueses reconheceram esses índios como botocudos. E começaram a matança da foz do rio para dentro, empurrando essa gente. Por volta de 1712, 1715, os primeiros assentamentos coloniais que tentaram entrar aqui na Serra do Espinhaço foram surpreendidos por esses índios, os mesmos que eles tinham empurrado de lá do litoral, em cima da Serra do Espinhaço, onde seria o registro de fundação de Conceição do Mato Dentro, onde uma bandeira chegou em 1712, por aí. À tarde, acamparam no alto de uma colina. Quando os trabalhadores, os escravos trabalhadores dessa bandeira, os soldados, estavam organizando o acampamento, achando que estavam numa área não ocupada, os botocudos baixaram sobre o acampamento e foi o primeiro enfrentamento que essa bandeira teve com os tais botocudos. É interessante entender que, dessa cabeceira de serra onde eles estavam, podiam descer por um rio, pelo Santo Antônio, e ir na direção leste, para a floresta do rio Doce. Então, em algum momento, a floresta do rio Doce virou mesmo um reduto de onde os botocudos podiam sair, atacar e correr para lá de volta, porque ainda estariam protegidos pelo mito de que eram antropófagos. E os quartéis ainda não tinham sido instalados lá no século XVII, quase na virada para o XVIII. Quando virou o século XVIII, o XIX, foi quando todos esses povos conhecidos como botocudos foram percebidos como dezessete nações autônomas, nações indígenas, que faziam uma coreografia nesse território, circulavam por ali, se alternando, às vezes se enfrentando, às vezes formando uma barreira contra a entrada dos colonos brancos. E precisamos lembrar que, naquele tempo, a única maneira de entrar era pelo rio, não tinha estrada.

A gente conversa nos termos de hoje e as pessoas ficam imaginando que tinha jeito de entrar por terra. A coisa mais difícil era alguém sair do Rio de Janeiro e chegar aqui vindo por terra. Era uma viagem sofrida, difícil, e no caminho era mesmo possível ser assaltado por todo tipo de situação, inclusive pelos grupos indígenas que estavam fazendo expedição e davam sorte quando encontravam uma tropa pelo caminho levando açúcar, rapadura, carne-seca, machado, foice, ferramentas que os índios podiam tomar deles. E é claro que os índios matavam a tropa, tomavam tudo e fortaleciam sua estratégia de fuga. O que os índios mais fizeram depois do fim do século XVII foi fugir.

Não houve um lugar onde os índios ficaram organizados em um quartel para enfrentar os brancos. Fugir era a solução. E, com essa articulação entre contágio, matando por doença, e assalto aos lugares onde os índios viviam, a gente chegou ao século XX com uma política do Estado brasileiro, já na República, de parar de matar aqueles índios, algo que o marechal Rondon fez (na época ele era coronel, não era marechal) quando criou o Serviço de Proteção aos Índios. Dizem que José Bonifácio foi o mentor dessa pacificação do Brasil, que era preciso manter um contingente de nativos vivos para constituir a nacionalidade. Deve ser daí também que vem o mito de que o Brasil é fundado por brancos, negros e índios. Ia ser uma decepção se eles acabassem com os índios todos, porque, na hora de fazer o Brasil, faltaria alguém.

LB: Que importância o evangelho teve para o sucesso dessa invasão europeia?
AK: Foi muito mais importante que as armas que organizaram os quartéis do rio Doce. Uma importância maior que a das armas, maior que a militar, considerando, inclusive, que a estratégia dos jesuítas, além de ser missionária, era militar. Os jesuítas reuniam as duas, digamos, abordagens. Os jesuítas eram milita-

res e missionários. Acho que todo mundo sabe que a orientação dos jesuítas era uma estratégia militar que consolidava a invasão, a ocupação e a conquista pela conversação dos jesuítas com os povos nativos. Foi por isso que eles conseguiram criar aquelas missões no Sul, como São Miguel, as grandes missões do Sul, onde chegam a insinuar que teve uma república guarani; na verdade, aquilo ali era um conjunto de missões que deu certo. Elas deram tão certo que houve um momento em que conseguiram atrair quase que a maioria dos povos que hoje são conhecidos como guarani e habitam essa região entre Argentina, Paraguai e Brasil. Essa gente toda foi clientela das missões jesuíticas no Sul. Literalmente!

Os grandes caciques dos guaranis, os grandes chefes, eram todos interlocutores constantes dos jesuítas nessas missões. Foi um esteio fundamental para a identidade do Brasil no Sul. Senão, essa região toda seria Espanha, e não Portugal. Tem língua portuguesa na fronteira do Brasil com a Argentina por causa daquelas missões jesuíticas, que botaram os guaranis para falar português e tocar violino. Então, a eficácia da religião, a potência da religião esteve em dissuadir os povos daqui, desde esse tempo de os brancos se estabelecerem, de ter uma conversa longa. Quando os jesuítas estenderam, a partir do Sul, as escolas jesuíticas para outras partes do Brasil, levando uma língua e uma gramática chamada nheengatu, perceberam que sua experiência social com os guaranis falando uma língua nativa podia ser aplicada para colonizar os outros povos da costa Atlântica. O nheengatu, a língua geral, é uma gramática que os jesuítas fizeram a partir da língua guarani associada a outras informações sobre a diversidade das línguas, e ela foi tão eficiente que, quando a família real portuguesa chegou ao Brasil, dizem, a língua mais falada aqui era o nheengatu. Todo mundo falava a língua geral, inclusive os patrões, os donos de engenho. Falavam língua indígena, eles chamavam de guarani, mas não era exatamente o guarani, era uma gramática espalhada pelas escolas jesuíticas daqui até o Maranhão e que depois entrou pelo Amazonas, no Tapajós, e subiu o rio Negro; você encontra em São Gabriel da Cachoeira, um município indígena na Amazônia, em que foi feita uma lei que estabelece o nheengatu, a língua geral criada, a gramática dos jesuítas, como uma língua oficial; a língua dos tucanos é uma língua oficial, assim como o português.

Há três ou quatro línguas consideradas oficiais no município de São Gabriel da Cachoeira, entre elas o nheengatu, que, mesmo sendo uma língua inventada pelos jesuítas, também é uma língua indígena. É muito curioso acompanhar essas transformações todas. É interessante imaginar o poder de convencimento desses missionários, de não só mudar práticas e costumes, mas inventar uma língua e fazer o povo das aldeias falar a tal língua que eles inventaram, o nheengatu, que possibilitava o comércio, a negociação e o avanço dessa colonização sobre a mente dos índios. Não suas economias, sua forma de organização, mas sua mente. Eu acredito que a religião na colônia, naquele período de primeiro enfrentamento e ainda depois, teve uma potência muito grande de convencimento, porque, dessa gente chamada de "os índios", equivocadamente chamada assim, esses povos diversos, falantes de centenas de dialetos e línguas diferentes uns dos outros, foram unificados por uma língua inventada pelos jesuítas, o nheengatu. Foram unificados por uma ideia de cristianismo que esses jesuítas trouxeram para cá e que deu nisso que é o catolicismo popular. Em qualquer lugar do Brasil que você chega, se você pergunta para as pessoas se são católicas, é quase uma unanimidade que elas digam que sim. Mas é mentira. É porque católico virou uma maneira boa de despistar qualquer outra identidade religiosa. E, durante muito tempo, não ser católico era correr o risco de ser incluído na Inquisição. Muitos índios foram queimados, levados presos para Lisboa e condenados como hereges porque não se declaravam católicos. Então, todo mundo virou católico, que era a melhor maneira de ficar vivo. Por volta dos últimos cem, 120 anos, tem acontecido uma mudança muito curiosa. Essa gente que jurava ser católica está toda virando evangélica. Então, as seitas evangélicas, os fundamentalistas evangélicos, que só depois da Segunda Guerra Mundial tomaram conta do mundo, chegaram também nessas terras e estão conquistando corações e mentes, entrando nas aldeias, tomando o reduto dos jesuítas e considerando que o nheengatu é a língua do capeta. Era uma língua dos jesuítas, agora está virando língua do capeta. E os índios precisam falar um português mais evangélico. Um português mais, digamos, universal.

LB: Em que medida o crescimento de missões evangélicas e o proselitismo religioso afetam a cultura dos povos nativos?
AK: É como se você estivesse plasmando mais um mundo sobre aqueles mundos que já foram soterrados. Camadas de dominação estão se sobrepondo. E os evangélicos adicionarem mais uma camada de invasão sobre essas mentalidades tem um poder de dissolução, de desagregação, que é mesmo temerário, no sentido de que pode ser o último golpe colonial sobre a possível reconstituição de narrativas e de visões de mundo da tradição oral, ou seja, a memória e o conhecimento transmitidos em narrativas orais contadas de pai para filho. Essa recuperação pode ser quebrada pela acusação de que continuar contando essas histórias é se afastar da possibilidade de ser salvo, porque o que os evangélicos pregam, além do sucesso individual, é a estreita obediência à Bíblia, ao Evangelho, com interpretação fundamentalista de que tudo o que foge daquele cânone bíblico é pecado. E, nesse sentido, os índios estão fritos, porque todo costume indígena fica fora do cânone do Evangelho fundamentalista que os evangélicos querem disseminar nas aldeias. Então, os narradores, os anciãos, os velhos, os pajés, as curandeiras, as pajés, as parteiras, todos são vistos como suspeitos de uma prática não propriamente evangélica ou fundamentalista evangélica e acabam sendo discriminados. São, na verdade, estigmatizados no meio das suas famílias, e assim vai se configurando uma nova família de índios evangélicos, que querem ficar cada vez mais longe do terreiro das aldeias e cada vez mais perto de uma congregação de igrejas evangélicas.

LB: O que marca a conquista é a tentativa de se tomarem todas as terras. Mas a Constituição de 1988 estabeleceu direito às terras em função da identidade indígena. Quebrar a identidade indígena é abrir caminho para destruir as conquistas de 1988?

AK: É como se nós estivéssemos assistindo a uma nova estratégia de puxar a terra debaixo dos pés dos índios e os fazer retomar aquele caminho que já estava previsto quando o Serviço de Proteção aos Índios começou a criar as reservas indígenas como o último lugar onde podiam ficar, sendo que o entorno dessas terras indígenas era liberado para a colonização. Então, com essas reduções, todas as reservas num território da cabeceira de um rio até a outra montanha em que os índios se imaginavam viram uma só reserva de alguns mil hectares. Eles são colocados lá naquela reserva, é criado um confinamento daquela gente, mas, ali dentro, eles continuam com alguma autonomia para cultivar sua língua, sua história, sua cultura, suas narrativas. Quando alguém entra com religião em cima deles, é realmente um golpe bem dado sobre a possibilidade da reprodução cultural desses grupos, que já estão confinados. E que, então, ou vão sair dali para buscar uma especialização e viver no mundo dos brancos, ou vão ter que travar uma guerra para sobreviver nesses lugares, que são as últimas terras em que os índios ainda conseguem pisar com essa categoria de terras indígenas que a Constituição de 1988 configurou, mas que são cobiçadas por um monte de gente louca para tomá-las. O ministro da Justiça [à época, Torquato Jardim] de vez em quando aproveita qualquer microfone que botam na cara dele para dizer que os índios precisam ser ensinados a pescar. Não se pode dar o peixe para os índios. Eu não sei de onde esse sujeito tira uma ideia tão estúpida dessa. Foram os índios que ensinaram a avó dele a pescar, a mãe dele a pescar, o pai dele a pescar. Inclusive a criar peixes, que eles não sabiam quando chegaram aqui. E eles repetem isso com uma irresponsabilidade, com uma falta de noção, que é acintosa para nós. E essas autoridades dizem também que a gente precisa fazer um projeto de emenda à Constituição que possibilite, por exemplo, que as terras que nominalmente são dos índios possam ser arrendadas para o agronegócio, por exemplo, ou para a mineração. Então, com essa economia do Brasil, a agroindústria, a agricultura, a mineração, a produção de energia, Belo Monte, essa coisa toda, fica claro que a intenção dessa gente é acabar com os índios.

Se não fisicamente, pelo menos acabar com essa ideia de que os índios são uma parte distinta da nossa comunidade de brasileiros e que têm algum direito que deve ser respeitado, como o direito às suas terras. A declaração política que o Estado brasileiro faz é que roubem a terra dos índios.

LB: Nesse sentido, as guerras de conquista ainda não acabaram?
AK: Elas nunca pararam. Elas não acabaram e nunca cessaram. A guerra é um estado permanente da relação entre os povos originários daqui, que foram chamados de "os índios", sem nenhuma trégua até hoje, até agora, segunda-feira de manhã, quando estamos aqui conversando. Nunca parou. E, na verdade, a guerra entre nós é uma guerra permanente e multidirecional.

Nós estamos em guerra. Eu não sei por que você está me olhando com essa cara tão simpática. Nós estamos em guerra. O seu mundo e o meu mundo estão em guerra. Os nossos mundos estão em guerra. A falsificação ideológica que sugere que nós temos paz é para continuarmos mantendo a coisa funcionando. Não tem paz em lugar nenhum. É guerra em todos os lugares, o tempo todo. A ideia de paz é totalmente subjetiva. Se você perguntar para um sábio, um filósofo, ele vai dizer que tem paz interior. Se você perguntar para um místico, um guru, ele vai mandar você meditar e desenvolver sua paz interior. Porque ele sabe muito bem que é o único lugar onde você pode fazer isso, dentro de você, porque, a seu redor, é um pau geral. Não tenha dúvida: se alguém acha que está em paz, ou está se enganando, ou está enganando os outros.

LB: O que caracteriza essa guerra?
AK: A gente está numa guerra geral. Achei muito interessante a eleição desse tema, abordar a coisa da guerra, porque, na verdade, é inesgotável. Se você der curso a esse trabalho olhando a guerra, quase que como consequência disso, esse negócio vai se espalhar, vai ter uma hora que você vai precisar falar da guerra em termos gerais, não de uma guerra demarcada historicamente, na colônia, no Império, na República, na Idade Moderna, como está a

situação recente na nossa vida brasileira. Mas ela vai se contagiar por uma óbvia compreensão de que o mundo não vive sem guerra. O mundo não opera sem guerra. Assim como nós precisamos de oxigênio, precisamos de guerra. Tem duas coisas que não podem faltar: oxigênio e guerra.

LB: E por que essa dinâmica de necessidade da guerra?
AK: Porque essa dinâmica foi nossa constituição como humanidade. Isso que a gente pensa que é humanidade é uma ficção, assim como a ideia da paz é uma subjetividade, uma ideia. Não teve nenhum período de paz na história da humanidade. Se você puder me mostrar algum período de paz na tal da humanidade, vou te dizer que essa paz foi feita às custas de muita matança; enquanto enterravam os restos da última matança, enquanto limpavam as armas, eles chamaram esse breve período de "período de paz". Mas, na hora em que as armas estavam limpas e recarregadas, acabou a paz. A outra fantasia é que o Ocidente considera que a humanidade é só aquela que ele considera humana. Quando você decide que vai invadir o Afeganistão, destruir o Iraque, eles não são humanos. Humanos somos nós, que somos uns caras legais, que escovamos os dentes, abotoamos a camisa.

LB: Muitos povos indígenas se autodenominam "gente de verdade", "gente", em oposição a seus inimigos. Como é essa questão da guerra e da diferença no planeta?
AK: É que, no contexto que estou chamando agora de humanidade, está nossa pretensão de sermos uma tal de *civilização*. Eu já alcei um voo que sai do território da tribo, do território das cosmogonias e se relaciona com a ideia contemporânea, com a ideia de que existe um planeta, uma comunidade global. É nessa comunidade global que estou dizendo que não há paz. É nessa comunidade global que a guerra é indispensável como elemento fundador de uma civilização, que chegou ao ponto de se chamar humanidade, constituir uma ideia de humanidade, ter uma Declaração Universal dos Direitos Humanos que se endereça a quem? Para quem estamos endereçando a

Declaração Universal dos Direitos Humanos? O Millôr Fernandes dizia que nós somos todos humanos, só que alguns são mais humanos que outros. Aquele humor ferino dele estava dizendo como somos hipócritas. Humanos são só os que eu quero. Essa contemporaneidade nossa só alcança quem a gente quer. Se alguém inventar que a gente tem que invadir a Líbia, a Síria, vamos escolher algum lugar que sobreviveu do Oriente Médio, escolhe aí para mim, por favor, que tal, vamos destruir Istambul? Vamos invadir lá? Vamos destruir aquele negócio? Vamos! Eu junto aqui mais ou menos umas vinte empreiteiras para elas irem se preparando, a gente vai destruir Istambul, e, daqui a dez anos, essas vinte, trinta empreiteiras vão reconstruir Istambul, porque o capitalismo precisa disso, porque o negócio está ficando meio chato e a guerra é o nosso barato.

A gente não precisa ser hipócrita. A guerra é o barato do mundo. Seja a guerra do crime, que a gente teve essa incrível oportunidade de ouvir essa leitura responsável, consequente do que seja a guerra, de conceitos, de noções, de ideias. A guerra. Todas as guerras. Essa da religião, por exemplo, é uma guerra. Não tenha dúvida de que os evangélicos são o exército mais equipado para invadir esse mundo que nós chamamos de mundo indígena. Eles estão armados até os dentes e não vão deixar pedra sobre pedra. É um exército que não brinca.

LB: Como chamar pajés de diabólicos e queimar casas de rezas?
AK: O evangélico sataniza quem não é da turma. Assim como o Ocidente sataniza o resto do mundo que não é Ocidental. Não tenha dúvida disso. Quando acontece alguma coisa fora do sentido geral das relações, alguém sai por aí caçando um árabe. Se um avião se extravia e bate numa torre, alguém sai por aí caçando um árabe. Se uma mesquita sai voando pelo espaço, alguém sai por aí caçando um árabe. Se um caminhão perde o freio e atropela trezentos meninos dançando numa rua em Paris, alguém sai por aí caçando um árabe. Mas teve uma época em que eles saíam para caçar um índio ou um negro. Vai chegar uma hora em que vamos começar a caçar os baixinhos, depois vamos

caçar os magros. Até uma hora em que a gente vai invocar que é preciso caçar todo mundo que é meio gordo. Então é assim, de acordo com a época, elegemos a vítima, mas o que a gente não pode parar é de fazer a guerra. A gente tem que fazer guerra contra alguém. E a do Oriente é contra tudo que não é domesticado pelo Ocidente, tudo que não é mercado para o Ocidente. Tudo que não pode ser transformado em consumidor pelo Ocidente é inimigo. Acho que é por isso que os índios ainda são assim meio malvistos pelo Ocidente. Porque eles ainda não viraram consumidores. Não arrumaram um cartão de crédito. Quando todo mundo arrumar um cartão e virar consumidor, aí estaremos pacificados. Isso não quer dizer que acabou a guerra, só quer dizer que estamos pacificados.

A gente falou de tanta coisa, dos principais pontos que poderíamos listar da nossa história comum, que poderia ser interpretada como guerras coloniais. Tem uma parte dos historiadores mais recentes que está olhando a minúcia, que vai até a bacia de um rio ver qual tipo de ocupação ocorre ali, não só no rio Doce, no Jequitinhonha, no rio do Peixe. Ah, em 1785, no rio do Peixe, tinha uma aldeia com 750 índios coroados, aí chegou lá um paulista, ou um sergipano, convenceu os caras a trabalhar com ele em um garimpo, aí aquilo evoluiu até que rolou um conflito e todo mundo morreu. É assim, é um jeito de desaparecer com gente. Agora já é possível fazer uma leitura local do desaparecimento que também desmonta aquela narrativa de uma guerra colonial. Porque, quando falam de uma guerra colonial, querem dar uma dinâmica para esses conflitos que resultaram em mortandade que tem muito mais a ver com a fidelidade a um modelo de guerra, uma ideia de guerra, do que com a história mesmo dos acontecimentos. Se teve tanta gente que morreu de doença, como caracterizar isso como uma guerra de invasão? Só se for uma invasão bacteriológica: jogou doença lá e matou todo mundo, o que não deixa de ser uma tragédia. Mas eu não sei se dá para caracterizar a intenção.

Mapa etno-histórico do Brasil

- Aruak
- Karib
- Gê
- Tupi
- Murá
- Katukina
- Karirí
- Puri
- Outros grupos linguísticos
- Línguas isoladas

Referência da ocupação indígena etno-histórica e de grupos linguísticos no território do Brasil, o *Mapa etno-histórico do Brasil e regiões adjacentes* foi elaborado pelo sertanista e etnólogo Curt Nimuendajú em 1944 e é a principal referência da diversidade da ocupação indígena que temos hoje.

Nascido na Alemanha, Curt Unckel naturalizou-se brasileiro em 1922 e recebeu o nome Nimuendajú, ou "aquele que se estabeleceu", dos guaranis-apapocuvas. Foi um histórico defensor dos direitos dos povos indígenas. Tendo trabalhado no Serviço de Proteção aos Índios, realizou contato inicial e pacífico com povos indígenas que estavam sendo atacados, como os tenharins, e descreveu a etnografia de diversas populações em todas as regiões do Brasil.

Nimuendajú também escreveu trabalhos referencias sobre os caiapós, os maxacalis, os ticunas e os parintintins, além de povos falantes de línguas de famílias e troncos distintos, como macro-jê e tupi. Um de seus principais trabalhos, *As lendas da criação e destruição do mundo como fundamentos da religião dos apapocuva-guarani*, tem inspirado reflexões sobre as transformações geofísicas e a emergência climática do planeta.

Por questões de cor e espaço, este mapa é uma simples adaptação. Convidamos o leitor a conhecer a obra original, disponível no site do IBGE, mais especificamente em: https://biblioteca.ibge.gov.br/index.php/biblioteca-catalogo?id=214278&view=detalhes.

AGRADECIMENTOS

Tentamos oferecer, neste livro, uma visão ampla sobre um longo período com base em documentos históricos e obras etnográficas e historiográficas, além de destacar a memória e a oralidade dos povos que sobreviveram a tantas tentativas de extermínio. É difícil expressar nossa gratidão sem cometer injustiças em meio a tantos apoios recebidos no decorrer da escrita.

A Luiz Bolognesi, criador, produtor e diretor da série *Guerras do Brasil.doc*, transmitida pela Netflix e outros canais brasileiros, que deu origem a este livro e a outros, pela iniciativa e pelo comprometimento com a luta contra as injustiças.

A Ailton Krenak, tio, *txai*, amigo, mestre, que foi um guia em todo este projeto, iluminando muitos dos caminhos sombrios do colonialismo e sempre nos ajudando a olhar adiante e imaginar ideias transformadoras para o futuro.

À equipe editorial da HarperCollins Brasil, que realizou um trabalho minucioso de apoio e cuidado com todos os elementos da obra.

A todas as pessoas indígenas e não indígenas entrevistadas e com as quais conversamos e dialogamos ao longo do caminho. Esperamos ter sido fiéis a suas ideias, memórias e pesquisas, e que esta narrativa ajude na construção coletiva de caminhos para reparar as injustiças do passado e lutar por um futuro mais justo, uma sociedade mais igualitária, em que as diferenças sejam celebradas e não hierarquizadas, e um planeta onde possamos coabitar e conviver livres do colonialismo e de toda forma de opressão: Alessandra Korap Munduruku, Alexandre Pankararu, Antenor Vaz, cacique Babau Tupinambá, Betty Mindlin, Biraci Brasil Nixiwaka Yawanawa, Bruno Weis, Carlos Fausto, Carmen Junqueira, Cris Pankararu, Denilson Baniwa, Dinamam Tuxá, Douglas Rodrigues, Edison Kayapó, Eduardo Góes Neves, Eliane Potiguara, Elias Bigio, Elisa Pankararu, Eloy Terena, frei Florêncio Vaz, do povo Maytapu, Graciela Guarani, Gricélia Tupinambá, João Pacheco de Oliveira, Jurandir Siridiwê Xavante, Kátia Gavião Akrãtikatêjê, Kum Tum Akroa Gamella, Make Turu Matis, Maria Rosário de Carvalho, Megaron Txucarramãe, Paulinho Payakan (*in memoriam*), Paulo Marubo, Paulo Supretaprã Xavante, Pedro Puntoni, Raoni Metuktire, Ruivaldo Nenzinho Gavião Akrãtikatêjê, Sofia Mendonça, Takaktyx Kayapó, Thoda Kanamari, Wilma Martins de Mendonça, do povo tabajara, e Zeno Tupinambá. Em especial, a Sonia Guajajara, secretária-executiva da Articulação dos Povos Indígenas do Brasil (Apib).

Aos colegas e estudantes do mestrado profissional em História da África, da Diáspora e dos Povos Indígenas, da Universidade Federal do Recôncavo da Bahia, onde surgiram a parceria entre os autores e parte das pesquisas aqui descritas.

Felipe Milanez agradece aos colegas e estudantes do Instituto de Humanidades, Artes e Ciências Professor Milton Santos, da Universidade Federal da Bahia, e do Programa Multidisciplinar de Pós-graduação em Cultura e Sociedade. A Lúcia Sá, parceira, junto de Ailton Krenak, do projeto Racismo e Antirracismo no Brasil: O Caso dos Povos Indígenas (financiado pelo Conselho Britânico de Artes e Humanidades); a Jurema Machado, Mary Menton, Felipe Tuxá e toda a equipe da rede de pesquisas Um Outro Céu (financiada pela Universidade de Sussex e pela Academia Britânica). A Fabricio Lyrio Santos, parceiro em todas as guerras que enfrentamos nesta longa pesquisa. Aos familiares Liana, Newton, Carol, Olgair Garcia, Dário Milanez, Augusto Canani, Maruska Kubík e

Vinicius Mano, além de Atahualpa (*in memoriam*) e Yá Nívia Luz, pelo apoio permanente aos desafios da vida. À companheira Maíra Kubík Mano, por compartilhar a dor e a delícia de viver junto uma vida de amor e de luta.

Fabricio Lyrio Santos agradece a Felipe Milanez pelo convite e pela parceria. Aos colegas e estudantes da Universidade Federal do Recôncavo da Bahia, especialmente dos cursos de licenciatura e mestrado profissional em História, pelos permanentes estímulo e confiança. Aos filhos, Bruno e Carolina, pela compreensão nas horas de ausência. À esposa, Aníger, pelo carinho, pelo apoio e pelo companheirismo.

LINHA DO TEMPO

1500-32
Fase inicial da invasão, com expedições, contatos intermitentes ao longo do litoral entre nativos e tripulantes de embarcações portuguesas e francesas. Há troca de pau-brasil por objetos europeus e os primeiros relatos da presença de degredados nas aldeias indígenas, com informações de casamentos e relações sexuais.

1532-49
Fase inicial da colonização, com a fundação da primeira vila portuguesa no litoral. O território é dividido em capitanias e a faixa litorânea, ocupada com vilas e engenhos. São formadas alianças entre povos originários e invasores europeus, e as primeiras guerras começam a acontecer, bem como os primeiros levantes indígenas, com queima de engenhos e plantações e cerco a povoações portuguesas. Captura e morte de Francisco Pereira Coutinho, donatário da Bahia.

1549-72
Período mais intenso das guerras de invasão e conquista, com a chegada da Primeira Missão de Jesuítas, a consolidação da presença portuguesa no Recôncavo Baiano e no litoral das demais capitanias ao sul de Olinda, a fundação da cidade de Salvador e da França Antártica. De 1558 a 1565, Mem de Sá institui a concentração da população indígena em grandes aldeamentos e ordena diversos ataques contra povos rebelados, do Nordeste ao Sudeste, ignorando o tratado de paz que os padres

Manuel da Nóbrega e José de Anchieta fizeram com os tamoios em 1563. Em 1562, tem início a epidemia de varíola que tirou a vida de mais de 30 mil indígenas, alastrando-se por Pernambuco e chegando ao Sudeste. A fome se espalha pela Bahia e por Pernambuco, e indígenas desertam aldeamentos em Jaguaripe, Ilhéus e Camamu, assassinando padres que tentaram impedir a fuga.

1572-1650

Últimas grandes guerras de conquista da faixa litorânea, em Sergipe, na Paraíba, no Rio Grande do Norte e do Ceará a Belém, passando pelo Maranhão, e início da invasão da Amazônia. É a fase de consolidação da conquista portuguesa no litoral, com a proliferação de engenhos e aldeamentos, escravização em massa de indígenas, fugas para o sertão, mais epidemias e revoltas. No Rio Grande do Sul, em 1641, após sucessivos ataques às missões jesuíticas durante expedições de apresamentos, os bandeirantes sofrem importante derrota na batalha de M'Bororé, pondo fim ao expansionismo paulista na região.

1650-1720

Fase da Guerra dos Bárbaros, com levantes indígenas em várias partes do litoral, queima de fazendas e engenhos, sobretudo na atual região Nordeste (Bahia, Pernambuco, Rio Grande do Norte etc.). A colonização avança em direção ao sertão, estradas são abertas e tem início a exploração de ouro e salitre. Sertanistas paulistas são contratados pelo governo-geral para combater indígenas e quilombolas, e a mão de obra escravizada indígena, cada vez mais escassa, começa a ser substituída pela proveniente do continente africano. Os portugueses vencem os holandeses e seus aliados tapuias. Epidemias continuam a assolar os povos indígenas e, em 1665, franciscanos constroem no Rio de Janeiro um cemitério para enterrar índios e escravos cujos corpos estavam largados na rua.

1720-57

Expansão das fronteiras coloniais, que agora ultrapassam Minas Gerais, Goiás e Pará. Nesse período, ocorre a Guerra Guaranítica, liderada por Sepé Tiaraju, e as guerras contra os manaos, liderada por Ajuricaba, os muras e os mundurucus.

1757–1822
Fase da legislação pombalina, com a afirmação do ideal civilizatório europeu e a substituição dos aldeamentos pelo regime de tutela civil-militar. Os jesuítas são expulsos.

1808
A família real portuguesa chega ao Brasil, e duas cartas régias declaram guerra contra os botocudos, que viviam no vale do Rio Doce, e contra os coroados, que viviam no interior de São Paulo. A colônia se emancipa em relação à metrópole.

1822–50
Formação do Estado brasileiro e guerra justa contra os botocudos. Em 1824, é outorgada a primeira Constituição, que nega direitos aos povos indígenas e escravizados. Em 1834, tem início a rebelião indígena na Pedra Branca, no Recôncavo Baiano, e, em 1835, dá-se a revolta popular da Cabanagem, na Amazônia. Dez anos depois, é criada a primeira legislação indigenista nacional, regulamentando as missões de catequese e civilização dos índios.

1850–1910
Consolidação do Estado brasileiro e início da República. Apesar da abolição do comércio transatlântico escravista, a lei de terras de 1850 dificulta a posse de terrenos por indígenas e escravizados libertos, que se tornam cada vez mais invisíveis ou indesejados aos olhos do Estado. É nessa época que ocorrem os massacres dos bugreiros no Sul e no Sudeste do Brasil e os massacres em correrias nos seringais na Amazônia.

1910–1988
Nascimento do indigenismo oficial, com a criação do Serviço de Proteção aos Índios, liderado pelo marechal Cândido Rondon. Com o intuito de proteger os indígenas dos colonos, são realizadas as primeiras expedições sertanistas de contato. O Estado assume o lugar da Igreja na condução da política indigenista visando à integração e à assimilação. Os povos indígenas recebem, pela primeira vez, direitos constitucionais, e suas terras começam a ser demarcadas. As fronteiras nacionais se expandem, o desenvolvimentismo toma lugar, a mineração se fortalece e ferrovias e estradas são construídas. O extermínio indígena ganha nova força com a ditadura civil-militar (1964–85).

1988-atualidade

Com grande mobilização do movimento indígena, a Constituição de 1988 promete a esses povos direito à vida digna nas diferenças, respeito à diversidade, ao modo de vida e à demarcação das terras. No entanto, para que esses diretos sejam efetivos, uma guerra constante, que perdura ainda hoje, é necessária.

PERSONAGENS HISTÓRICOS

Aimberé (?–1567). Líder tupinambá, esteve entre os principais chefes da Confederação dos Tamoios. Foi preso pelos portugueses, mas conseguiu fugir. Morreu na batalha que definiu a derrota francesa no Rio de Janeiro perante as tropas de Estácio de Sá. Em *Auto da festa de São Lourenço*, José de Anchieta retrata-o como criado de Guaixará, rei dos diabos.

Ajuricaba (?–1727?). Líder do povo manao, impediu a conquista da Amazônia durante as três primeiras décadas do século XVIII. Foi considerado traidor pelos portugueses por supostamente comercializar armas para os holandeses. Em 1727, foi capturado e conduzido para Belém, de onde seria enviado para Lisboa. No trajeto, incitou uma revolta e se jogou no rio Amazonas para escapar de seus algozes, tendo provavelmente se afogado.

Albuquerque, Jerônimo de (1548–1618). Filho do administrador colonial português de mesmo nome e de Muirã-Ubi, foi capitão-mor da campanha que, em 1614, combateu os franceses e os tupinambás no Maranhão, conquistando o território. O feito, possível graças à bem-sucedida articulação de uma poderosa força indígena que aliou tremembés, potiguaras e tabajaras, rendeu-lhe o acréscimo de "Maranhão" ao sobrenome.

Anchieta, São José de (1534-97). Padre jesuíta espanhol, veio ao Brasil em 1553 e participou da fundação da cidade de São Paulo. Foi um dos pioneiros da introdução do cristianismo no Brasil: catequizou e ensinou latim aos indígenas, assim como participou de ataques e massacres contra eles. Aprendeu o tupi e foi o autor da primeira gramática da língua. Foi beatificado em 1980 e canonizado em 2014.

Arariboia (?-1589). Líder indígena tememinó cujo nome significa "cobra feroz". Em 1564, deslocou-se da capitania do Espírito Santo junto com Estácio de Sá para auxiliá-lo na guerra contra os franceses no Rio de Janeiro, tendo recebido uma sesmaria na atual região de Niterói. Permaneceu como um importante aliado militar dos portugueses pelas duas décadas seguintes. Foi batizado com o nome de Martim Afonso e agraciado com o hábito de cavaleiro da Ordem de Cristo e o título de capitão-mor. Morreu afogado.

Bluteau, Raphael (1638-1734). Inglês filho de pais franceses, dedicou-se aos estudos, à atividade intelectual e à vida religiosa. Em 1661, ingressou na Ordem de São Caetano (ou Teatinos). Em 1668, mudou-se para Portugal, onde se destacou pela escrita do *Vocabulário português e latino*.

Bonifácio, José (1763-1838). Naturalista, estadista e poeta luso-brasileiro, o "patriarca da Independência", como ficou conhecido, foi ministro do Reino e dos Negócios Estrangeiros. Em 1823, apresentou na Assembleia Geral Constituinte um projeto que defendia a abolição da escravatura, a reforma agrária, a miscigenação e a civilização dos índios. Ficou seis anos exilado na França e, quando da abdicação de dom-Pedro I, já de volta ao Brasil, foi tutor de Pedro II.

Camarão, Antônio Felipe. *Ver Poti, Antônio.*

Caminha, Pero Vaz de (1450-1500). Escrivão da armada de Pedro Álvares Cabral, conhecido por ser o redator da primeira carta sobre o Brasil enviada ao rei de Portugal, dom Manuel, documento fundamental na construção da imagem dos indígenas na Europa moderna e colonial.

Canindé (?-1699). Filho de Janduí, grande chefe do povo tarairiú, conhecido como "rei dos janduís", alcunha da qual se apropriou, assinou um importantíssimo acordo de paz com o rei de Portugal em 1692, selando o processo de pacificação de seu povo após acirrados combates no sertão. Passou o resto da vida em um aldeamento na região do Açu (atual Rio Grande do Norte), onde morreu de malária.

Caramuru. *Ver Correia, Diogo Álvares.*

Coelho, Duarte (1485?-1554). Depois de ter servido a Coroa portuguesa em guerras na Ásia e na África e em missões diplomáticas na Europa, tornou-se o primeiro donatário de Pernambuco, em 1534. Fundou as vilas de Igarassu e Olinda, promovendo a produção de açúcar, a criação de gado e o cultivo de algodão e mantimentos. Estabeleceu alianças com os indígenas da região e combateu os que se rebelaram.

Coligny, Gaspar de (1519-72). Conde de Coligny, almirante francês e líder huguenote, apoiou o projeto de Villegagnon da fundação da França Antártica, no Rio de Janeiro, em 1555. Foi assassinado em Paris em 1572, durante o massacre da noite de São Bartolomeu.

Correia, Diogo Álvares (14?-1557). Náufrago português capturado no litoral da Bahia pelos tupinambás por volta de 1510, tornou-se parte da comunidade. Foi impelido pelo monarca lusitano a apoiar os colonizadores e ajudou o primeiro governador-geral, Tomé de Sousa, a se estabelecer onde seria fundada a primeira capital da colônia, Salvador. Manteve uma relação duradoura com a índia Paraguaçu, filha de um dos chefes tupinambás, com quem teria se casado na França. Sua numerosa descendência formou alguns dos ramos mais importantes das famílias que colonizaram Salvador e o Recôncavo Baiano.

Costa, Duarte da (1505-60). Segundo governador-geral do Brasil (1553-8), combateu e tentou escravizar os tupinambás no Recôncavo Baiano, disputou poder com a Igreja e organizou expedições para o sertão em busca de riquezas minerais.

Coutinho, Francisco Pereira (14?–1547). Fidalgo português, foi donatário da capitania da Bahia de Todos-os-Santos. Chegou ao Brasil em 1536, mas sua tentativa de colonização na Bahia sucumbiu frente à resistência tupinambá. Perdeu tudo o que ganhara nas Índias e, em 1547, naufragou na ilha de Itaparica, sendo capturado e morto pelos tupinambás.

Cunha, Matias da (?–1688). Militar lusitano, foi governador da capitania do Rio de Janeiro (1675–9) e governador-geral do Brasil (1687–8). Guerreou contra os indígenas no Rio Grande do Norte e no Ceará e combateu o Quilombo dos Palmares.

Cunhambebe (?–1560?). Grande líder tamoio, resistiu à invasão portuguesa do litoral brasileiro entre Angra dos Reis e Ubatuba, organizando expedições de guerra e capturas de inimigos portugueses e tupiniquins. Destacou-se como uma das principais lideranças da Confederação dos Tamoios. Foi retratado pelo viajante alemão Hans Staden — a quem se autodefiniu como onça — e pelo cosmógrafo francês André Thevet, os quais destacaram sua força física e sua eloquência. Morreu provavelmente em decorrência de uma epidemia de origem francesa.

Curupeba/Curupeva (datas de nascimento e morte desconhecidas). Líder indígena da ilha de Madre de Deus, na Bahia, desafiou as leis impostas por Mem de Sá e acabou preso por ordem do governador. Atualmente, uma rua no município de São Francisco do Conde (BA) leva seu nome, que se refere a uma espécie de sapo.

D'Abbeville, Claude (15?–1632). Entomologista capuchinho francês que chegou ao Brasil em 1612 e viveu com os tupinambás na atual São Luís. Aprendeu a língua tupinambá e batizou diversos insetos com nomes indígenas. Em 1614, publicou *História da missão dos padres capuchinhos na ilha do Maranhão e suas circunvizinhanças*.

D'Évreux, Yves (1577–1632). Missionário francês, participou de uma expedição que visava estabelecer uma colônia francesa no Maranhão. De volta à França, publicou uma obra cujo título pode ser traduzido como *Continuação da história das coi-*

sas mais memoráveis acontecidas no Maranhão nos anos de 1613 e 1614, em referência à obra de Claude d'Abbeville, seu companheiro de missão, *História da missão dos padres capuchinhos na ilha do Maranhão e suas circunvizinhanças*.

Gândavo, Pero de Magalhães (c. 1540–c. 1580). Historiador e cronista português, esteve no Brasil entre as décadas de 1550 e 1570. Escreveu *História da província Santa Cruz a que vulgarmente chamamos Brasil*, publicada em Portugal em 1576, que aborda aspectos locais, tendo destaque a fauna — descrita como maravilhosa — e a flora.

Gonneville, Binot Paulmier de (datas de nascimento e morte desconhecidas). Comerciante francês que, em 1504, organizou uma expedição que alcançou o sul do Brasil. Lá permaneceu por seis meses, interagindo com os carijós, alguns dos quais foram levados para a França com a promessa de que seriam trazidos de volta. Os navios foram atacados por piratas ingleses e, sem dinheiro para armar outra expedição, Gonneville condenou os indígenas que o acompanharam a nunca mais regressarem.

Guaixará/Guaxará (?–1566). Líder indígena tamoio, foi morto durante a batalha que comandou contra os portugueses na baía de Guanabara, para a qual conduziu uma frota de 180 canoas. É retratado no *Auto da festa de São Lourenço*, de José de Anchieta, como rei dos diabos.

Iniguaçu (datas de nascimento e morte desconhecidas). Líder indígena potiguara do século XVI, atualmente dá nome a uma escola estadual indígena de ensino fundamental na aldeia Tramataia, da Terra Indígena Potiguara, na Paraíba.

Leitão, Martim (datas de nascimento e morte desconhecidas). Ouvidor-geral da capitania da Bahia em 1583, foi o principal protagonista, pelo lado português, da guerra de conquista da Paraíba.

Léry, Jean de (c. 1534–c. 1611). Pastor protestante, missionário huguenote e cronista francês, chegou à França Antártica em 1556, em uma expedição protestante. Após alguns meses, foi expulso, junto com os demais missionários, por Nicolas de

Villegagnon, sendo acolhido por dois meses pelos tupinambás e retornando depois à França. Seu diário de viagem foi publicado com o título *História de uma viagem feita à terra do Brasil, também dita América*.

Maracajá-Guaçu (datas de nascimento e morte desconhecidas). Líder indígena tememinó, depois de fixar sua aldeia no Espírito Santo, em 1554, juntou-se à expedição de Mem de Sá para combater franceses e tamoios no Rio de Janeiro. Em 1567, migrou para lá junto de seu povo, mas foi derrotado pelos tamoios.

Marechal Rondon. *Ver Rondon, Cândido Mariano da Silva.*

Mendonça, Afonso Furtado de Castro do Rio de (c. 1610–75). Oriundo da alta aristocracia portuguesa, recebeu o título de visconde de Barbacena e exerceu o cargo de governador-geral do Brasil entre 1671 e 1675. Foi um dos primeiros a conduzir a Guerra dos Bárbaros, ápice dos conflitos desencadeados pelos colonos luso-brasileiros contra os povos indígenas do atual Sertão nordestino.

Moreno, Martim Soares (1586–?). É considerado fundador da capitania do Ceará e primeiro explorador português do litoral do Maranhão.

Muyrã-Ubi/Muíra Ubi (1510?–58?). Líder indígena tabajara, filha do cacique Uirá Ubi (Arcoverde), casou-se com Jerônimo de Albuquerque, cunhado do donatário de Pernambuco Duarte Coelho, livrando-o da morte. Concebeu oito filhos, dos quais descendem ramos importantes das poderosas famílias pernambucanas Albuquerque, Cavalcanti e Maranhão. Adotou o nome cristão de Maria do Espírito Santo.

Nóbrega, Manuel da (1517–70). Líder da primeira missão jesuítica ao Brasil, em 1549, mediou diversos conflitos em favor das tropas portuguesas. Foi o fundador da aldeia de Piratininga, que está na origem da cidade de São Paulo, e dos colégios jesuíticos da Bahia e do Rio de Janeiro. É dele o primeiro discurso europeu sobre a cristianização dos índios americanos, o *Diálogo sobre a conversão do gentio*.

Paraguaçu (?–1583). Filha de um grande chefe tupinambá da Bahia, manteve uma relação duradoura com Diogo Álvares, o Caramuru, com quem teria se casado. Foi batizada na França com o nome cristão de Catherine du Brésil e ficou conhecida também como Catarina Álvares. A numerosa descendência do casal formou alguns dos ramos mais importantes das famílias que colonizaram Salvador e o Recôncavo Baiano. O nome Paraguaçu ("grande rio") apareceu pela primeira vez no século XVII e foi imortalizado no poema épico *Caramuru*, de frei José de Santa Rita Durão. Outras fontes atribuem a ela o nome de Guaibim-Pará ("velha-rio"), que lhe teria sido dado quando idosa.

Pindobuçu (?–1567). Líder indígena tamoio, aliado de Cunhambebe nas lutas contra os portugueses, evitou a morte de Manuel da Nóbrega e José de Anchieta em Iperoig, protegendo-os em sua casa. Morreu lutando contra Estácio de Sá e Araribóia durante a guerra travada no Rio de Janeiro. Seu nome quer dizer "palmeira grande".

Piquerobi (datas de nascimento e morte desconhecidas). Líder indígena do povo tupiniquim, irmão de Tibiriçá, opôs-se ao irmão e combateu os portugueses. Suspeita-se que, em 1562, tenha comandado um cerco à aldeia/ao colégio de São Paulo de Piratininga.

Pirajiba/Piragibe (datas de nascimento e morte desconhecidas). Líder indígena tabajara da região do rio São Francisco, favoreceu a pacificação do seu povo ao estabelecer aliança com o ouvidor-geral Martim Leitão, que ajudou na conquista da Paraíba (1585) e do Rio Grande do Norte (1598). A aliança foi favorecida pela inimizade já existente entre os tabajaras e os potiguaras, que se aliaram aos franceses, e a rivalidade entre Pirajiba e o líder potiguara Zorobabé foi fundamental para a definição do conflito luso-francês. Posteriormente, ambos os povos se aliaram aos portugueses, o que tornou possível a colonização do litoral do Nordeste. Pirajiba, cujo nome significa "nadadeira de peixe", recebeu o hábito de cavaleiro da Ordem de Cristo.

Poti, Antônio (1601?–48). Cacique potiguara da região do atual estado do Rio Grande do Norte, ficou conhecido como dom Antônio Felipe Camarão após receber o hábito da Ordem de Cristo e o título de capitão-mor dos índios de Pernambuco. Catequizado e educado pelos jesuítas, aprendeu, além de português, um pouco de latim e holandês. Combateu ao lado dos colonos luso-brasileiros contra os holandeses nas guerras travadas no litoral do Nordeste (principalmente na Bahia e em Pernambuco) e morreu vitimado por uma febre, provavelmente de origem infecciosa. Integra o panteão dos heróis nacionais desde 2012.

Poti, Pedro (?–1652). Líder indígena potiguara que sobreviveu ao massacre perpetrado pelos portugueses na baía da Traição. Aliando-se aos holandeses, aderiu ao calvinismo e viveu e estudou na Holanda durante cinco anos. Tentou convencer outros líderes potiguaras, a exemplo de Antônio Poti, a mudar de lado e se aliar aos holandeses, aderindo ao protestantismo, em função das crueldades e injustiças praticadas pelos portugueses. De volta ao Brasil, foi capturado durante a segunda batalha dos Guararapes. Permaneceu encarcerado por cerca de três anos e morreu a bordo de um navio que o conduzia, preso, para Lisboa.

Ramalho, João (1493–1580). Explorador português, chegou ao Brasil em 1515 e viveu com os tupiniquins, colaborando com a aproximação pacífica entre indígenas e portugueses. Foi amigo do cacique Tibiriçá e se casou com uma de suas filhas. Participou da fundação da vila de Santo André. Seus descendentes, os mamelucos, foram personagens importantes nas milícias bandeirantes e nas guerras de conquista.

Rondon, Cândido Mariano da Silva (1865–1958). Nascido em Mato Grosso, descendente de indígenas bororos e terenas, dedicou-se à carreira militar e foi influenciado pelo positivismo. Atuou na construção das linhas telegráficas que visavam integrar o interior do Brasil, estabelecendo contatos amistosos com os indígenas encontrados pelas expedições, embora com viés paternalista. Tornou-se o primeiro diretor do Serviço de Proteção aos Índios, criado em 1910.

Sá, Estácio de (1520-67). Militar português, o sobrinho de Mem de Sá fundou as cidades de São Sebastião e do Rio de Janeiro e foi o primeiro governador-geral da capitania do Rio de Janeiro. Chegou a Salvador em 1563, com a missão de expulsar os franceses. Em 1567, participou da batalha de Uruçumirim, na Guanabara, sendo atingido no rosto por uma flecha. Morreu em decorrência do ferimento.

Sá, Mem de (1504?-72). Terceiro governador-geral do Brasil, exerceu o cargo de 1557 até a morte, embora, já no fim da vida, desejasse retornar a Portugal. Apoiou os jesuítas no projeto de aldeamento dos índios e doou parte do seu patrimônio à Companhia de Jesus. Comandou sangrentas guerras de conquista em Ilhéus, no Espírito Santo e no Recôncavo Baiano e consolidou a expulsão dos franceses da baía de Guanabara.

Sacambuaçu (datas de nascimento e morte desconhecidas). Líder indígena da região do vale do Paraguaçu, de etnia topim, enfrentou as tropas portuguesas durante a Guerra dos Bárbaros. Foi capturado em 1672, na segunda expedição comandada pelos paulistas em direção ao Orobó, na atual região de Utinga, na Bahia. É tema de um poema do escritor indígena contemporâneo Juvenal Payayá que leva o nome do líder: "Sacambuaçu".

Salema, Antônio (?-1586). Licenciado em leis, foi governador da ilha de São Tomé. No Brasil, exerceu o cargo de governador da Repartição do Sul, sediada no Rio de Janeiro (1575-78), durante o período em que o Brasil ficou dividido em dois governos. Combateu impiedosamente os tamoios após a expulsão dos franceses por Mem de Sá.

Salvador, frei Vicente do (1564-1638?). Nascido no Recôncavo Baiano, Vicente Rodrigues Palha ordenou-se sacerdote e, em 1599, ingressou na ordem franciscana, onde assumiu cargos importantes, atuando principalmente como missionário e professor de filosofia. Em 1624, foi preso pelos holandeses durante uma invasão ocorrida na Bahia, sendo posteriormente libertado. Redigiu, em 1627, *História do Brasil*.

Sardinha, Pero Fernandes (1496–1556). Primeiro bispo do Brasil, foi capelão de dom João III e vigário-geral de Goa, na Índia, antes de ser nomeado para o recém-criado bispado de São Salvador, na Bahia (1551). Foi morto pelos caetés no litoral de Pernambuco após sobreviver a um naufrágio quando regressava para o reino.

Sousa, Gabriel Soares de (154?–91). Sertanista, senhor de engenho e cronista português, chegou ao Brasil por volta de 1565 e se estabeleceu na Bahia como colono agrícola, ficando no país por dezessete anos. Foi autor de dois manuscritos publicados em um único volume, *Tratado descritivo do Brasil*. Suas descrições eram motivadas pelo interesse econômico, por enriquecer com a exploração dessa terra.

Sousa, Martim Afonso de (1490?–1570?). Fidalgo português, comandou uma importante expedição ao litoral brasileiro, na qual combateu mercadores franceses. Fundou a primeira vila portuguesa, São Vicente, em 1532. Recebeu duas capitanias entre o litoral de São Vicente e o Rio de Janeiro, mas, tendo sido enviado para a Índia, não chegou a ocupá-las.

Sousa, Martim Afonso de. Ver *Arariboia*.

Sousa, Tomé de (1503? –79?). Militar de origem nobre e fidalgo da Casa Real, lutou contra os mouros no litoral do Marrocos, comandou uma embarcação em expedição para a Índia e foi nomeado primeiro governador-geral do Estado do Brasil (1549–53), para onde embarcou à frente de uma poderosa expedição. Fundou a cidade de Salvador e lançou as bases militares, jurídicas e administrativas da colônia.

Staden, Hans (1525–76). Alemão que trabalhava esporadicamente em navios como artilheiro e mercenário. Esteve no Brasil em duas ocasiões nas décadas de 1540 e 1550 e, capturado por um grupo de tamoios, passou nove meses como cativo. Em 1555, conseguiu fugir dos tamoios e retornar à Alemanha em um navio francês. Deixou importantes relatos de viagem, que se destacam pelos detalhes de sua convivência profunda com os indígenas e pelas ilustrações de animais, plantas, costumes e artesanatos indígenas.

Thevet, André (1502–90). Frade franciscano da monarquia absolutista francesa, viajou pela França Antártica, na atual baía de Guanabara, na década de 1550, e escreveu sobre aspectos culturais e religiosos dos indígenas daquela região. Publicou, sobre o período, o texto *Singularidades da França Antártica, a que outros chamam de América*.

Tibiriçá (?–1562). Líder indígena do povo tupiniquim, ajudou os portugueses a colonizar o planalto paulista por meio de João Ramalho, seu genro. Favoreceu o governador Tomé de Sousa durante a criação da vila de Santo André (1553) e tornou-se importante aliado dos jesuítas, sendo batizado com o nome de Martim Afonso.

Tijucopapo/Tujucipapo (datas de nascimento e morte desconhecidas). Líder e xamã potiguara, aliou-se aos franceses contra os portugueses e provavelmente participou do massacre de Tracunhaém, em 1574. Lutou contra as tropas do ouvidor-geral Martim Leitão e seus aliados tabajaras.

Varnhagen, Francisco Adolfo de (1816–78). Intelectual, diplomata e historiador brasileiro de origem alemã, o visconde de Porto Seguro consolidou em *História geral do Brasil: antes da sua separação e Independência de Portugal*, de 1854, a narrativa do patriarcado europeu ufanista, do militarismo e da conquista, dando um sentido ao passado do Brasil antes da Independência.

Vasconcelos, Simão de (1597–1671). Nascido em Portugal, ingressou em 1616 na Companhia de Jesus, no Brasil, e atuou como professor de humanidades, teologia e filosofia no Colégio da Bahia. Escreveu sermões e obras de cunho histórico, com destaque para a *Crônica da Companhia de Jesus do Estado do Brasil* (1663).

Velho, Domingos Jorge (c. 1641–1705). Nascido na vila de Parnaíba, em São Paulo, e de ascendência indígena, destacou-se como líder de expedições que visavam explorar as regiões sertanejas, capturar indígenas e destruir quilombos. Foi ele quem comandou a guerra de quase dois anos que venceu o Quilombo dos Palmares e matou seu grande líder, Zumbi, em 1695.

Vespúcio, Américo (1454–1512). Mercador e navegador italiano, chegou ao Brasil em 1501 para explorar a costa recém-descoberta. Sua carta sobre o país, dirigida a Lourenço II, príncipe de Florença, foi publicada em 1503 e traduzida do latim para outros idiomas. Ganhou a fama de descobridor do continente americano, que foi batizado em sua homenagem.

Villegagnon, Nicolas Durand de (1510–71). Cavaleiro da Ordem de Malta e vice-almirante da Bretanha, planejou e fundou, no Rio de Janeiro, a colônia francesa conhecida como França Antártica e recebeu do monarca francês Henrique II o título de vice-rei do Brasil. Sendo chamado à França para dar explicações sobre desentendimentos em sua colônia, esteve ausente da guerra que selou a derrota francesa para Mem de Sá, em 1560.

Visconde de Porto Seguro. *Ver Varnhagen, Francisco Adolfo de.*

Von Ihering, Hermann (1850–1930). Cientista e zoólogo teuto-brasileiro, chegou ao Rio Grande do Sul em 1880 para se dedicar a pesquisas patrocinadas pelo Império e, mais tarde, tornou-se diretor do Museu Paulista. Foi apoiador da elite cafeeira paulista e propôs o extermínio dos caingangues, no interior de São Paulo, sob o argumento de que eles impediam o desenvolvimento.

Von Martius, Carl Friedrich Philipp (1794–1868). Médico, botânico e antropólogo naturalista alemão, chegou ao Brasil em 1817 para estudar espécies botânicas, zoológicas e mineralógicas. Foi do Rio de Janeiro até o Nordeste e, depois, percorreu o rio Amazonas até a fronteira com a Colômbia. Em 1840, venceu o concurso "Como se deve escrever a história do Brasil?", do Instituto Histórico e Geográfico, com uma resposta que valorizava a mestiçagem como traço característico da história brasileira.

Zorobabé (datas de nascimento e morte desconhecidas). Líder potiguara, combateu os portugueses durante as guerras de conquista da Paraíba. Em 1599, celebrou a paz com os portugueses e seus aliados tabajaras e, em 1603, a pedido do governador-geral, liderou uma expedição contra os aimorés, que ameaçavam a colonização portuguesa na Bahia. Temendo o crescente prestígio de Zorobabé, os portugueses o aprisionaram e enviaram para o reino em 1608. Morreu na prisão, em Évora.

REFERÊNCIAS

DOCUMENTOS ORIGINAIS E RELATOS IMPRESSOS (SÉCULOS XVI–XVIII)

ANCHIETA, José de. *Cartas, informações, fragmentos históricos e sermões (1554–1594)*. Belo Horizonte: Itatiaia; São Paulo: Edusp, 1988.

BARROS, Ciro; DOMENICI, Thiago. Viveiros de Castro: "Estamos assistindo a uma ofensiva final contra os povos indígenas". *Pública*, 10 out. 2019. Disponível em: https://apublica.org/2019/10/viveiros-de-castro-estamos-assistindo-a-uma-ofensiva-final-contra-os-povos-indigenas. Acesso em: 17 nov. 2020.

BLUTEAU, Raphael. *Vocabulario portuguez & latino: aulico, anatomico, architectonico, bellico, botânico...* 8 v. Coimbra: Collegio das Artes da Companhia de Jesus, 1712/1728. Disponível em: http://dicionarios.bbm.usp.br/pt-br/dicionario/edicao/1. Acesso em: 15 nov. 2020.

CAMINHA, Pero Vaz de. *Carta ao rei de Portugal*. 1º de maio de 1500. Disponível em: http://objdigital.bn.br/Acervo_Digital/livros_eletronicos/carta.pdf. Acesso em: 15 nov. 2020.

CARDIM, Fernão. *Tratados da terra e gente do Brasil*. Belo Horizonte: Itatiaia; São Paulo: Edusp, 1980.

COMMISSÃO Representante do Império do Brazil na Exposição Universal. *O Império do Brazil na Exposição Universal de 1876 em Philadelphia*. Rio de Janeiro: Typ. Nacional, 1876.

CONSULTA do Conselho Ultramarino. Lisboa, 2 de dezembro de 1679. *Documentos históricos da Biblioteca Nacional*, v. 88, 1679. pp. 168-71.

D'ABBEVILLE, Claude. *História da missão dos padres capuchinhos na Ilha do Maranhão e terras circunvizinhas*. Brasília: Senado Federal, Conselho Editorial, 2008.

DOCUMENTOS relativos a Mem de Sá, governador-geral do Brasil. *Anais da Biblioteca Nacional*, v. XXVII. Rio de Janeiro: Oficina Tipográfica da Biblioteca Nacional, 1906 (1905).

GÂNDAVO, Pero de Magalhães. *História da Província Santa Cruz*. São Paulo: Hedra, 2008.

NANTES, Martinho de. *Relação de uma missão no Rio São Francisco*. 2. ed. São Paulo: Companhia Editora Nacional, 1979.

NAVARRO, João de Azpilcueta et al. *Cartas avulsas, 1550–1568*. Belo Horizonte: Itatiaia; São Paulo: Edusp, 1988.

PROPOSTA do governador Alexandre de Sousa Freire, 4 mar. 1669. *Documentos Históricos da Biblioteca Nacional*, v. III, 1669. pp. 207-16.

REGIMENTO de 17 de dezembro de 1548 do governador-geral do Brasil. *História da colonização portuguesa do Brasil*, v. III. Porto, 1924. pp. 345-50.

RONDON, Cândido Mariano da Silva. *Conferências realizadas em 1910 no Rio de Janeiro e em São Paulo*. Rio de Janeiro: Typographia Leuzinger, 1922.

SALVADOR, Frei Vicente do. *História do Brasil: 1500–1627*. 7. ed. Belo Horizonte: Itatiaia; São Paulo: Edusp, 1982.

SCHWARTZ, Stuart; PÉCORA, Alcir (Orgs.). *As excelências do governador: o panegírico fúnebre a d. Afonso Furtado. Bahia, 1676*. Trad. de Alcir Pécora e Cristina Antunes. São Paulo: Companhia das Letras, 2002.

SILVA, Antonio de Moraes. *Diccionario da lingua portugueza*. Lisboa: Typographia Lacerdina, 1813 (1789). Disponível em: http://dicionarios.bbm.usp.br/dicionario/edicao/2. Acesso em: 7 dez. 2020.

SOUSA, Gabriel Soares de. *Tratado descritivo do Brasil em 1587*. São Paulo: Hedra, 2010.

STADEN, Hans. *Viagem ao Brasil*. São Paulo: Martin Claret, 2006.

VALE, Leonardo do. Carta de 12 de maio de 1563. In: NAVARRO, João de Azpilcueta et al. *Cartas avulsas, 1550–1568*. Belo Horizonte: Itatiaia; São Paulo: Edusp, 1988. p. 408.

VARNHAGEN, Francisco Adolfo. *História geral do Brazil*. 2 v. Rio de Janeiro, Tip. Laemmert, 1854.

VASCONCELOS, Simão de. *Crônica da Companhia de Jesus*. 3. ed. 2 v. Petrópolis: Vozes; Brasília: INL, 1977.

VON IHERING, Hermann. "A anthropologia do estado de São Paulo". *Revista do Museu Paulista*, v. VII, pp. 202-57, 1907.

LIVROS, ARTIGOS E TESES

ALESSI, Gil. Salles vê "oportunidade" com coronavírus para 'passar a boiada' de desregulação da proteção ao meio ambiente. *El País*, 22 maio 2020. Disponível em: https://brasil.elpais.com/brasil/2020-05-22/salles-ve-oportunidade-com-coronavirus-para-passar-de-boiada-desregulacao-da-protecao-ao-meio-ambiente.html. Acesso em: 7 dez. 2020.

AMOROSO, Marta Rosa. *Guerra mura no século XVIII: versos e versões: Representações dos Mura no imaginário colonial*. Campinas: Instituto de Filosofia e Ciências Humanas, Universidade Estadual de Campinas, 1991. 310 pp. Dissertação (Mestrado). Disponível em: http://www.repositorio.unicamp.br/handle/REPOSIP/279305. Acesso em: 15 nov. 2020.

ALENCASTRO, Luiz Felipe de. *O trato dos viventes. Formação do Brasil no Atlântico Sul*. São Paulo: Companhia das Letras, 2000.

ALMEIDA, Geraldo Gustavo de. *Heróis indígenas do Brasil: memórias sinceras de uma raça*. Rio de Janeiro: Cátedra, 1988.

ALMEIDA, Maria Regina Celestino de. *Os índios na história do Brasil*. Rio de Janeiro: Editora FGV, 2010.

_____. *Metamorfoses indígenas: identidade e cultura nas aldeias coloniais do Rio de Janeiro*. Rio de Janeiro: Arquivo Nacional, 2003.

ALMEIDA, Palmira Morais Rocha de. *Dicionário de autores no Brasil colonial*. 2. ed. revista e ampliada. Lisboa: Colibiri, 2010.

BENITES, Tonico. *Rojeroky hina ha roike jevy tekohape (Rezando e lutando): o movimento histórico do Aty Guasu dos Ava Kaiowa e dos Ava Guarani pela recuperação de seus tekoha*. Rio de Janeiro: Departamento de Antropologia Social, Universidade Federal do Rio de Janeiro, Museu Nacional, 2014. 270 pp. Tese (Doutorado em Antropologia Social).

BIGIO, Elias dos Santos. *Linhas telegráficas e integração de povos indígenas: as estratégias políticas de Rondon (1989–1930)*. Brasília: CGDOC Funai, 1996.

BONILLO, Pablo Ibáñez. Desmontando a Amaro: una re-lectura de la rebelión tupinambá (1617–1621). *Topoi: Revista de História do Programa de Pós-graduação em História Social da Universidade Federal do Rio de Janeiro*, v. 16, n. 31, pp. 465-90, jul./dez. 2015.

BOSI, Alfredo. *Dialética da colonização*. São Paulo: Companhia das Letras, 1992.

BRASIL. Ministério da Justiça. *Memória da administração pública brasileira*. Disponível em: http://mapa.an.gov.br/index.php/producao?layout=&id=488. Acesso em: 15 jan. 2021.

CARDIM, Pedro. Centralização política e Estado na recente historiografia sobre o Portugal do Antigo Regime. *Nação e Defesa*, n. 87, 1998. pp. 129-58.

CARVALHO, João Renôr Ferreira de. *As guerras justas e os autos da devassa contra os índios da Amazônia Brasileira no período colonial*. Imperatriz: Ética, 2000.

CARVALHO, Maria Rosário Gonçalves de. "As revoltas indígenas na aldeia da Pedra Branca no século XIX". In: REIS, Elisa et al. (Orgs.) *Ciências sociais hoje*. São Paulo: Anpocs; Hucitec, 1995. pp. 272-90.

CASTRO E SILVA, Marcos Araújo et al. Genomic Insight into the Origins and Dispersal of the Brazilian Coastal Natives. *PNAS*, v. 117, n. 5, pp. 2372-7, 4 fev. 2020. Disponível em: https://doi.org/10.1073/pnas.1909075117. Acesso em: 7 dez. 2020.

CENTRO VIRTUAL CAMÕES. *Navegações portuguesas*. Disponível em: http://cvc.instituto-camoes.pt/conhecer/bases-tematicas/navegacoes-portuguesas.html. Acesso em: 15 jan. 2021.

CHAMBOULEYRON, Rafael. Padres fora! *Revista de História*. Rio de Janeiro, v. 9, 2013. pp. 24-7.

CHAUI, Marilena. O mito fundador. In: *Brasil: mito fundador e sociedade autoritária*. São Paulo: Fundação Perseu Abramo; Boitempo, 2000.

CONSELHO Indígena Missionário. Indígenas ameaçam morrer coletivamente caso ordem de despejo seja efetivada. *CMI*, 10 out. 2012. Disponível em: https://cimi.org.br/2012/10/34104. Acesso em: 18 dez. 2020.

COUTO, Jorge. *A construção do Brasil*. Rio de Janeiro: Forense, 2011.

CUNHA, Euclides da. *Um paraíso perdido: reunião de Ensaios Amazônicos*. Brasília: Senado Federal, 2000.

CUNHA, Manuela Carneiro (Org.). *História dos índios do Brasil*. São Paulo: Companhia das Letras, 1992.

_____. *Índios no Brasil: história, direitos e cidadania*. São Paulo: Claro Enigma, 2012.

CUNHA, Manuela Carneiro; VIVEIROS DE CASTRO, Eduardo. Vingança e temporalidade: os Tupinamba. *Journal de la Société des Américanistes*, tomo 71, 1985. pp. 191-208.

DANOWSKI, Deborah; VIVEIROS DE CASTRO, Eduardo. *Há mundo por vir? Ensaio sobre os medos e os fins*. Florianópolis: Cultura e Barbárie; Instituto Socioambiental, 2014.

D'ÉVREUX, Yves. *Voyage au nord du Brésil: fait en 1613 et 1614*. Paris: Payot, 1985.

_____. *Continuação da história das coisas mais memoráveis acontecidas no Maranhão nos anos 1613 e 1614*. Brasília: Edições do Senado Federal, 2007.

FARAGE, Nádia. *As muralhas dos sertões: os povos indígenas no rio Branco e a colonização*. Campinas: Instituto de Filosofia e Ciências Humanas, Universidade Estadual de Campinas, 1986. 563 pp. Dissertação (Mestrado em Ciências Sociais). Disponível em: http://www.reposi torio.unicamp.br/handle/REPOSIP/278898. Acesso em: 7 dez. 2020.

FAUSTO, Carlos. *Os índios antes do Brasil*. Rio de Janeiro: Zahar, 2000.

FERNANDES, Florestan. *A função social da guerra na sociedade tupinambá*. 3. ed. São Paulo: Global, 2006.

FRANGUELLI, Bruno. *O precioso legado de São José de Anchieta*. Vatican News, 15 jun. 2019. Disponível em: www.vaticannews.va/pt/igreja/news/2019-06/jose-de-anchieta-precioso-legado.html. Acesso em: 7 jan. 2021.

GRONDIN, Marcelo; VIEZZER, Moema. *O maior genocídio da história da humanidade: mais de 70 milhões de vítimas entre os povos originários das Américas. Uma história de resistência e sobrevivência*. Toledo: GFM, 2018.

GROSFOGUEL, Ramón. A estrutura do conhecimento nas universidades ocidentalizadas: racismo/sexismo epistêmico e os quatro genocídios/epistemicídios do longo século XVI. *Sociedade e Estado*, v. 31, n. 1, pp. 25-49, jan./abr. 2016.

GURGEL, Cristina. *Doenças e curas: o Brasil nos primeiros séculos*. São Paulo: Contexto, 2020.

GUZMÁN, Décio de Alencar. A colonização nas Amazônias: Guerras, comércio e escravidão nos séculos XVII e XVIII. *Revista Estudos Amazônicos*, v. 3, n. 2, 2008. pp. 103-39.

HARRIS, Mark. *Rebelião na Amazônia: Cabanagem, raça e cultura popular no Norte do Brasil, 1798–1840*. Campinas: Editora da Unicamp, 2018.

HEMMING, John. *Ouro vermelho: a conquista dos índios brasileiros*. São Paulo: Edusp, 2007.

IMPRESSÕES rebeldes – documentos e palavras que forjaram a história dos protestos no Brasil. Disponível em: https://www.historia.uff.br/impressoesrebeldes. Acesso em: 15 jan. 2021.

KOPENAWA, Davi; ALBERT, Bruce. *A queda do céu: palavras de um xamã yanomami*. São Paulo: Companhia das Letras, 2015.

KRENAK, Ailton. *O amanhã não está à venda*. São Paulo: Companhia das Letras, 2020.

_____. *Ideias para adiar o fim do mundo*. São Paulo: Companhia das Letras, 2019.

_____. O eterno retorno do encontro. In: NOVAES, Adauto (Org.). *A outra margem do Ocidente*. São Paulo: Minc-Funarte; Companhia das Letras, 1999.

LEOPOLDI, José Sávio. A guerra implacável dos munduruku: elementos culturais e genéticos na caça aos inimigos. *Revista Avá*, n. 11, 2007. pp. 171-91.

LÉVI-STRAUSS, Claude. *Antropologia estrutural*, v. 2., 4. ed. Rio de Janeiro: Tempo Brasileiro, 1993.

MACHADO, Mariana de Oliveira. *O "Sumário das Armadas" (c. 1589): estudo e fixação do texto*. São Paulo: Faculdade de Filosofia, Letras e Ciências Humanas, Universidade de São Paulo, 2018. 220 pp. Dissertação (Mestrado em História Social).

MAESTRI, Mário. *Terra do Brasil: a conquista lusitana e o genocídio Tupinambá*. São Paulo: Moderna, 1993.

MANN, Charles. *1491: novas revelações das Américas antes de Colombo*. São Paulo: Objetiva, 2005.

MARQUES, Guida. Do índio gentio ao gentio bárbaro: usos e deslizes da guerra justa na Bahia setecentista. *História* (São Paulo), n. 171, jul.-dez. 2014. pp. 15-48.

MARTIUS, Carl F. P. Como se deve escrever a história do Brasil. In: MARTIUS, Carl F. P. *O Estado do direito entre os autóctones do Brasil*. Belo Horizonte: Itatiaia; São Paulo: Edusp, 1982.

MEGGERS, Betty. *Amazônia, a ilusão de um paraíso*. Rio de Janeiro: Civilização Brasileira, 1977.

MELATTI, Júlio César. *Índios do Brasil*. São Paulo: Edusp, 2014.

MENDONÇA, Wilma Martins de. *Memória de nós*. São Paulo: Porto de Ideias, 2017.

_____. Discursos de discórdia: A temática colonialista nas letras brasileiras. *Cadernos de Estudos Culturais*, v. 1, 2013. pp. 167-82.

MILANEZ, Felipe (Org.). *Memórias sertanistas: cem anos de indigenismo no Brasil*. São Paulo: Sesc, 2015.

_____. Lutando contra a sucuri invisível em meio a uma guerra de conquista: apontamentos de um genocídio. *Ambiente & Sociedade*, v. 23, e0116, 2020. Disponível em: http://www.scielo.br/scielo.php?script=sci_arttext&pid=S1414-753X2020000100907&lng=pt&nrm=iso. Acesso em: 28 dez. 2020.

MILANEZ, Felipe; VIDA, Samuel. Pandemia, racismo e genocídio indígena e negro no Brasil: coronavírus e a política de extermínio. *N1*, 2020. Disponível em: https://www.n-1edicoes.org/textos/15. Acesso em: 7 dez. 2020.

MONTEIRO, John Manuel. *Tupis, tapuias e historiadores: estudos de história indígena e do indigenismo*. Campinas: Universidade Estadual de Campinas, 2001. 235 pp. Tese (Livre-Docência).

_____. *Negros da terra: índios e bandeirantes nas origens de São Paulo*. São Paulo: Companhia das Letras, 1994.

NAVARRO, Eduardo de Almeida. *Dicionário de tupi antigo*. São Paulo: Global, 2013.

NEVES, Eduardo Góes. O rio Amazonas: fonte de diversidade. *Revista del Museo de La Plata*, v. 4, 2019. pp. 385-400.

_____. *Sob os tempos do equinócio: oito mil anos de História na Amazônia Central (6500 BC–1500 DC)*. São Paulo: Museu de Arqueologia e Etnologia da Universidade de São Paulo, MAE-USP, 2013. 315 pp. Tese (Livre-Docência).

NEVES, Eduardo Góes; HECKENBERGER, Michael J. The Call of the Wild: Rethinking Food Production in Ancient Amazonia. *Annual Review of Anthropology*, v. 48, 2019. pp. 371-88.

OLIVEIRA, João Pacheco de. *O nascimento do Brasil e outros ensaios: "Pacificação", regime tutelar e formação de alteridades*. Rio de Janeiro: Contracapa, 2016.

OLIVEIRA, João Pacheco de; FREIRE, Carlos Augusto da Rocha. *A presença indígena na formação do Brasil*. Brasília: Ministério da Educação; Secretaria de Educação Continuada, Alfabetizada e Diversidade; LACED/Museu Nacional, 2006.

OS BRASIS e suas memórias. Disponível em: https://osbrasisesuasmemorias.com.br. Acesso em: 15 jan. 2021.

PARAÍSO, Maria Hilda Baqueiro. "Índios, náufragos, moradores, missionários e colonos em Kirimurê no século XVI: embates e negociações". In: SOARES, Carlos Alberto Caroso; TAVARES, Fátima; PEREIRA, Claudio Luís (Orgs.). *Baía de todos os santos: aspectos humanos*. Salvador: Edufba, 2011. pp. 70-101.

PERRONE-MOISÉS, Beatriz. Verdadeiros contrários: Guerras contra o gentio no Brasil colonial. *Sexta-Feira*, v. 7, 2003. p. A24-A34.

_____. A vida nas aldeias dos Tupi da Costa. *Oceanos*, v. 42, pp. 8-20, 2000.

PERRONE-MOISÉS, Beatriz; SZTUTMAN, Renato. Notícias de uma certa Confederação Tamoio. *Mana*, v. 16, (2), 2010. pp. 401-33.

PORTUGAL: dicionário histórico. Disponível em: http://www.arqnet.pt/dicionario/c.htm. Acesso em: 15 jan. 2021.

POTIGUARA, Eliane. *Metade cara, metade máscara*. 2. ed. Lorena: UK'A Editorial, 2018.

PUNTONI, Pedro. *A guerra dos bárbaros: povos indígenas e a colonização do sertão nordeste do Brasil*. São Paulo: Edusp, 2002.

RAMOS, Elisa Urbano. *Mulheres lideranças indígenas em Pernambuco, espaço de poder onde acontece a equidade de gênero.* Recife: Universidade Federal de Pernambuco, 2019. Dissertação (Mestrado em Antropologia).

RIBEIRO, Darcy. *Os índios e a civilização: a integração das populações indígenas no Brasil moderno.* São Paulo: Companhia das Letras, 1996.

_____. Convívio e contaminação: efeitos dissociativos da depopulação provocada por epidemias em grupos indígenas. *Sociologia,* n. 1, vol. 18, 1956. pp. 3-50.

SANTOS, Antônio Bispo dos. *Colonização, quilombos: modos e significados.* Brasília: INCTI; UnB, 2015.

SANTOS, Fabricio Lyrio. *Da catequese à civilização: colonização e povos indígenas na Bahia.* Cruz das Almas: Editora da UFRB, 2014.

SANTOS, Francisco Jorge dos. *Além da conquista: guerras e rebeliões indígenas na Amazônia pombalina.* Manaus: Edua, 2002.

SCHWARTZ, Stuart. *Segredos internos: engenhos e escravos na sociedade colonial — 1500-1835.* São Paulo: Companhia das Letras; CNPq, 1988.

SEGATO, Rita Laura. Gênero e colonialidade: em busca de chaves de leitura e de um vocabulário estratégico descolonial. *e-cadernos CES,* n. 18, 2012. Disponível em: journals.openedition.org/eces/1533. Acesso em: 7 dez. 2020.

SHARMAN, Jason C. *Empires of the Weak: The Real Story of European Expansion and the Creation of the New World Order.* Princeton: Princeton University Press, 2019.

SOUZA, Jurema Machado de Andrade. *Os Pataxó Hãhãhãi e as narrativas de luta por terra e parentes, no sul da Bahia.* Brasília: Universidade de Brasília, 2019. 355 pp. Tese (Doutorado em Antropologia).

SPOSITO, Fernanda. *Nem cidadãos, nem brasileiros: indígenas na formação do Estado nacional brasileiro e conflitos na província de São Paulo (1822-1845).* São Paulo: Alameda, 2012.

THEVET, André. *Singularidades da França Antártica, a que outros chamam de América.* Brasília: Senado Federal; Conselho Editorial, 2018.

VAINFAS, Ronaldo (org.). *Dicionário do Brasil colonial (1500-1808).* Rio de Janeiro: Objetiva, 2001.

VAZ FILHO, Florêncio Almeida. A emergência étnica de povos indígenas no baixo rio Tapajós, Amazônia. *Amazônica: Revista de Antropologia,* v. 2, 2010. pp. 416-9.

VIVEIROS DE CASTRO, Eduardo. *Metafísicas canibais.* São Paulo: Ubu; n-1 edições, 2018.

WIKIPÉDIA. Disponível em: https://pt.wikipedia.org. Acesso em: 15 jan. 2021.

CRÉDITOS DAS IMAGENS

ILUSTRAÇÕES

Cap. 1: SILVA, Oscar Pereira. *Desembarque de Pedro Álvares Cabral em Porto Seguro em 1500*. Reprodução de José Rosael, Hélio Nobre e Museu Paulista da USP. Domínio público / Acervo Museu Paulista (USP) / Wikimedia Commons. **Cap. 2:** ECKHOUT, Albert. *Dança dos tapuias*. Reprodução de John Lee / Museu Nacional da Dinamarca. **Cap. 3:** THÉVET, André. *Corte e embarque de pau-brasil*. Gravura publicada em *Singularidades da França Antártica, a que outros chamam de América*. Brasília: Senado Federal, Conselho Editorial, 2018. **Cap. 4:** THÉVET, André. *Cunhambebe, célebre morubixaba tupinambá*, de André Thevet. Gravura publicada em *Singularidades da França Antártica, a que outros chamam de América*. Brasília: Senado Federal, Conselho Editorial, 2018. **Cap. 5:** STADEN, Hans. *Dança tupinambá*. Redesenhada por Théodore de Bry em HARRIOT, Thomas et al. *Historia Americaei*. Frankfurt am Main: Ioannis Wecheli, 1590-1634. **Cap. 6:** ECKHOUT, Albert. *Índia Tupi*. Museu Nacional da Dinamarca / Wikimedia Commons. **Cap. 7:** THÉVET, André. *As amazonas*. Gravura publicada em *Singularidades da França Antártica, a que outros chamam de América*. Brasília: Senado Federal, Conselho Editorial, 2018. **Cap. 8:** ECKHOUT, Albert. *Homem tapuia*. John Lee / Museu Nacional da Dinamarca. **Cap. 9:** STADEN, Hans. Mulheres trabalhando na fabricação do cauim. Gravura publicada em *Viagem ao Brasil*. Versão do texto de Marpurgo, de 1557, por Alberto Löfgren. Revista e anotada por Theodoro Sampaio. Rio de Janeiro: Officina Industrial Graphica, 1930. **Cap. 10:** Ailton Krenak em cartaz do documentário *Ailton Krenak: o sonho da pedra*, de Marco Altberg, por Indiana Produções.

MAPAS

Elaborados por Juca Lopes sob orientação dos autores.

Todos os esforços foram feitos para contatar e creditar devidamente os detentores dos direitos das imagens. Eventuais omissões de crédito não são intencionais e serão devidamente solucionadas nas próximas edições, bastando que seus proprietários contatem a editora.

Este livro foi impresso pela Exklusiva, em 2021, para a Harpercollins Brasil. A fonte do miolo é Eskorte Latin. O papel do miolo é pólen soft 80g/m², e o da capa é cartão 250g/m².